复杂社会的崩溃

[美] 约瑟夫·泰恩特 著

邵旭东 译

海南出版社

·海口·

This is a Simplified Chinese Translation of the following title published by Cambridge University Press:

The Collapse of Complex Societies/ ISBN 9780521386739
First published 1988
Reprinted 1989
First paperback edition 1990
Eighteenth printing 2008

This Simplified Chinese Translation for the People's Republic of China (excluding Hong Kong, Macau and Taiwan) is published by arrangement with the Press Syndicate of the University of Cambridge, Cambridge, United Kingdom.

版权合同登记号：图字：30-2022-003 号

图书在版编目（CIP）数据

复杂社会的崩溃 /（美）约瑟夫·泰恩特
(Joseph Tainter) 著；邵旭东译 . -- 海口：海南出版
社 , 2022.5（2024.7 重印）.
　书名原文：The Collapse of Complex Societies
　ISBN 978-7-5730-0453-6

　Ⅰ . ①复… Ⅱ . ①约… ②邵… Ⅲ . ①世界史 – 研究
Ⅳ . ① K107

中国版本图书馆 CIP 数据核字 (2022) 第 044454 号

复杂社会的崩溃
FUZA SHEHUI DE BENGKUI

作　　者：［美］约瑟夫·泰恩特	出版发行：海南出版社
译　　者：邵旭东	电子邮箱：hnbook@263.net
出 品 人：王景霞	书　　号：ISBN 978-7-5730-0453-6
责任编辑：张　雪	开　　本：880mm×1 230mm 1/32
执行编辑：杨林蔚	版　　次：2022 年 5 月第 1 版
责任印制：杨　程	印　　次：2024 年 7 月第 2 次印刷
读者服务：唐雪飞	邮　　编：570216
总社地址：海口市金盘开发区建设三横路 2 号	经　　销：全国新华书店
北京地址：北京市朝阳区黄厂路 3 号院 7 号楼 101 室	字　　数：242 千字
电　　话：0898-66812392　010-87336670	印　　张：10.875
印刷装订：涿州市荣升新创印刷有限公司	定　　价：48.00 元

【版权所有，请勿翻印、转载，违者必究】
如有缺页、破损、倒装等印装质量问题，请寄回本社更换。

目　录

第四章　理解崩溃：社会政治变化中的边际产量

鸣　谢

爱德华·哈利特·卡尔曾指出，汤因比的历史循环理论是对危机社会的典型概括，其他史学家也注意到社会的危机时代通常伴随着崩溃的担忧。这些观点无疑是正确的，但自从接触该问题以来，我一直觉得其中有一个尚待完善的领域，本书反映的就是我在这方面的兴趣。兴趣的成果应该归功于两个人。首先是我的夫人邦妮·巴格利·泰恩特。她鼓励我将研究崩溃问题的兴趣连同我对研究现状的不满写成这本书。当时我想的是也许写几篇论文就够了，但她觉得篇幅长一点论述才更充分，所以本书的问世多亏了她的远见。经过和她的多次交谈，书中的观点才最终成型。她和我们的儿子埃米特一起忍受了这样一本书给生活带来的纷扰，在我研究和写作的近两年时间里，他们的支持没有出现过丝毫动摇。最后，邦妮还以她锐利的编辑眼光帮我润色了本书的初稿，使其成为一本可读性较强的作品。

托马斯·金多年来一直对历史保护法限制下的美国考古学研究感到不满。为从程序上改善这种情况，他借 1982 年美国考古学会举办年会之机组织了一个研讨会，主题是"国家考古学研究专题"，并邀请我到会上发言。我在会上发表的短论便是清晰阐释一直令人困惑的崩溃问题的最初尝试。本书的内容均为那篇论述的扩展，来自托马斯对我投身这项研究的鼓励。

和我经常联系的几位同事对此项研究很感兴趣，对我收集参考资料和相关论文的请求都作出了积极回应。他们是乔治·考吉尔、帕特里克·卡伯特、麦克尔·帕克-皮尔森、约翰·法伊弗、罗伯特·沙勒尔、斯蒂芬·惠廷顿、罗伯特·温克，还有诺曼·约菲。

艾米丽·加伯和卡洛尔·雷奇慷慨地投入时间和精力帮助我查找编年史资料。我很感激美国国家公园服务中心的拉里·诺德比和书中提到的众多作者和出版社，他们为书中的插图提供了重印许可。谢里·霍尔特克手绘了一张插图，斯科特·舍默则通过电脑绘制了若干幅。

在我的请求下，若干位同事审读了我1982年的论文，或这本书的初稿，提出了宝贵意见。这些同事包括亚瑟·爱尔兰、克里斯托弗·皮普尔斯、麦克尔·希弗、沃尔科特·托尔、亨利·怀特和诺曼·约菲。

我必须特别提及科林·伦德弗里和杰里米·萨布洛夫，即这套"考古学新论"丛书的编辑。本书能有现在的样子，要感谢他们的关注和在印刷材料上的建议。值得特别感谢的还有剑桥大学出版社考古学编辑皮特·理查德和一丝不苟地为此书制作印刷稿的伊恩·怀特。

我真诚感谢家庭、同事、编辑和所有人的帮助。

约瑟夫·泰恩特

第一章

有关崩溃的导言

古幼发拉底河洪泛区中心的大部分地域如今都不能耕作，已成为荒无人烟的废墟。杂横的沙丘、废弃的河堤、早期聚落残留的碎石土堆，构成荒凉贫瘠、特色全无的一种地貌。这里的植被相当稀少，许多地域甚至寸草不生。粗糙、风蚀的地表和周期性洪水泛滥的洼地毫无规则地拼接在一起，打消了除最执着的旅行者之外任何人涉足此地的兴趣。只有一顶罕见的帐篷，略微显示出人类生活过的痕迹……然而，这就是世界上最重要、最核心、最古老的城市文明的发祥地。

罗伯特·亚当斯

巨大的石阶，有的保存完好，有的被石缝中钻出的树木顶翻……我们跟随着向导，沿石阶而上……穿过茂密的森林，在半掩埋状态下的残垣断壁中，追寻那十四个石碑遗迹……一个已经被巨型根系从石座上移开；另一个被紧锁在枝叶之间，几乎脱离地面；一个倒在地上，被巨大的攀缘枝蔓缠绕；另一个直立于树丛当中，面前有祭坛。环生的树冠似乎在遮挡庇护着这座神圣的建筑……被掩埋的城市中，唯一打破寂静的声响是猴子发出的唧唧叫声……

约翰·斯蒂芬斯

消逝的文明给人留下难以磨灭的印象：曾经人丁兴旺、繁华富足的城市竟变成了一片废墟，完全被流沙或丛林掩盖。看到如此的描述，多数人一定会萌生出敬畏感和神秘感。我们也同样感到震撼，渴求探索更多的奥秘。这是怎样的一群先人？他们经历了怎样的变故？繁盛的文明社会怎么在如今看来破败不堪的环境中生存？是先人破坏了环境，还是由于气候变化，或是因战乱频发而导致崩溃？是外国侵略者摧毁了这些城市，还是某种神秘的内在动力主宰着文明社会的沉浮？我们沉迷于这些疑问，甚至不惜花费毕生精力去研究探索。大多数人是在日常阅读或学校课程中了解到帝国崩溃、城池陷落的历史，由此陷入困惑和迷惘。崩溃的景象使人忧虑，不仅是因为非凡的人类探索竟神秘地遭遇破产，而且因为这些失败和破产蕴含着永恒的寓意。

文明是脆弱的、短暂的。这一事实无疑引起我们的关注，而且不管我们的意愿如何，它触发了一系列令人担忧的问题。现代社会同样如此脆弱吗？或真像奥尔特加所说，"文明崩溃的可能性是我们自身死亡率的两倍"？当然许多人愿意相信，现代文明以其具有的科技能力、能源资源和经济学及历史学知识，一定能克服古代社会和简单社会无法逾越的障碍而幸免于难。但这种信念到底有多么坚定？许多具有某种历史感的人深信维拉莫威兹在论述罗马帝国时所作的论断："文明会死，因为它已经死过一次。"

在 20 世纪初期的许多历史学家看来，罗马的黄昏几乎就是当代史书中的一页。这一类比已根植于人们心中，并一直延续至今，甚至反映在现代知名权威人士的著作当中。古罗马寓意深刻的典故曾统治着无数人的思想意识达一千五百年之久。若不是历史学家对强大帝国的崩溃作出如此全面的记载（西方所有学童都能接触到），人们对崩溃的恐惧肯定不会像现在这样常见。因此，那些担心社会未来命运、经济发展方向、生态环境以及政治上层建筑的人完全有理由、有证据相信，文明社会（即便是强大的文明社会）的确非常脆弱。

为什么要研究崩溃？许多社会科学家可能会同意艾萨克的观点："无须赘言，古文明的崩溃是古代史中最为突出的现象……"然而在科学兴趣之外还有另外一层原因——崩溃是普通人最为关注的一个问题，研究它具有极高的社会价值。社会崩溃的原因对每一个社会成员来说都至关重要，而今天的所谓社会囊括了几乎所有人口。崩溃对于当今时代具有特别重要的意义。即使有人认为现代社会不像古代社会那样脆弱，对此信念的怀疑仍令人感到担忧。不对崩溃问题进行科学系统的考察，这些担忧便很难找到坚实可信的依据。

在西方史中社会秩序的解体一直是令人担忧的问题，而且这种担忧经常通过宗教渠道表现出来。在过去的几十年间，人们对这一问题的关注程度变得十分强烈，并超越宗教范畴具有更世俗的表达形式。有人就近期举办的玛雅手工艺品展览会发表评论，其中的一段话恰当地传达了人们的普遍思考：

> 玛雅文明的某种魅力……也许就来源于被西班牙征服前几个世纪玛雅自身文明的"崩溃"传说。每一个思考过官僚政治和科学技术给日常生活所造成的影响的人都一定想弄明白，文明社会是否会被其自身的复杂化所扼杀……我们意识到人类的共同前景面临危机……渴望找到某种历史分析来帮助我们预测事态的发展方向。

　　关注这一问题的人群横跨社会和哲学两大领域——从"罗马俱乐部"①中那些可信的科学家和商界领袖到投身于"生存第一运动"（survivalist）的偏激分子。这两大领域之间还分布着严肃而善意的各色人等：环境保护主义者，"非增长论"倡导者，"核冻结"活动支持者，等等。无论出于什么原因，他们都担心工业文明陷入危机。这种担心通常是建立在与古代消逝文明的历史性类比基础之上的（有时也确实让人觉得我们可能要去步恐龙的后尘了）。

　　当代思想家们预言，社会的崩溃会来自核战争、能源枯竭、经济衰退、生态危机或社会政治解体导致的灾难。只是到近些年，人们对崩溃的恐惧变得更加普遍，如道森所说：

　　　　在 20 世纪带来的所有变化中，没有哪一件能比下述信念的消失更为深刻——对未来的坚强信心和对（作为 19 世纪主导音符的）当代文明的绝对珍视。

　　只要承认文明社会是脆弱的，崩溃就一直会受到关注。尽管如此，崩溃在历史学家和社会学家看来仍是一个深奥的课题。因此，政治复杂化进程要比作为其对立面的崩溃进程受到学术界更多的重视。人类历史作为一个整体，其发展的必然趋势似乎就是更高层次的社会政治监管、更多能源和信息消费、更大规模的聚落形成以及更复杂高级的技术开发。人们对历史发展的这些不变

---

① 罗马俱乐部（Club of Rome）是一个研究未来问题的国际性民间学术团体，主要从事有关全球性问题的宣传、预测和研究活动。它成立于 1968 年 4 月，因总部在意大利罗马而得名。

特质已投入了相当程度的研究，所以我们现在可以对历史的产生和发展有比较多的了解。然而，发展趋势因崩溃而中断的情况却没有得到相应的重视。不错，无数学者曾就崩溃问题发表过多种阐释，但对该问题的理解仍在社科研究中处于明显的弱势地位。人们的阐释一直处于个案分析阶段，研究对象只限于一个或几个文明社会，欠缺对问题的综合且全面的理解。从稍后的论述中我们将看到，这些理论在概念上和逻辑上尚存在许多共同缺陷。我开始本课题研究的时候，学术界还没有对崩溃问题提出过可信的、全面的阐释，没有一种理论可以帮助我们理解大多数甚至全部崩溃现象。正是这一现状促使我投身到目前的研究中。本书的写作目的就是对崩溃问题作出全面阐释，使之既适用于不同的历史背景，也包含对当今现实的一些启示。这是一部考古学和历史学作品，但从根本上讲它更接近于社会学。

本书首先介绍和简化崩溃概念，然后在第二章简要考察复杂社会的本质。第三章探讨和评价现有的崩溃问题研究成果。第四章是对崩溃的全面分析。第五章通过案例研究进一步论证。结束章节对研究的结论再做分析，总结全书，并提出崩溃研究对于当代社会的意义。

什么是崩溃？

"崩溃"（collapse）是一个宽泛的概念，包括多种进程，不同的人有不同的理解方式。有些人认为崩溃只会发生在社会组织层次最复杂的社会。在他们看来，将崩溃概念运用于部落社会或村落群是非常可笑的。也有人将崩溃看作经济的瓦解，工业社会的终结是瓦解的终极表现形式。还有人对崩溃概念本身提出质疑，认为艺术和文学通常能在政治解体中幸免于难。

崩溃，就本课题研究来说，是一种**政治**进程①。它可以——而且通常——在经济、艺术、文学等领域造成影响，但从根本上说它是一个社会政治领域的概念。**一个社会在社会政治复杂化的既定层次上出现快速的、实质性的衰败，它就已经崩溃。**"既定层次"这个术语非常重要。若要符合崩溃的条件，一个社会必须在一代人或两代人的时间跨度中曾经处在（或接近）某种复杂层次。因此，加洛林帝国的灭亡不属于崩溃的案例——它只是建立帝国的一次失败尝试。反过来说，崩溃又必须是迅速的——不长于几十年——而且必须伴随社会政治结构的实质性衰败。衰败不够剧烈，或历时过长，应该作为实力削弱和衰落来看待。

崩溃有下述一些标志：

- 社会阶层化和社会差异化程度较低；
- 个人、团体和整个区域的经济专门化和职业专门化程度较低；
- 缺乏集权控制，即缺乏上层精英对各类经济团体和政治团体的规范和整合；
- 缺乏行为监管和控制；
- 对复杂化的附属现象，即那些确定"文明"概念的因素——纪念性建筑、文学艺术成果等——缺乏投资；
- 个体之间、经济或政治团体之间、中央和地方之间缺乏信

---

① 本书粗体字与原作保持一致。下同。

息沟通；
- 缺乏资源共享、贸易交流和资源再分配；
- 缺乏对个人和团体的整体协调与统一组织；
- 单一政治实体内部出现小区域整合。

自然，并非所有崩溃社会都具有以上特点，以上所列也绝非全面。事实上我将要谈到的一两个例子就不全满足这些条件。但无论如何，这个清单对大多数著名崩溃案例作出了比较简洁的概括。

崩溃是一个普遍进程，并不局限于某种类型的社会或某种层面上的复杂化。人类社会的复杂化（于第二章详细探讨）不是一个若有全有、若无全无的命题。复杂化程度不同的社会好像都排列在数值增长的刻度尺上，社会复杂化程度的加深或降低都沿着刻度尺前进或后退。刻度尺上没有哪一点标志着复杂化质变的出现。狩猎群体和部落耕耘者都会经历复杂化的进程，和大型国家一样。由于崩溃涉及在复杂化进程中的某个既定层次上出现突然的、重大的衰败，我们对社会规模的大小也要做相应考虑。简单聚落和伟大帝国都可能丧失其既定的复杂性。定居的耕耘者可以成为流动的植物搜寻者，由此失去村落社会政治生活的外在特征。一个中央酋长制统治的地区可能丧失其社会等级庇护而转化成各自独立的村落。一群植物搜寻者也许对环境改变深感痛心，由此而放弃互助共享的社会组织。这些都是崩溃的例证，性质不亚于罗马的灭亡；而就其相对人口来说，重要程度也不低。再者，简单社会的崩溃能够用一般原理来解释，其启发性并不亚于帝国的崩溃。任何旨在寻找通用原则的崩溃阐释方式，都应有助于我们理解从简单社会到复杂社会的各种崩溃现象。事实上，这正是本书的中心论点和主要目标。

如此说来我们应当注意，定义崩溃并非易事。目前的讨论仅作为引言，更多的定义会随着本书的论述过程不断加入进来。

历史上的崩溃现象

罗马帝国的灭亡是西方最广为人知、最先让普通人想到的崩溃现象。但它只不过是表现出普通进程的单一案例（尽管戏剧性很强）。崩溃在人类社会不断发生，而正因为如此，探索崩溃的普遍原则才更有意义。下文将对一些崩溃案例作出简要概述，旨在揭示崩溃现象的共同要素，同时也勾勒出有崩溃风险的社会的所属范畴。与上一节的论述相对应，本节向读者展示的是整体系列范围之内从简单形态到复杂形态的各类社会。论述按地理区域划分，然后按年代列举。最终的图景将是一个分布于全球各处、在史前及有历史记录以后均循环出现的进程。

例证绝非全部，可能出现重复时将不再列举。再者，集权社会中无疑还出现过成千上万种崩溃，但因其复杂化程度不高而没有留下任何文字记载。其中有些发现只见于考古学，为数甚少。崩溃是一个普遍进程，这些案例有助于理解问题，一旦发现就应该进行认真研究。

西周王朝

公元前 1046 年周朝推翻腐败的商朝而统治中国，其建立的政权被后来的中国人称作史上的黄金时代。周朝实行的是封建统治，但在几个世纪之内政权便开始出现动摇。公元前 934 年起王室就已失控。公元前 9 世纪到公元前 8 世纪，北方蛮族频繁入侵，受封的诸侯开始忽视尽忠王室的义务。公元前 771 年，最后一位周王在战争中被杀，都城镐京遭蛮族洗劫，西周覆亡。

灾难过后，周朝都城东迁洛阳，历史进入了东周时期（前 770—前 256）。但东周只是权力下放给诸侯之后的傀儡——中国的统一事实上崩溃于西周。整个春秋（前 770—前 476）战国（前 475—前 221）时期，列国纷争不断、动荡不止。诸侯国互相兼并，大国间争夺霸权，盟约瞬间变换，蛮族也成为纷争的筹码。随着时间推移，冲突加剧，小国消失，参与争霸的诸侯国数量逐渐减少但规模日渐壮大，直至公元前 221 年秦始皇重新统一中国。

大分裂和大冲突时期中国产生了某些最重要的哲学、文学和科学成果。孔子的思想就形成于在这一时期。各哲学流派的争鸣（"诸子百家"）在公元前 500 年至公元前 250 年这段时期达到了空前繁荣的局面。除技术发展和经济繁荣之外，中国政治思想的古典形式也在危机最严重的时刻诞生。

哈拉巴文明

起源于印度西北部，又称印度河流域文明，大概于公元前 2400 年就存在。该文明主要以两个城市为中心，即印度河中游的摩亨约－达罗和印度河上游的哈拉巴。两座城市的规划非常相似——西侧是防御性大本营，既有平民建筑又有宗教建筑；中心位置是文明化程度较高的市区，拥有方格式标准街道，以及城市排灌和垃圾处理系统。还有许多较小的文明中心，基本上也采取类似规划。港口控制着印度河入海口附近的区域。这种高层次的文明从陶艺、装潢、烧砖、兵器、铜器、石器、印章和城市规划等各个方面，向我们展示出跨越时空的惊人的整体划一性。两座主要城市里都有巨大的谷仓，给人的印象是一个高度集权的社会。国家在许多方面——磨制谷物、造砖制陶、备置柴火、修建住宅——控制着人们的日常生活。

　　然而大约到公元前 1750 年，地区的整体划一程度和中央控

由无数规格一致的焙烧砖修建而成的印度河谷城市摩亨约－达罗一角

制力度开始衰退。市中心的标准化街道出现了崩坏迹象，砌砖工艺变得粗糙，旧的砖石用在了紧急修建的新楼上，旧建筑被重新切割，城内开始修筑陶瓷窑，曾经颇具表现力的艺术品变得格调单一，珠宝逐渐被偷走和隐匿起来，街头曝尸的情形也多有所见。在哈拉巴居住区的一些中心地带，出现了很多在废墟上搭建破旧帐篷生活的人们，这似乎标志着文明权威的彻底崩溃。没过多久，就连这些人也都彻底消失了。

美索不达米亚

该地区既是文明发祥地，又是城市社会的中心。它所展示的政治兴衰为崩溃研究提供了诸多例证。

在公元前 3000 年早期的城邦竞争中，阿卡德王萨尔贡创建了第一个美索不达米亚帝国（约前 2350—前 2150）。随后发生的一系列附属城邦的叛乱导致该帝国在建成后 200 年走向没落。随后在南美索不达米亚曾出现过一个地方分权时期。后来的一个地方性政权由乌尔第三王朝建立（约前 2200—前 2100），这个王朝曾经设立庞大的地区官僚机构来收取税金和贡奉，并提倡扩大灌溉系统，鼓励人口增长和外来移民定居。这种急速扩张自身经济政治实力的做法最终使帝国迅速衰败下去，给南美索不达米亚带来了灾难性的后果。后来的一千年左右时间里，这里的聚落群数量减少了 40%，聚居地面积减少了 77%。

随后政权开始向北方、向巴比伦转移。但汉谟拉比建立的巴比伦帝国（约前 1792—前 1750）仍然在他儿子萨姆苏伊鲁纳去世时（约公元前 1712 年）衰落。这个江河日下的帝国随后又经历了 4 位君主的统治，直至被赫梯人所灭。大约相同时期，亚述人于公元前 1920 年至公元前 1780 年间开发了遍及各地的贸易通道，但均未能维持下去。亚述人在公元前 14 世纪享受过一段时间的政治复苏，后又在公元前 9 世纪至前 7 世纪重温昔日盛景。在文明的后期阶段，他们建成了涵盖近东大部分领土的庞大帝国，直到公元前 614 年失去大部分属地，并被米堤亚人所灭。亚述的社会政治体制随后也逐渐崩溃。

巴比伦帝国的短期复兴在居鲁士大帝手里走向终结，之后美索不达米亚又出现过若干个规模不等、生存期长短不一的近东帝

乌尔第三王朝首位国王乌尔·那穆修建的金字形神塔

国——阿契美尼亚、塞琉古、帕提亚、萨珊和伊斯兰。这些农业帝国在社会规模和复杂化方面曾获得过超乎寻常的持续发展，主要表现为人口密度的增加和城市建筑的进步。

然而在 7 世纪至 10 世纪的某个时段，美索不达米亚平原发生了一次大崩溃。到 12 世纪初，人类活动的总面积缩小到 500 年前的 6%，人口数量也降低到 5000 年以来的最低点。国土资源急剧减少。在许多具有战略意义并曾经兴旺一时的地区，几十年间的税收损失竟达 90% 以上。民众爆发叛乱，乡村地区的行政失控。到 10 世纪初期，只有巴格达附近地区还留存有灌溉堰坝。正如本章引言所描述的那样，美索不达米亚中心地带约一万多平方公里的城市核心地域竟遭遗弃，荒芜达几个世纪之久。直至进入现代社会之前，该地区基本由游牧民族占据。

埃及古王国

上埃及与下埃及的统一通常可追溯至约公元前 3100 年的第一王朝，这一直被认为是埃及政治史上的一个里程碑。埃及古王国是一个高度集权的政治体，以一位"超自然人物"为领袖。政权的基础是一个由知识阶层组成的、按等级划分的官僚体系。统治阶级从王室土地上获得了可观的永久性收入，拥有庞大的劳动力储备，并且几乎垄断了一些重要材料和奢侈品的贸易。同时，政府也曾致力于提高劳动生产率，加强行政管理和进行对外扩张，并维持与其超自然政权有关的各类联系。

然而在埃及古王国的发展过程中，中央政权对下辖省区的控制（封建特征日渐增强）开始面临困境。统治者的政治权力似乎在缩减，省属官员的权力和行政贵族的财富却在增加。王室土地被重新瓜分，新兴的墓葬捐款免税制几乎截断了王室的资金来源。而且此类活动恰好与王室投资的大规模建设项目同期并进。最后的统治者第六王朝法老佩皮二世，竟在其执政末期、王室权力正衰落的时候修建了一座宏伟的陵墓。

埃及古王国随着第六王朝于公元前2181年的终结而崩溃。从第七王朝开始，埃及进入一个战乱频发的阶段，这也是埃及历史上最黑暗的时期之一。在第一个中间时期，中央集权制出现崩溃，取而代之的是一系列独立或半独立的分立政体。当时出现了很多法老，执政时期大多不长，王陵中留下的相关记录也不多。

虽然可供参考的史料不多，但基本可以证明当时秩序的衰落：地区间发生过激烈征战，抢劫、杀戮、叛乱均有发生，尼罗河口的三角洲也遭到过外敌侵入；王室陵墓被掠被毁，王室妇女被糟蹋，当朝官员受辱，农民耕田都要佩带盾牌；对外贸易基本终止，饥荒现象时有发生，人类平均寿命大大缩短。到公元前2135年的第十一王朝，埃及的秩序和统一才开始恢复，中期王朝得以建立。但地区间的小规模叛乱直到约公元前1870年才完全得到平息。

赫梯帝国

赫梯族是安纳托利亚人中鲜为人知的一支，他们开创的帝国历史大约始于公元前1792年。随后赫梯帝国经历了几个世纪的荣辱兴衰，征服和扩张的历史中不乏倒退和衰落的插曲。到帝国后期，赫梯军队惨遭挫败，行省失陷，许多城市遭卡斯卡部落焚烧洗劫，连首都哈图萨都落入敌人手中。非凡的统治者苏庇路里乌玛一世在公元前1380年左右即位，随后逐渐复兴了赫梯帝国。

赫梯帝国首都哈图萨近郊的宗教画窟

在他和后来者的统治下，赫梯帝国在安纳托利亚和叙利亚地区建立了稳固的政权。赫梯在与古埃及竞争叙利亚控制权的斗争中获胜，于公元前 1284 年与对方统治者拉美西斯 [①] 缔结了和约。

公元前 13 世纪初期，赫梯正处于权力鼎盛期，领土覆盖安纳托利亚、叙利亚和塞浦路斯的大部分地区。赫梯和古埃及是该地区两大主要强国，但前者的资源多受制约。尽管它与古埃及的关系尚属稳定，但仍然是强敌环伺——东南部有亚述人、东部有卡斯卡部落、西部有小亚细亚及塞浦路斯不知名的各个部族。至公元前 13 世纪末，有关赫梯帝国的文字记载逐渐减少，最后完

[①] 大约是指拉美西斯一世（Ramesses Ⅰ），古埃及第十九王朝创建者。

全消失。

赫梯覆灭之时可能遭受了一种强度较大但形式尚不确定的灾难。在安纳托利亚和叙利亚遗址发掘中不断发现有火烧过的迹象。赫梯文明也随着帝国一同消亡了。约公元前 1204 年以后，安纳托利亚中部平原的文明遭受重创，时间达一个世纪之久。该地区的都市逐渐消失，人烟稀少，或曾只有游牧部落光顾过。公元前 12 世纪～前 9 世纪该地区出现的新帝国弗里吉亚与赫梯帝国并没有什么关系。

克里特文明

这是欧洲出现的第一个文明。克里特岛上最早的宫殿建筑始建于公元前 2000 年，随后一再被地震摧毁，每次重建后又比以前更加辉煌，直至该文明最后完全消亡。克里特掌握有先进的建筑和工程技术，修建有发达的城市排灌和水利系统。公元前 1700 年建造的克诺索斯宫①比埃及和近东同时代的任何宫殿都要豪华。宫内有冲水厕所和下水道系统，许多墙壁上都有华丽的壁画，还专门设立了制陶、纺织、金属加工和精刻宝石的作坊。城内宫殿一般用作行政中心、贵重物品存储地和商业指挥中枢，拥有大量的储藏间和存储器皿。仅克诺索斯宫一处就有存储 24 万加仑②橄榄油的能力。后来发现的行政管理文书中有军械库的物品清单，表明货物曾被送往宫殿，并在那里进行重新分配。斐斯托斯圆盘是已知最古老的印刷工具，以在黏

---

① 克诺索斯（Knossos）是最早的爱琴文化——米诺斯文化的中心。
② 约合 91 万升。

已知的最古老的印刷工具——斐斯托斯圆盘

土上印刻活字的方式制成。

　　克里特在地中海的贸易范围很广，特别是在东部一带。它很可能是当时的海上强国之一。历史上的大部分时间里，克里特似乎都处于相对和平的状态，因为当时的宫殿里并没有明显的防御设施，壁画上描绘的图景也是一派祥和。不过到公元前1500年左右，一场大地震导致建筑物大面积坍塌，随后便发生了许多重大的变化。一种无法破译、被称作 Linear A 的早期文字被希腊文字 Linear B 所替代。他们还引进了新的作战方式，用上了新型武器和马匹。希腊本土的迈锡尼文明成为克里特的竞争者，地方安全面临危机。克里特中部和东部地区，甚至整个克里特岛，可能一度处于克诺索斯的统治之下，许多宫殿在此时遭到毁坏。在斐斯托斯等地，地方长官必须将工农业生产的详细情况向克诺索斯汇报。约公元前1380年，克里特宫殿彻底被毁，大多数再也没能重建。克里特文明崩溃了，政治、经济和统治阶级一同衰落。克诺索斯遗留下来的小规模政体也于公元前 1200 年前后最终消失。

迈锡尼文明

希腊本土的迈锡尼文明发祥于公元前 1650 年左右。随着克里特文明的崩溃，迈锡尼文明于公元前 1400 年以后进入鼎盛时期。在希腊中部和东部地区，曾出现过艺术、建筑和政治等领域的大量同质化[①]发展现象。该地区存在若干个独立王国，每个王国均以防御性宫殿或防御大本营为中心，由一个统治者领导。迈锡尼是这些独立王国中最著名的一个，可能也是最强大的一个。皇室和政权由贵族把控，土地拥有者（略逊于贵族）掌管乡间的地产。从皮洛斯出土的 Linear B 泥版上的记载可得知，迈锡尼王国划分为 16 个行政区，每个行政区均由一个总督代理人掌管。迈锡尼的宫殿与克里特的宫殿一样，是经济活动的控制中心，也是物品和食品的集散地。Linear B 的大多数文字都是为了满足由此产生的记账需求。

迈锡尼文明的艺术和建筑成就广为人知。主要建筑都由巨大的被称为"独眼巨人"的墙构成，宫殿内有壁画墙和浴室。宝石雕刻、金属冶炼、陶艺制作由技术工匠完成，镶嵌工艺品、象牙雕、彩釉陶器都是出自他们之手。工匠的生产过程处在殿内主管的严密监管之下。公路、桥梁、沟渠等设施在这里也是应有尽有。迈锡尼出产的陶器在地中海周边贸易国中随处可见。

约公元前 1200 年之后灾难开始降临。一座座神殿相继倒塌，随即是长达 100 多年的动荡不安和接连不断的灾难，给许多文明

---

① 见下章"同质"和"异质"分析。

迈锡尼文明中的"独眼巨人"墙

中心和人口活动带来重创。拥有迈锡尼风格的制陶工艺被地方性的粗糙工艺所取代，金属冶炼手法变得相对简单，文字逐渐消失，各地的工匠像人间蒸发了一样。人们开始在科林斯地峡两岸和其他城市建筑防御工事。在迈锡尼、梯林斯和雅典，人们在城内寻找水源，凿岩取水，工程量巨大。在雅典修建穿岩水井的历史甚至可追溯到危机发生之前。贸易活动也大幅减少，有研究表明，后来人们偏好铁器就是因为当时铜锡等金属的交易额开始急剧下滑。

人居聚落群的数量同样迅速减少——从公元前 13 世纪的 320 个，减至公元前 12 世纪的 130 个，再跌到公元前 11 世纪的 40 个。在某些地区，如西南部的伯罗奔尼撒半岛，该时期的聚落群数量却有所增加，貌似是受灾地区的人群向比较稳定的地区迁移的结果，但实际上人口流失现象与此关系不大。据估算，当时的人口削减幅度在 75% 到 90% 之间，即使在免遭劫难的地区，如雅典，最终也出现了政治崩盘的现象。至公元前 1050 年，迈锡尼文明已全线消失（尽管在局部地区曾有过短暂的复兴），希腊的"黑暗时代"自此开始。

西罗马帝国

罗马帝国是崩溃研究的头号对象，也是如今最能激发人们无尽遐想的经典案例。一个具有超级军事实力和丰富资源的庞大帝国最终却走向崩溃，其脆弱性始终传递着这样一个信息——文明是转瞬即逝的东西。连一度君临天下的罗马帝国都必须受制于历史的客观力量，难怪身处当代文明社会的人们会为自己的前途和

古罗马城市模型

命运感到担忧。

公元前最后几个世纪，罗马的统治首次覆盖意大利，后延伸到地中海及周边地区，最终到达欧洲西北部。国内的压力、国外的危机、难以抵御的诱惑——诸因素的综合作用使扩张政策仍在可运作范围之中，直至第一任皇帝奥古斯都（前27—14）才有效地控制了帝国的规模。随后的领土扩张对帝国来说基本上已无足轻重。

不管罗马帝国发展到何等繁荣的程度，其和平盛景却总不能持久。早从公元2世纪起，国外蛮族入侵和国内爆发的瘟疫就开始削弱帝国的实力。到3世纪，外患加剧，瘟疫迭发，更使内战频仍、经济衰退的帝国几近崩溃。3世纪末至4世纪初，戴克里先和君士坦丁曾一度恢复过帝国的秩序。但到395年，罗马帝国已永久分裂为东西两半。西罗马帝国随着各行省不断陷落而急速衰败下去，于476年宣告终结。

奥尔梅克文明

墨西哥最古老的奥尔梅克文明于公元前第一个千年末发祥于韦拉克鲁斯沿海气候潮湿的沼泽区。奥尔梅克艺术曾在古中美洲的大部分地区传播，并影响了后来的许多文明社会。奥尔梅克文明在丛林中消失之前曾经历过若干后续政权的短期兴衰，但后一阶段的记录非常稀少，最后一缕文明之光大约消逝于公元前最后几个世纪的某段时间。

奥尔梅克以其政治中心的考古遗址而闻名于世。遗址中历史最悠久的是圣洛伦索高地（前1150—前900）。在一个显然是人造的高坡上，仍残留着规模很大且排列有序的土墩群，其侧面有一组长而低矮的土堆，一端或两端还有大型金字塔。人们还用石头修建过一条沟渠，火山灰做成的黏土堤一侧有若干水池。黑曜石是从中美洲高地进口的，当地也有加工黑曜石、褐火石和蛇纹岩的手工作坊。重达 20 多吨的玄武岩纪念碑从 50 公里以外的大山里运来，竖起来有 50 米之高。

拉文塔文明（约前 800—前 400）可能属于圣洛伦索地区的后期政权。它的遗址里同样有土墩、祭坛和一个金字塔。重达好几吨的玄武岩石柱堆积在庭院里，似乎从来没有完工过。人们用蛇纹岩镶嵌而成的一个巨型美洲虎面具也埋没于泥土之中。拉文塔灭亡后，政权可能转移给了特雷斯·萨波特斯，但我们对后者的遗址所知甚少。

拉文塔的某些遗址，包括圣洛伦索遗址，都有证据显示文明崩溃时可能遭受某种暴行。好像有人不惜代价，有预谋、有计划地将众多纪念碑一并损毁，然后将其掩埋。

玛雅低地古典文明

佩滕南部低地的玛雅文明是已经崩溃的最著名的古代文明之一，它给后人留下了神庙、宫殿等众多建筑遗产，所有的城邦均被遗弃在丛林之中——这是一幅震撼人心的图景。热带雨林环境无疑在文明消长中发挥过重要作用。在一般人看来，文明是处于自然混乱和人性发展之间的东西。城邦被大自然吞噬的图景迫使我们陷入恐怖的遐想。

玛雅文明的某些复杂特性可追溯至公元前 10 世纪。到公元前最后几百年，复杂的政治体制和庞大的公共建筑已经在许多地区出现。公元后一千年的大部分时间里，玛雅城邦的规模和势力都很庞大。大型公共设施开工，兴建和装修神庙和宫殿等建筑，艺术和工艺空前繁荣，地貌改观，土地被用于种植。这一发展模式在 8 世纪前半期得到进一步强化。随后出现的情景来势迅猛并令人震惊——玛雅城邦开始一个接一个走向崩溃。大约在公元 500 年，先前复杂化的政治活动和祭祀活动趋于终结（尽管残留的人口在试图继续维持城邦生活）。南方低地的居民大量消失——或因死亡率增高，或因从刚废弃的中心向外迁移。

中美洲高地文明

史前中美洲高地文明中曾出现若干个强大的城邦，在当地占据突出的地位，最终也不可避免地走向了崩溃。它们是墨西哥谷北部的特奥蒂瓦坎和西北部的土拉，以及瓦哈卡地区的阿尔班山。

特奥蒂瓦坎城的中心建筑——太阳金字塔

特奥蒂瓦坎是西半球"新大陆"最大的本土城邦，也是公元600年时世界第六大城邦，据估计在人口高峰期约有12.5万人在此生活。位于城市中央的"亡灵街"长度超过两公里，两侧都是地标性建筑。这里有75座祭祀神庙，包括太阳金字塔和月亮金字塔。太阳金字塔是前哥伦布时期美洲最大的建筑，塔基两边长210米，塔高64米，体积约100万立方米。街道南端是拥有双子宫殿的休达德拉。该城拥有2000多座住宅，几百家曜石、陶器、玉石、玛瑙和贝壳工艺作坊，成百上千精心绘制的壁画和系统化的城市下水道系统。

特奥蒂瓦坎对整个古中美洲产生过重要影响。城邦领袖们高效调用劳动力，其规模曾达到前所未有的程度。墨西哥谷及更远地区的人口和资源均按经济形式组织起来，成千上万的人被迁移到特奥蒂瓦坎及其城郊。墨西哥谷东部和北部85%～90%的人口在600多年的时间内一直居住在城邦附近。贝壳、云母、辰砂等建筑原料都是从几千公里以外的地方运到这里。

完成于特奥蒂瓦坎统治后期的艺术品中明显表现出军事主题，流入城邦的货物也开始减少。公元700年前后，特奥蒂瓦坎突然开始衰落。在政治和祭祀方面具有象征意义的城邦中心以及亡灵街两侧的建筑，均遭到有计划的、仪式性的焚毁。50年内城邦人口降到了高峰期的四分之一，甚至更少。人们将门廊通道封闭，把大的房间分隔成小间。一个动荡的政治分裂期随后而至。

在南部瓦哈卡地区，大约与特奥蒂瓦坎同时存在的是阿尔班山文明。阿尔班山坐落于山巅，山的大部分斜坡被平整后用于建设纪念性建筑和部落社区。大约2.4万人在此建造了金字塔、神庙、球场、石柱和壁画，还有防御性城墙以及曜石、贝壳及其他

阿尔班山的祭祀中心的球场显示出球类竞技在该文化中的重要地位

日用工艺品作坊。阿尔班山的主要繁荣期在公元 200 年至 600 年这段时间。7 世纪，阿尔班山作为墨西哥谷政治中心的地位开始崩溃，一系列自治小城邦随后出现。在几代人时间内，阿尔班山的人口与高峰期相比只剩下 18%，而且更多的防御墙被修建起来。

古中美洲传说和历史中曾有过半神般的托尔特克人，一般认为土拉就是这些人创建的文明中心。土拉城邦曾有 3.5 万人，有金字塔、球场和宫殿建筑，其影响和规模于公元 950 年～1150（1200）年达到顶峰。在土拉谋生的技术工匠包括曜石匠、玉石匠、金属匠、木雕匠、羽饰工、抄写员、陶艺工、纺纱工和织布工。原材料和成品一般都通过长途运输进口。土拉是一个注重军事活动的城邦，像前期的特奥蒂瓦坎一样，这里曾吸引了墨西哥盆地的大部分人口。它的崩溃出现于公元 1150 年～1200 年，可能还伴随着祭祀中心被大火烧毁。

大卡萨斯文明

在墨西哥北部远离中美洲、距离今日美国和墨西哥边界以南几公里的地方，曾出现过一个兼有中美洲和美国西南地区特色的重要中心。

约 1060 年起，具有地域性特征的大卡萨斯中心启动了大规模的建设项目。各种类型的重建工程也全面展开，直到 13 世纪前半叶，该地区的开发建设规模达到顶峰。此时，大卡萨斯建成了庞大的多层住宅，周围环绕着包括几何形土丘、肖像土墩、球场、广场、贸易中心和其他大楼在内的仪式性建筑。城邦供水系统包括一个水库和地下石砌水渠，也许还有废水处理设施。这些工程明显是在一种能够完成多层次的人力与建材管理的经济体制下完成的。

大卡萨斯城周围环绕着几千个卫星村落，它的生存依赖于农田水利系统和复杂的贸易网络。该地埋藏有几百万个海生贝壳，分别属于 60 多个物种，另外还有蛇纹石、绿宝石、盐、亚硒酸盐、铜矿和手工精制陶器。（最后一项文明启发了当代仿陶业的复兴，促进了美国西南部地区的旅游业发展。）大卡萨斯的职业工匠主要集中于贝壳、铜器以及其他材料加工业。

1340 年，大卡萨斯的政治霸权趋于终结。城邦因年久失修而逐渐荒废。虽然仍在大量生产货物，但民用设施建设和公共设施维护已基本停止。公用场地和仪式场所被改造成居民生活区，死者被葬在城邦运河和广场下水道附近。大楼的外墙坍塌后，人们就用砖土修建坡道，以通往高处尚能住人的房间。大卡萨斯最终毁于火灾，尸体被丢在街头无人过问，祭坛也被故意捣毁。

查科文明

圣胡安盆地位于一片干旱贫瘠的丘陵之中，大概位置在今美国新墨西哥州的西北部。穿越这片荒凉的地域，我们能找到城镇和乡村的遗址。它们曾经繁盛一时，如今已被完全废弃，填满了流沙。查科城镇不如玛雅城邦那样知名，但其遗址展示出同样令人震撼的图景。查科不是像玛雅那样被丛林吞没，而是作为弃城被流沙淹埋，光顾这里的只有沙漠上的动物或偶然出现的纳瓦霍牧人。查科人显然曾经是高原的主人，但不知为什么，他们最后

位于查科峡谷的普韦布洛村镇博尼图遗址，这里最兴盛的时候曾有 650 个房间和大约 1200 名居民

（令人痛心地）输给了荒原沙漠。

查科人在圣胡安盆地修建了一系列石壁小镇，当地称之为"普韦布洛"。许多城镇之间都有道路连接，有的道路甚至横穿沙漠、攀越高地、跨过溪谷。具有异国风情的货物从遥远的墨西哥北部和太平洋地区进口。小镇屋顶所用的木材来自 50 公里以外，它们跨越沙漠一直被运送到盆地中心的查科峡谷。早在公元 500 年，这一地区就已经非常繁荣，但到公元 1050 年后不知发生了什么事件，城镇建设停止了，城镇逐渐遭到废弃。商业贸易网消失，废城成为人们搜捡建筑用材的场所。公元 1300 年，最后的居民不得不迁居他处，或是过上了简单的游牧生活。

查科人并不是唯一有这种经历的史前西南部族。明布勒斯人、乔纳达人等都有城镇崩溃、聚落遭废弃的经历。

霍霍坎文明

霍霍坎人是美国亚利桑那州南部沙漠的古代居民，在 15 世纪崩溃前曾创造出以运河灌溉、公共建筑和精美工艺为特点的复杂的文化体系。

霍霍坎运河引自盐河与吉拉河，规模庞大，结构复杂。环绕菲尼克斯市的现代运河就借鉴了这种古代模式。受惠于运河的人们兴建了美索不达米亚式象征政权统一的建筑，比如球场和平台土墩。大约在公元 1300 年以后，霍霍坎又兴起了一种新式建筑——"巨屋"，特点是地上、多层，以及使用浇筑砖坯。卡萨·格兰德遗址的巨屋坐落在占地 26 公顷的围墙建筑群（包括许多住宅）之内，遗址本身也绵延若干平方公里。

生活在亚利桑那州南部的皮马人似乎是霍霍坎文明的继承

者，但在欧洲人到来时，他们并不具备其祖先特有的政治集权。

东部林地文明

北美洲东部林地在史前时期至少发生过两起社会政治崩溃的案例——霍普韦尔文明和密西西比文明。

霍普韦尔文明存在于公元前一两个世纪至公元后头四个世纪美国中西部的大湖和大河地区。霍普韦尔文明的进步之处在于协调大型土方建设所需的劳动力、复杂的丧葬仪式、精美异常的工艺品以及从如今美国东部三分之二地区进口原材料和货物。考古学分析发现，霍普韦尔的许多地区都有复杂且等级森严的社会组织，其中经济系统的各个部分由具有贵族地位的精英控制。然而到公元 400 年前后，具有地方特色的繁荣的霍普韦尔社会纷纷开始崩溃。随后出现的"后林地"阶段（公元 400—900 年）则在贸易活动、丧葬礼节、公共工程、社会复杂化等方面都有不同程度的缩减。

这一倒退期随着密西西比文明的出现而结束——密西西比文明在贸易活动、丧葬礼节、公共建筑和政治集权等方面远超霍普韦尔文明。最复杂也是最知名的密西西比文明政体以卡霍基亚为中心。卡霍基亚位于今圣路易斯市东部的河流交汇处，是中美洲以北最大的古文化遗址。那里大约有 120 座土墩，分布于 8 平方公里的区域，周边的聚落群的人口总数可能达到 4 万人。它的"僧侣墩"——一个占地 6 公顷、体积为 60 万立方米、高达 30 米的土木建筑，是美国第三大金字塔，也是史前人类建造的最宏大的工程之一。卡霍基亚附近有木桩围成的栅栏，僧侣墩就位于栅栏之中。此外还有若干个圆形的天文气象观测台，有些人认为这就是英国著名巨石阵的木制版本（也被不当地称为"巨木阵"）。

卡霍基亚是按照某种设计好的模式建造的，它是一个多阶层的社会，在这个社会里，一切资源都被集中控制起来。出土文物表明，当时至少有一名贵族的随葬品中有人殉和进口奢侈品。

公元 1250 年后，卡霍基亚开始衰落。有些地区的公共设施改为私用，文明中心逐渐丧失统治地位。欧洲人涉足此地之前，美国东南部尚有其他类似于密西西比文明的社群存在，但在当时的中西部，没有任何一个原住民社会可以在复杂化程度上与卡霍基亚媲美。

瓦里帝国和蒂亚瓦纳科帝国

公元前 200 年至公元 600 或 700 年这段时间，由于灌溉系统和农业梯田的发展，秘鲁出现了显著的人口增长。人们建造了真正的城市，即各个国家的首都。国民们共享祖传的科学技术和意识形态，但因艺术风格迥然不同、政府各自独立和相互间为土地与食物争斗而分割成不同的国家。竞争的结果便是两大帝国的崛起：北方的瓦里和南方的蒂亚瓦纳科。

在发展的高峰期，瓦里帝国曾统治安第斯山脉中段的整个地区以及附近的沿海低地。首都是高地城市瓦里。带有瓦里风格（曾受蒂亚瓦纳科陶器影响）的陶器没过多长时间便出现在其他大城市里。早期的瓦里陶器（同后来的印加陶器一样）一般出现在政治和宗教场所，比如仪式中心、各大城市和或其他地位高的地方。大批量生产这些陶器时使用了铸模技术，该制作工艺的普及使得其他地方出产的陶器变得不再重要。

瓦里帝国在其统治区推行经济、社会和文化改革，给地域文化带来了严重冲击。每个山谷中都建立了主要的城市中心，具有瓦里风格的建筑群（行政机构、储藏室或军营）也在多处兴建。山间的城市随瓦里帝国的兴衰而起落。整个安第斯山脉中部的货物流通和信息交换都达到了前所未有的高度。不少学者曾指出，社会的都市化和军事化、国家对食品分配的控制、安第斯山脉的公路系统以及盖楚瓦语的传播，通通都起源于瓦里帝国。

直到最近，学者们才就蒂亚瓦纳科是否与瓦里处于同一时期或相继出现这一问题得出了比较清楚的答案。以前仅有的一项深入研究只专注于处的的喀喀湖盆地的蒂亚瓦纳科城本身，有关其帝国资格的争论都是在将它与瓦里相比较的情况下进行的。然而近期的研究发现，蒂亚瓦纳科的统治者曾经将大面积的穷乡僻壤改造成农田，这需要协调和组织大批劳动力才能完成。在整个的的喀喀湖盆地的可耕田附近都有国家行政机构，其聚落模式表明这一地区曾存在过统一政权，可以证明其帝国身份。蒂亚瓦纳科的人口应在 2 万～4 万。

以上两个帝国于公元 1000 年或 1100 年发生过重大崩溃。瓦里城陷落后，各省区的文明中心均遭遗弃。随后有过地方文化传统的复兴，乡镇级别的政治组织也曾再度出现。位于南方高地的蒂亚瓦纳科帝国诸城同样遭到遗弃，人口四散于盆地乡间。北部沿海地区的人口数量也急剧下降。瓦里帝国崩溃后，进入了小国分立和相互竞争的时期。

克钦族

生活在缅甸高地的克钦族是人类学研究中的一个经典部族。他们拥有三种特色鲜明的社会形式——贡劳制（gumlao，意为

"平等")、贡萨制（gumsa，意为"等级"）和掸制（shan，意为"封建"）。政治的复杂性与等级的权威性随社会形式的变化（按前列顺序）而不断增强。

值得注意的是，克钦族的社会形态并非一成不变。地方团体可能在贡劳制和掸制之间钟摆式来回变动，贡萨制就是两极之间妥协性的产物。有些贡萨社会的人加入了掸制社会，有些则反过来回到贡劳社会。因世袭团体间无法获得平等，贡萨社会便从贡劳社会脱生出来。与本书主题最为相关的一点是阶层化的贡萨制无法维持其固定社会形态。当成员对社会制度表示不满时，社会形态就会崩溃为平等组织，阶层化和与之相关的复杂化也逐渐消失。

伊克族

伊克族聚居在乌干达北部，那里的生活环境相对严酷。族人基本靠狩猎和采集为生，到近代才开始从事一些作物种植。按本书第二章将要探讨的标准，伊克族的聚落不属于复杂社会。然而它却是一个既病态又令人着迷的崩溃典型（即原有的低层次社会复杂性基本消失）。

由于气候干旱和传统迁移周期导致的国土边界纠纷，伊克人一直生活在一个缺食缺水的环境，难以实现任何人际互惠或社会共享。因此，伊克人没有形成任何可以称作社会组织的东西。他们住得相当分散，以至于包括觅食在内的大多数活动，都是以个体方式进行的。每个伊克人都是独自花几天或几周时间寻找吃的东西。与他人分享的情况几乎未曾有过。兄弟姐妹或其他亲戚可以比邻而居，但即使一个即将饿死而另一个食物充足，后者也不会给前者一丁点儿帮助。本应作为社会单位的家庭没有起到任何社会作用，即便是夫妻也不会彼此合作（也有例外）。他们结婚或同居的根本动机是其中一个没有住处。夫妻双方各自寻找饮食，找到后也并不分享。他们寻找食物的活动是绝对独立的，夫妻二人若同时回到住处那纯属偶然。

每对同居男女的住所都有栅栏将他们与他人隔开。若干个住所可以组成一个村，但村的存在基本没有意义。村落没有起到任何职能和组织作用，甚至连一个集中开会的地方都没有。

小孩基本上不会得到母亲长时间的照顾，3岁后就得自谋生路。侥幸活下来的孩子都有本事找到果腹的食物和避难的居所。孩子一般会找与自己年纪相仿的人傍在一起，因为成年人找到机会就要偷吃他们的食物。不过同一伙孩子之间也并不分享食物。成群结队的孩子到农田采食可以吓跑飞鸟和狒狒，这通常成为人们生孩子的理由之一。

人们不知道伊克人为何落得如此境地，但他们的早期社会形式仍留下了某些痕迹。他们曾拥有族姓，尽管如今已没有任何家族结构上的意义。他们住在村里，但他们的村庄没有任何行政组织的内涵。传统意义上的家庭、族系和族长权威结构都被逐渐弱化。伊克人干脆放弃了先前曾经达到过的社会组织层次，因为这样的组织层次并不能改善他们的处境。

说明

其他应该列入以上简介的崩溃案例还包括现代帝国，如西班牙、法国和大英帝国。这些帝国的衰落明显代表着全球范围内多国集权组织层次大势已去。上述案例之间虽然都存在差异，但最值得注意的事实是：帝国的消失并不意味着相应政权的崩溃。古巴比伦王国可作为这方面的例子——短命的帝国走向没落并未导致巴比伦文明本身的终结。

古代社会和现代社会在承受崩溃危机方面存在着质的差别（尽管并非出于人们通常想象的原因）。这一点将于本书的结束章节再作探讨。

崩溃之后

通俗小说作家和电影制片人已经描绘出工业社会崩溃后人类生活的图景。这些图景虽有细微差别，但基本都是霍布斯[①]式的"所有人对所有人的战争"，伊克式的生存状态遍布全球。人们都在为获得食品和燃料而厮杀，弱肉强食。无论谁胜谁负，都无法恢复世界秩序。一群可怜的、遍体鳞伤的幸存者缺衣少食，在宏伟建筑的遗址上搜寻还能利用的东西。街道上遍布杂草，人们除了维持生存别无他求。任何一个读过当代灾难文学或观看过灾难片的人都"见"过这样的情景。它已经深刻影响了当代人对崩溃状况的理解。

这样的情景明显有些戏剧化，但其中许多元素都能在过去的崩溃中找到印证。请看卡森对罗马帝国撤出不列颠时的描述：

> 从公元 100 年到 400 年，除北部以外的整个不列颠都是

[①] 托马斯·霍布斯（Thomas Hobbes, 1588—1679），英国政治哲学家，代表作《利维坦》（*Leviathan*）。——译者注

舒适安宁的乡间，像今天一样……但到公元500年，这一切全部消失了，不列颠陷入一种（也许是）前所未有的状态。人们得不到丝毫安全保障，也找不到一座像样的房子。城市被焚毁、抢劫和遗弃，只有鬼魂在废墟上游荡。

卡森不是在这里抒发诗情，因为他曾目睹1918年土耳其政府统治瓦解时伊斯坦布尔城的秩序崩溃：

联军看到了一座死城。土耳其政府已停止运转。供电系统瘫痪，城内时明时暗。电车不走了，废弃的车厢胡乱地停在铁轨上。没有交通设施，没有道路清扫，警察成了强盗，靠敲诈市民为生。尸体横在街角或弃于路边；到处都是垃圾，没人清理。排水系统也不工作了，饮用水很不安全。所有这些都只是当局停止运作并弃城而逃3周后的景象。

根据前面的介绍，并综合科林·伦弗鲁1979年所作的精彩总结，我们可以将复杂社会崩溃之后的特点概括如下：

首先是最高权威和中央集权的崩溃。崩溃之前，地方发生反叛和省区要求自治都是中央势力虚弱的信号。政府的财政收入减少，外来干涉增多并频频得手。财政收入不足会降低军队的实力，上层极力调动资源应对挑战更招致民众越来越多的不满。

接下来，伴随着国家的解体，中央指挥系统失灵了。前政治中心的声望和地位基本丧失，它经常遭到洗劫，最终可能被遗弃。在此情况下，原先统一的国家会分裂成若干个小国，原都城可能就是小国之一。新生小国要竞争统治地位，列国征战随之而起。

百姓头上的法律保护伞不复存在，无法可依的状况会持续一段时间（如埃及“第一中间时期”），但秩序终究还会恢复。文明会完全消失或急剧衰落——比如纪念碑式的建筑倒塌，民间艺术失传，黑暗时代降临了。

都市或政治中心里幸存下来的人将会以一种特别的方式利用残留的建筑。他们几乎不会新建什么项目，工作的重点是改造现有建筑。大房间被分隔成小房间，顶多再修个好看的门面；公用空间变为私有。尽管有人试图维持祭祀礼仪（已被大大简化），但却放任祖先的神殿颓朽下去。纪念性的建筑经常遭到损毁，因为可以直接把它们拆解成建筑材料。房舍的底层如果朽坏，人们就会挪到上层居住；要是整个居所都要倒塌，人们就干脆搬到另一处状况相对较好的地方。

神殿和公共贮藏设施往往被废弃，货物和食品的统一再分配以及市场交换条件随之消失。长途贸易和地方贸易可能明显减少，手工艺的专业化倾向停滞或彻底消失。人的物质需求逐渐以自给自足为基础，地区间交流的减少使原本广为传播的制陶等工艺更具地方风格。便携技术或固定技术——如水利工程系统，恢复成简单的形式，足以在地方一级发展和维护，不需要（几乎不存在的）官僚机构的协助。

最后要说到的是，人口的规模和密度出现明显缩减，这或许是崩溃的原因，也可能是崩溃造成的结果。这种情况不仅发生在都市，也发生在农村，许多聚落群在同一时期均遭废弃。人口和聚落的状态甚至倒退回几世纪或几千年以前。

一些走向崩溃的简单社会（如伊克）当然不具有以上这些复

杂的特性。对这类社会来说，崩溃仅意味着失去群体或部落结构的共同因素——世系和宗族、互惠和亲属义务、村庄政治结构、源自尊重和权威的关系、对非社会行为的约束等。崩溃确实将这些社会里的人们逼入"适者生存"的局面，尽管——如特恩布尔1978 年所说——这只是对他们绝望处境的一种合理调整。

如此看来，在一个已经崩溃的复杂社会中，为民众提供支持服务的主要机构丧失了能力或完全消失。民众再也不能依赖外部防御和内部秩序，遑论公共工程的维护或物资的运送。社会组织降至经济上可维持的最低层次，原本和平统一的社会出现了多种相互竞争的政体。幸存人口必须在当地自给自足，生活水准降低到几辈人都不曾见过的程度。从前有过经济和政治伙伴关系的团体如今成了路人，甚至变为危险的对手。世界从任何角度看都在萎缩，地平线上的世界变得陌生起来。

鉴于这种模式，当今许多人对崩溃现象抱有恐惧心理便毫不奇怪了。那些指责工业社会过度发展的人，也视灾难为工业社会的必然走向。不过，崩溃是否具有普遍性还是个未解之谜。这一点将在本书末尾再次被提及。

第二章

复杂社会的性质

这奇妙的高墙砖石，被命运摧毁；

城市破败，巨人的建筑坍塌。

屋顶掉落，塔楼倾覆，

城门碎裂，灰泥覆霜。

穹顶绽开，撕拆欲坠，

被时间慢慢吞噬……

城邦的楼宇，环绕的山墙，还有众多浴堂。

它们曾经如此华丽，充满快乐的喧嚣。

直到强大的命运，最终结束这一切……

——《废墟》

（摘自《埃克塞特书卷》，相传为 8 世纪的一位撒克逊诗人所作。此处的废墟指的是不列颠的罗马废墟。）

引　言

研究复杂社会为什么会走向崩溃，首先要对事件的主体有一个清晰的概念。即要弄明白复杂社会的定义、复杂社会的决定性特征、复杂社会与简单社会的区别，以及搞清楚复杂社会究竟是文明进化过程中的某种独立状态（某一阶段），还是一个从简单到复杂的连续统一体。

另一个相关的问题是为什么复杂社会能够得到发展。如前所述，这也是社会科学领域中人们一直关注的问题。尽管人们对复杂社会的进程已有很多了解，但在以下诸多问题的看法上仍未达成共识：社会为什么会复杂化？为什么会出现阶级？为什么早期小型的、独立的人类团体会让位于近一千年来大型的、相互依赖的社会？毫无疑问，这都是一些引人入胜的话题，也容易使人从目前的研究课题中分散兴趣。我们要抵御这种诱惑，但又不能完全回避。因为脱离了复杂社会如何生存和运作这个背景，就无法真正理解崩溃现象，我们也不能将崩溃问题同复杂社会的形成问题分而论之。（如任何科学研究一样，一个疑问引发另一个疑问，一个问题似乎与所有问题有关，简明地界定探索范围反倒成为最难的事。）为了解释崩溃，这里有必要就复杂社会发展的不同见解作一个简单介绍，并对这些见解相对于本课题的意义和关系作出评价。遗憾的是，有关什么是（如果存在的话）复杂化发展的主要动力的热烈而有趣的争论只在一定程度上与本课题相关，这里只相应地做部分介绍。

　　本章将讨论三个问题：一、复杂化的本质；二、复杂化究竟是一种延续状态，还是一个独立的阶段；三、介绍有关复杂社会产生的一些主流观点。与此相关的论述会作出必要的取舍，而将注意力集中在与理解崩溃直接相关的复杂社会的演化研究方面。

复杂化

复杂化的本质

复杂化一般是指一个社会的规模、其组成部分的数量和特点、其整合的特殊社会功能的多样性、其拥有的独特社会人格的数量及其多样性以及社会功能整体凝聚机制的多样性。这些方面任何尺度的增加都标志着社会复杂化的增强。原始狩猎社会（作为与复杂化相反的一个例子）只包含几十种独特的社会人格，现代欧洲人口普查确认出一万到两万种独特的职业角色，而工业社会可能包含 100 多万种类别不同的社会人格。

"不平等"和"异质性"是理解复杂化本质的两个重要概念。不平等可以看作社会纵向的差别，表现为阶级不同或在获取原料和社会资源方面的差异。异质性则是一个比较微妙的概念，它既指社会组织结构上的多样性，也指人口在这些组织结构中的分布情况。人口在社会职责和角色中平均分布的状态称为等质分布，如果等质分布被打破，那么异质性和复杂化就会相对增强，一个社会的异质性越强就越复杂。不平等和异质性有关，但它们针对的是不同的进程，在社会形态演变中并非始终呈正相关的关系。例如，早期文明社会的不平等程度较高而异质性程度较低。随着时间的推移，社会的不平等程度逐渐降低，但是社会等级增多，异质性也增强了。约翰逊将这一过程同一个社会需要处理的信息量的增长联系起来，他认为信息量越大、信息种类越多，社会的复杂化程度就越大。

复杂化社会类似西蒙所说的"近乎可分解的系统"。也就是说，它们至少部分是由自身潜在稳定和独立的社会单位构成的，例如一个新建的国家含有若干个从前独立的村落或族群，一个帝国可能包括以前建立的几个国家。只要这些村落、族群或国家保有潜在的独立性和稳定性，崩溃进程就有可能导致复杂的系统发生逆转（分解）。

简单社会

现代复杂社会的公民通常没有意识到我们才是历史的异类。从人类刚出现的几百万年前到现在，社会中最常见的政治单位是独立行动、很大程度上做到自给自足的小型自治团体。罗伯特·卡内罗推断，99.8%的人类历史由这些自治团体主导，只是在最近的6000年里才出现了特殊现象，即具有当代政治体制主要特点的、等级森严的、有组织的、相互依存的国家出现了。复杂社会一经建立，便趋向扩张和统治，如今它们已经控制了地球上绝大部分土地和人口，还为那些尚未染指的社会而苦恼。这当中就有一个悖论：我们已经熟悉作为历史怪现状的政治形式，将其视为正常；而把占据人类历史大部分时间的生存状态视为怪异。因此我们看到崩溃现象才会如此恐惧。

这些构成历史主体的无领袖小团体并非千篇一律，它们之间的差别其实很大。尽管这些社会很"简单"（与我们的社会相比），但它们在规模、复杂性、阶层、经济差异等方面各不相同。我们的许多文化进化理论正是建立在这种差别之上。

当然，简单社会的规模相对较小，人数从十几到几千，由相对狭小地域内的各社会政治单位组合在一起。此类社会的组成一般以血缘为基础、以家庭为纽带、以个人为中心。社会中人们彼此都很熟悉，每个人都可以确认他人在自己的亲缘关系网中的地位高低和关系远近。

在最简单的社会中，领导才能往往是最不重要的，只依赖人格魅力，也只用于特殊目的。层级控制尚未制度化，仅限于特定时间的特定活动领域，而且执行时主要靠劝导。萨林斯的研究指出了这类社会中小酋长的本质。酋长其实就是个发言人或是司仪，在其他方面几乎没有什么影响力，自然也不负什么责任，不具备特权和强制力。萨林斯说，这样的头领说话，"别人爱听不听"。

在这些社会中，平等在于个人可以直接获得维持生命的资源，在于个人可以灵活机动地选择脱离某个难以维持的社会，在于禁止积累财富和强制分享的公约。领导（如果有的话）不能滥用权力、聚敛财富或享受过分的特权。若在经济资源的使用上存在分歧，人们都必须作出慷慨大度的姿态。

个人的政治野心或受到限制，或被引导去实现公众的利益。人们通向较高社会地位的途径是获取剩余的生存资源，并有能力分配这些资源。通过这种方式个人可以在集团中树立威望，赢得追随者，最后形成小帮派。假如有若干个有政治野心的人物同时走上这条道路，就会出现持续的竞争和职位争夺。这会导致政治局势动荡不安，领导权频繁易手，领袖人物的死亡会导致派系的衰亡和大规模政治重组。

美拉尼西亚原住民通常把这样的野心家称为"大人物"（Big Man）——这一说法已成为人类学的流行语（萨林斯就这么用）。大人物极力培植追随者，但很难获得最后的成功。他的影响仅限于派系之内，扩大自身影响力就意味着必须扩大追随者的群体规模。与此同时，现有追随者的忠诚度又要靠他持续不断的慷慨行为来维持。这就出现一种两难困境——资源若被用于扩大派系，现有的追随者就难以被满足。当大人物试图扩大自己的势力范围时，也可能会失去实现这一企图的最初跳板。因此大人物体系在规模、程度和持久性上都存在天然的、结构上的局限。

还有一些简单社会有更高层次的政治分化，会存在一些级别不同的、永久性的职位，权威属于官职而不属于个人，身在其职才有发号施令的权力。首领（通常）是家族世袭的。这种类型的社会一般规模较大、人口密度较高，与其复杂化程度相符，不平等现象也十分普遍。

在这些存在集权的社会中，政治组织超越了集群层面，人们的经济、政治和宗教生活也相应地跨越了地方限制。在玻利尼西亚的典型酋长制社会中，群岛被整合为一个单一政体。它有一个政经体制，按等级分配调配人力资源和剩余经济资源的权力，还能指挥大批劳动力参与大规模的公共工程（如修建农业设施或纪念碑）。经济专门化、物资交换和协调控制是这类社会的主要特点。

在这些较为复杂的社会形态中，政治特权仍依托于血缘关系，但政体更加稳定和持久，不会因个人因素而频繁变化。随着社会复杂性的增强和人口的增多，个体职能的划分必然越来越社会化，人与人之间的关系更多地受客观社会结构的制约，而较少受血缘关系的影响。这方面最集中的表现，就是首领成为一个真正的职位，不再因任何任职者的死亡而受到影响。

然而首领的权力并非毫无限制。他的行为受亲缘关系的制约，难以垄断专权，只是具有某种程度的边际优势而已。首领要想得到拥戴，就必须积极回应追随者提出的要求。慷慨是维持政治经济的基础——要在分配财产或资源时足够大方，才能让追随者为其效忠。

首领（如那些"大人物"）的野心因此受到组织结构上的限制。统治者自身占有的资源越多，分配到基层的资源就越少，越易激起民众的反抗。首领往往要面临集权和分权的多次循环（像大人物体系一样），只是这种循环出现在较高的层面上。

酋长制社会与更加复杂的国家组织体系有许多相似之处，但它仍被大多数人类学家视作简单社会或原始社会中的一员。酋长制受到血缘关系的制约，缺乏真正的强制力。这些局限性直到人们今天所谓的"国家"这一社会组织出现时才最终被克服。

人类学家在定义"国家"（state）这一概念时遇了困难。国家明显区别于那些最单纯的、群龙无首的社会形态，但具体说明或列举它们的不同之处却不是一件容易的事情。即便如此，许多人类学家仍坚持认为，国家是一种与以往性质完全不同的社会形态，从部落社会向国家社会的过渡代表着人类历史发展的重要"分水岭"。

上述强调社会形态之间存在质的差异的观点使一些学者将简单社会进一步细分成若干独立的类型或复杂化程度不同的社会。无论是将社会政治演变视为一个复杂的连续统一体，还是将其视为某个离散的阶段或层次，都牵涉到如何理解崩溃现象的问题。这一点将在稍后进行论述。

国家

国家是按地域组建的。这就是说，国民的身份至少部分取决于其出生地或居住地，而不是取决于血缘关系（无论是真实的还是编造的）。如亨利·萨姆纳·梅因爵士所说，这方面最好的例证就是墨洛温王朝的"法兰克国王"（King of the Franks）向卡佩王朝的"法兰西国王"（King of France）的转变。地域基础反映并影响国家的性质。

国家与相对复杂的部落社会（如酋长社会）有若干不同。国家统治者垄断并支配国内所有的权力。统治阶层在政治上趋于专业化，基本摆脱了血缘关系的束缚。统治阶层决定政府的人员组成，而政府又是一个拥有绝对权威的专门决策机构——有权征兵征员、课税收税、立法执法。政府是按合法程序建立的，也就是说，存在一种普遍认同的社会意识形态，（一定程度上）有助于确保社会政治组织的合法性。此外，国家与部落社会相比，其规模更大、人口更多，因此社会分工、分层和专业化既是可能的，也是有必要的。

国家最关心的是其领土的完整性，这也是国家的主要特征之一。国家是人类社会通常不会在短期内经历重组和消亡循环的唯一社会形式。

不同的国家内部仍存在差异，本章开头已进行过明确论述。职业专门化是国家的一个突出特点，通常反映在人们的居住模式上。埃米尔·杜尔凯姆在其1947年出版的著作中指出，从原始社会到复杂社会的演变，见证了从以"机械整合"为基础的团体（同质，社会成员间缺乏经济文化差异）到以"有机整合"为基础的团体（异质，经济文化差异增多，需要交流和更大凝聚力）的转变。有机整合的程度随着历史的发展不断增强，国家就是它的高级表现形式。

由于领土范围广，国家的异质性不仅表现在经济领域，而且表现在文化伦理领域。而经济和文化的异质性似乎又与（确定国家特性的）集权性、行政性存在功能上的联系。

尽管存在着制度化的权力结构、基础意识形态和对武力的垄断，但国家的统治者与酋长和大人物至少有一个共同点，即需要建立并不断强化其合法性。无论是复杂社会还是简单社会，统治者的行动和社会资源必须持续用于这一目的。如前所述，阶层化和复杂化毕竟是人类历史发展中出现的罕见现象，一经出现就需要不断被强化。任何一个国家的统治者都要强调其地位和所实行政策的合法性，任何一个阶级社会都会为维护统治者的利益制定明确的法律法规。

合法性使平民百姓和社会中坚相信执政者是合法的、正当的，相信政治环境是适应时代要求的。这一原则适用于统治者、决策、各种方针、政党和所有形式的政府。民众的支持是所有政治体系生存的前提。失去民众支持不一定会导致政权倒台，因为某种程度上的专制可以替代政府之前的承诺，让民众屈服。但专制的代价太高，效果也并不好，不可能彻底或永久地解决问题。就算采取专制，民众支持率一旦降到某个关键点以下，政权的崩溃也是必然的。以德服人才是经济而有效的途径。

复杂社会聚焦于一个中心，这个中心不一定处在地理位置的中央，但它却是社会框架的象征性基础。这个中心不仅是执法机构和政府部门的所在地，而且是社会秩序的源泉，也是道德权威和社会统一的象征，具有神圣的性质。从这个意义上看，每个复杂社会都会有一种官方宗教。

该中心的道德权威和神圣光环不仅对维系复杂社会至关重要，而且对其出现也至关重要。非国家社会的复杂化过程中有一个主要障碍，就是必须去整合许多地方化的自治单元，而每个单元都有自身的特殊利益、世代恩仇和猜疑嫉恨。从任何一个单元中挑选出来的统治者都不免遭到其他单元的质疑——唯恐他（或她）会偏袒本族或出身地区的利益，尤其是在涉及有争议问题的时候。这一点仍在困扰着许多当代非洲国家。

解决这种结构局限性的一个办法是将复杂化社会初级阶段的领袖权威与超自然力量联系起来。领袖的头上若罩有公正且神圣的光环，超越地区利益的权威将取代他的族群或地区属性。在复杂社会的初级阶段，很可能有一个得到公众认可的神圣的合法基础，以此在意识形态、象征符号和宇宙观等精神领域将社会中各具特色的独立团体联合在一起。

于是，超自然的神奇威力就成为缓解亲族社会向阶级社会转型压力的有效解决方案。对新生的复杂社会来说，这也许是集权专制失效以后的一种必然结果。在真正的权威巩固之前，神权的合法性一直是社会凝聚力的基础。而一旦政权稳固，宗教的凝聚性就会减弱，随后必然会爆发世俗势力和宗教权威的激烈冲突。不过也应看到，政治中心的神圣光环从未消失，当代的精明政客也一直在利用这一点。借助神威已成为维持政权合法性的重要方式。

尽管超自然的力量毋庸置疑，但必须有真正的物质基础作为对权威的支持。伊斯顿指出，政府合法性的丧失主要是由于"产出失败"。若政权无力满足支持者的需求，或者没有采取预期行动应对逆境，产出失败就发生了。所谓的"产出"可以是政治性的，也可以是直接的物质。人们对"产出"的期待是无止境的，当权者必须不停地调动资源，以便得到民众持续的拥护。这样看来，获得和保持政权合法性还远不止在意识形态领域做些手脚，它需要实实在在的资源基础和庄严承诺——而且还要做到令民众满意。这是许多复杂社会都必须负担的真正成本。政权合法性是当代复杂社会性质研究中反复出现的问题，而且与理解社会的崩溃直接相关。

复杂化层次

研究社会进化的人类学家通常认为对简单社会进行分类比较容易。将社会形式划分为国家和非国家就是这方面的例证之一，可能这也是多数人类学家感觉比较舒适的一种典型分类法。有些学者（下文详述）将国家进一步按阶层划分；有些则将非国家形式按复杂化层次再进行细分。这些分类法与理解崩溃现象有关，甚至关系到如何定义崩溃进程。比如说，有些人类学家曾提出，复杂化层次的减少并不意味着崩溃的开始，那只不过是"正常的变化"。

分类的具体细节（有很多分法，标准也不一样）与本课题关系不大，但其中隐含的哲理和假设却与本课题相关。典型分类法的基本假设之一就是社会复杂性的增强是通过从一个结构稳定的层次跃升到另一个结构稳定的层次而实现的。因此，有人认为"酋长制"脱胎于"部落制"，而"部落制"又来源于"帮群制"。在另一种假设中，平等社会被等级社会取代，然后被阶层社会取代，最后被国家取代。还有一种观点（某种程度上已背离典型分类法）认为，社会复杂性的增强是在一种持续的状态中实现的，因而独立、稳定的社会"层次"很难定义，实际上它们可能并不存在。

任何一位合格的分类学家都知道，在分类过程中，获得相似信息的同时也会丢失独特的信息。我们权衡分类的效率时，（至少在一定程度上）要看得到的信息（数量和质量）是否多于失去的信息，而这种权衡主要取决于分析者的目的和需求。从某些方面看，人类社会发展的典型分类是有用的，即有助于最初的介绍和比较。如果有一位人类学家说他正在从事某类型（比如说酋长制）社会的研究，大多数同行就知道他想要说什么。但典型分类法的缺陷很快也显现出来——不同的酋长制社会有不同的特征，有些人觉得不应一概而论。基于这种理论而进行的研究揭示出来的东西还没有它掩盖的多。专注进一步细分酋长制社会的研究只会带来无休止的争论，并导致专家们在概念标签上而不是在稳定与变革的进程上浪费精力。

人们最感兴趣的类型区别是国家与其他社会形式之间的区别。如前所述，这是多数人类学家可以接受的一种分类方式，通常被称为历史的"大分水岭"。国家与部落社会在基本特征上存在质的差别，随着国家的出现，人类社会步入了一个截然不同的历史阶段。从前面的讨论中我们可以将国家的突出特征总结为：拥有地域性的社会组织；人们按阶级和职业而不是按血缘关系进行区分；权力垄断；首领可以调配资源和人力，还拥有司法权。不过若仔细观察就会发现，国家和非国家之间仍然存在着发展上的连续性。

在非国家社会的不同层次上也曾出现不同程度的地域属性以及资源和人力的调配。这种调配取决于人口密度、邻国的压力、社会分层程度和用于集中储存和再分配的公共工程的水平。还有，原始社会中是否存在法规也曾是人类学家争论的焦点。卡内罗指出，并非所有的国家都存在真正的权力垄断（如盎格鲁－撒克逊人占领时期的英格兰岛）。

如前所述，许多学者都认为有必要对早期国家进行分类。例如，韦伯使用"条件国家"（conditional state）这个术语来描述比较复杂、相对持久、近乎国家但未实现专权垄断的酋长制社会。

"条件国家"表面上与国家相似，但没有在一定条件下彻底实现性质转化过程。（必须注意的是，这一来自"国家特质"学派的论断对我们所谓的国家特征提出了严肃质疑。）

克雷森和斯卡尼克对早期国家的不同形式做过区分，类型如下：

1. **未成型的早期国家。**血缘关系、家庭关系和社区关系仍在政治体制中占主导地位；全职的专业分工非常有限；实施临时的税收政策；统治者与被统治者之间存在利益互惠和直接交流。

2. **典型的早期国家。**血缘关系与地域关系相制衡；竞争与世袭相制衡；主要行政职位会分配给非亲属；再分配和互惠主宰着社会各层次之间的关系。

3. **转型期的早期国家。**血缘关系对政治事务只产生边际影响；行政机构由政府任命的官员主导；生产资料私有制的出现促进了市场经济和对立社会阶层的发展。

这种分法中有些地方很有意思但也让人产生迷惑。正如韦伯的"条件国家"概念让我们怀疑专权垄断是否应作为国家的衡量标准那样，"未成型的早期国家"和"典型的早期国家"的区别，让我们不由得考虑血缘关系的状况是否应作为一种国家特征来考虑。我们已经知道国家是一种独特的社会形式，因为它基于社会阶层而成立而非血缘关系。现在我们了解到，有些国家的形成确实以血缘关系为主，只是程度不同罢了。这听上去让人觉得国家的出现其实完全不是什么明显的"大分水岭"。从部落社会向国家社会的转型显然存在延续性，甚至在那些只属于国家的特征方面也具有延续性。科恩的理论言之有理，状态形成是一个连续的现象：国家的形成是一个延续的现象——国家和非国家之间并没有一条清晰的分界线。

韦伯认为部落和国家之间确实存在结构性差异，但他却列举了与这一观点相矛盾的事实。他指出：

> 从日常生活方面来看，部落和国家的确有许多相同之处，在短期之内，两者在建立公共秩序、解决争议问题、防御外敌入侵、建设碑坛神殿、进行公共工程、保存历史记录、提供奢侈品和维持等级差别等方面，都能做到类似的程度。

按他所说，酋长制社会和国家社会的区别只在于规模和复杂程度。酋长制社会步入巅峰之日，便是国家社会诞生之时。

我在第一章中提到过，定义崩溃其实是一件复杂的事情，直到最后一章我都在不断地完善这个定义。以下论述是对崩溃定义的第二次分析补充。

社会朝复杂化发展是一个连续变量，与之相反的进程也是一样。崩溃是一个复杂性下降的过程。尽管崩溃通常被认为是危及国家的问题，但事实上它并不局限于任何"类型"的社会或社会复杂性的任何"层次"。任何社会的复杂性开始明显且迅速大幅度衰退的时候，崩溃就会发生。它不仅仅是指帝国的垮台或国家的灭亡，也包括酋长制社会中心权力解体等现象。崩溃可能表现为较大国家到较小国家的转型、复杂部落向简单部落的转型以及放弃村落定居生活而改为游牧（伴随着复杂性的降低）。

典型分类法难以分析和呈现社会多样化和层次内部的具体变化，只能识别和处理层面之间的变化。如果绕开典型分类法，有趣而重大的变化就会呈现在我们面前。一个突出的例证就是部落的复杂化进程，以及它阶段性逆转为小部落的现象（如玻利尼西亚群岛）。非国家形式的社会崩溃，如查科社会，将成为本书第五章中讨论的对象。

复杂化进程

导致社会复杂化的所有因素都与理解崩溃现象有关，因为复杂社会的出现及衰亡总是不可避免地交织在一起。可惜的是，尽管近年来人们在复杂社会研究上取得了重大进展，但关于其起源仍未达成统一看法。埃尔曼·瑟维斯找出了其中一个主要原因。他指出，历史悠久的国家在发展过程中出现了很多功能和特性，以至于其最初的功能常常被掩盖。这一观点非常重要。国家行为一般与其起源关系不大。再者，国家在后期发展阶段中会面对各种新的考验，包括国内和国外的政治局势。瑟维斯说得不错，这些因素可能对我们确定早期新兴国家的性质造成干扰。一些现代理论并未对上述观点给予足够的重视；同样，许多研究国家起源的理论也不涉及国家建立之后所持续的状态。

若干学者已将国家起源的不同理论进行过整理，分类大致如下（没有特定顺序）：

1. 管理型。当社会面临压力或人口数量开始增加时，可能会出现整体上的需求，这就需要管理阶层出面解决。这类研究包括：（1）威特福格尔认为，因为要动用大批劳动力建设和管理水利工程，使独裁政府的出现成为必然；（2）赖特和约翰逊指出，越来越多的信息源使得处理信息的需求不断增强，进而导致纵向的异质化和横向的专门化；（3）伊斯贝尔对（萨林斯的）经典理论进行了进一步阐述，即社会内部的经济差异导致商品和农产品的存储和分配必须实行集中的、分层的管理；（4）拉思杰提出，对外贸易和关键货物进口的快速增长加剧了社会的复杂性。

2. **内部冲突型**。该理论认为阶级冲突才是推动社会复杂化的首要动力。弗里德同后面将要提到的马克思主义者均认为国家的出现是为了保护少数人优先获取资源的特权。蔡尔德也持类似观点。

3. **外部冲突型**。卡内罗主张，在受限制的环境中（对外封闭，无法移民），压力会导致冲突，取得胜利的一方则需要建立和发展某些机构，以便管理被征服群体。韦伯斯特持另一种看法，他提出在部落中难以维持有效的统治，战争在任何情况下都只能带来短期的优势。不过持续的紧张状态对稳定政权和抑制团队内部竞争却具有重要意义。与此同时，以征服的方式获取传统体系之外的领土，为统治者提供了新的物质资源，可以用来建立新的君臣关系。

4. **综合型**。若干个相互关联的不同进程造就了复杂化社会和国家组织。如科林·伦弗鲁就谈到农业发展对社会组织的影响，社会因素如何影响手工艺品的生产，等等。

上述理论适用于那些朴素的或原始的独立国家，它们在世界各地都有出现。国家是独裁的、扩张性的组织，与不太复杂的社会形式相比，它们具有竞争优势。它们倾向于扩张势力或是刺激周边社会朝类似方向发展。国与国之间的竞争和国际贸易的复杂化促使了"二级国家"（secondary state）的形成。就目前所知，"一级国家"（primary state）只有6个，它们是：美索不达米亚、古埃及、中国、古印度、墨西哥和秘鲁。有些学者对其中一些国家的独立化程度提出质疑，但这不是我们讨论的重点。

尽管有关国家起源的理论多种多样，但正如一些学者（如伦斯基、科恩、瑟维斯、哈斯）所公认的，国家起源的学说其实可归纳为两类：冲突论和整合论（伦斯基更喜欢"冲突"和"功能主义"这两个提法）。这些截然不同的观点不仅仅是政治进化的学术理论，它们已成为一种社会政治哲学，影响力远远超出了学术范畴。如此说来，这些观点可能如人类社会本身一样古老。瑟维斯就将冲突论的提出追溯到伊本·赫勒敦——他的《历史》（Introduction to History）一书创作于1377年。哈斯更是将这两种理论的对立追溯到更远的古希腊和古代中国，他认为冲突论和整合论在古希腊的典籍和中国儒家的政治哲学中就已经出现。于是乎就连最基本的国家起源理论都能构成非凡的、连续的历史。这一事实从许多方面看都颇具意义，详见本书第四章。

欧洲的启蒙运动带来了研究国家问题的繁盛期，各种思想和著述大量涌现。让·博丹、托马斯·霍布斯、大卫·休谟、亚当·福格森、让-雅各·卢梭等人都曾深入研究过人类社会的目的和本质，他们进行的某些研究还兼收并蓄了这两种对立的观点。在近代，冲突论的主要贡献者有：摩尔根、马克思、恩格斯、蔡尔德、怀特和弗里德；而在整合论上有建树的则是斯宾塞、萨姆纳、迪尔凯姆、莫雷、戴维和瑟维斯。

从本质上说，冲突论认为国家产生于社会中个人和子群体的需求和欲望。由此看来，国家建立在利益分割、强权扩张和专制统治的基础之上，是权力斗争的舞台。更具体地说，国家的政权体制向专制方向发展，为的是解决经济利益分层引发的社会内部冲突。所以国家只是在维护（以剥削民众和降低民众经济水平为主的）统治阶级的特权地位。

冲突论在马克思主义学派的著作中得到了最清晰的表述。恩格斯在 1884 年所写的《家庭、私有制和国家的起源》一书中指出，获得财富的途径不同导致世袭贵族、君主政体、奴隶制度和掠夺战争的出现。在阶级对立的情况下为了保障新获取的财富不受旧的共产传统的侵犯，才产生了国家。

据著名冲突论学者克拉德的观点，国家是社会划分为两个阶级之后的产物——其中一个阶级直接从事社会生产而另一个阶级则不然，但生产的剩余价值却被非生产者占有。国家是为了调节阶级内部和两个阶级之间的关系而产生的社会组织。直接生产者在国家的形成中没有获得直接的好处，国家机构只为非生产者的利益服务。克拉德说，这种国家是"由阶级组成但存在阶级对立的"人类社会的正式组织。

按照马克思主义的基本观点，物质的生产和再生产是组成社会的基础。社会政治组织的决定因素是生产技术及生产关系（相当于阶级间的物质占有关系）。人类生活是由其社会性质决定的，而社会结构和上层建筑的各个要素则规定了利用环境的方式及人口密度等。由于物质条件始终在文化意识的调控之下，因此马克思主义者反对整合论中强调人口压力和生存压力的观点。

整合论（功能主义）理论认为，复杂化、阶层化和国家的出现并非出于个人或子群体的野心，而是出于社会的需要。所谓社会的需要主要有：（1）共享而非分割的社会利益；（2）阶层间的共同优势而非统治和剥削；（3）求同存异而非高压强制；（4）社会是一个整合体系，而非权力斗争的舞台。国家管理机构的出现是为了集中、协调和引导复杂社会中的各个利益集团。

整合论者称复杂化和阶层化的出现是由于人口数量发生了质的变化，是人类面对冲击的积极反应。复杂化是为了应对整个人口的需求，而不是回应少数人的野心。复杂化可能是对以下几种因素的反应：（1）在受限的、有压力的环境下进行的限制和战争；（2）需要处理大量的、来自多种渠道的信息；（3）需要调用大量人力投入社会公共设施建设和管理重要资源；（4）整合专业化或不稳定的地方经济；（5）进口重要商品；（6）以上若干需求的组合。在这一派的观点看来，整合有益于社会发展，如果高层管理者能获得不同的回报，那么整合就是为了实现集权必须付出的代价。

两大学说各有优点和缺点。先说冲突论，这一理论中对人类社会冲突的解释很容易被人接受，对于当代社会中经济地位较低的社会公民来说，他们更感同身受。贪婪、压迫、剥削和阶级冲突的确是复杂社会的特点，人们很容易将这些视为社会复杂化的根源及主要性质。这种看法不无道理，任何社会学理论都必须承认这一事实。但冲突论并不完全足以解释复杂社会是如何形成的。艾森施塔特就曾指出，加洛林王朝和蒙古帝国的没落反映出一个事实，即此类政体的存在一定是基于某种条件和需求，而不仅仅是为了实现谁的政治目标。

冲突论的问题在于它的心理简化法。也就是说，它把国家的起源解释为社会中一小部分特权群体的意愿、企图和需求，但是却没有具体说明这个群体是如何坚持它的需求和欲望的。可能是源自人类潜在的政治野心和自我膨胀倾向。如果经济条件较好的人群表现出这种倾向，就会导致阶级冲突和专制政府的出现。

对社会现象进行心理学解释难免会陷入误区。如果社会模式源于个人的意愿或需求，那么这些意愿和需求又从何而来？如果无法解释这些心理现象的源头，那么就同样无法解释随之产生的社会现象。如果说这些愿望是普遍存在的，那社会的差异性又从何而来？如果政治野心和自我膨胀是普遍存在的，并导致国家的产生，那为什么人类历史上只出现了 6 个"一级国家"？在漫长的、几乎占 99% 的人类发展历史上并没有出现国家，人类为什么却可以生存下去？为什么国家是一种"近代怪物"？为什么在更新世时期（Pleistocene，相当于旧石器时代）没有国家存在？

冲突论以生产过剩作为国家产生的必要条件，但这就存在一个矛盾。马克思主义认为可以从社会和文化方面调节物质条件，既然如此，生产过剩的问题就不难解决。然而事实并非如此。冲突论的一个漏洞就暴露出来了：国家并没有解决生产过剩的问题。坎森观察到在狩猎和采集为主的社会中就存在生产过剩的情况，只是通常被人忽略。这是一个重要观点。如果个人野心和自我膨胀是人类的共性，为什么在原始社会中一般不会出现贫富差距、阶级对立并进而产生国家？也许野心的表达形式并不存在共性？如果没有共性，那么（据以上论述）马克思主义对国家起源的阐释就是不完整的，因为它没有具体解释野心的起源。如果野心是共性，但其表达形式受到某种形式的压制，那么显然，社会政治演变不仅仅源于自我膨胀。心理特征不能充分解释社会体制的产生，因为它本身就受到社会体制的制约。

本章开头曾提到，在简单社会中的确存在要求平等的倾向，理查德·李对此做过生动的描述。他跟生活在非洲南部卡拉哈里沙漠的布须曼人打过交道，在某一年的圣诞节，他给其中一个部落买了一头公牛作为礼物。但他没有因此得到对方的赞许，反而遭到批评。对方称那头牛又老又瘦，一直抱怨到举行圣诞宴会的时候。但可以看出来，他们吃得很开心。理查德百思不得其解，有布须曼人向他透露，他们不允许自以为是，也不能让任何人觉得自己就是老大或有多么了不起。他们对待别的部落的优秀猎手也是类似的态度，这样才能强化他们人人平等的社会伦理。

当平等合作成为生存之必须，囤积和自私是绝对不会被容忍的。只有那些踏上复杂化发展轨道的社会才允许表达这种倾向。为什么会这样？在一定条件下实现个人野心是否能让整个社会都受益？就像（布须曼人）通过压制个人野心而实现社会收益一样？虽然这个极具吸引力的问题的答案已远远超出了本书的讨论范围，但这个问题也将我们引向整合论，这同样是整合论立论的核心。

按照整合论的观点，那些在社会中担任行政职务的人之所以获得差别利益，是因为他们在重大社会领域中发挥了作用而应获得报偿。为了实现社会的综合效益，阶层化是人们必须付出的代价。为了使复杂性建立在真实可信的、物质化需求的基础上（如国防体系、公共设施、资源共享等），整合论者有意避免分析其中的心理诉求。在社会政治矩阵中，人类的自我膨胀倾向会得到控制，在有益社会的前提下才能表现出来。在整合论中，个人野心的表达是一个依赖于其他因素的社会变量，而不是一个独立的心理常数。

尽管这一观点吸引了许多社会理论家（包括他们所捍卫的上层社会人士），但显然过于理想化。比如说社会阶层化的成本和收益并不像整合论所暗示的那样平衡。社会上层所得的报酬并不一定与他们的社会贡献相匹配，从阶级社会的历史来看，社会上层得到的报偿可能远远高于其政治表现，而不是相反。专制、独裁、剥削百姓的政权的确存在，这是不可否认的事实。

哈斯提出了一个被许多整合论者忽视的重要观点，那就是为人们提供物资或服务的管理机构拥有专制权力。它通过威胁停止提供任何福利这一有力手段从而让人们屈服。正如哈斯所说，"专制权力和生存福利是一对共存的变量"。假设这一逻辑是正确的，国家的社会政治进程明显不像整合论所暗示的那样乐观。

政权的合法性是两种理论中都提到的内容。如果权力阶层必须用武力才能使民众屈服，它的大部分收入就要花费在维持专制统治上。因此，即使是冲突论者也必须承认合法化行为在维持政权方面所发挥的作用。人类学家戈德利埃曾这样说：

> 阶级只有在合法的社会才能得到成长——至少……社会的转型过程是缓慢而持久的，在此期间合法性必须远胜于暴力、篡权、背叛等因素。

所有官方意识形态都包含这样一条"神圣"宗旨——政府是为公共利益服务的。冲突论者可能会嘲笑该宗旨是在"麻痹群众"，但事实上它约束着统治者和被统治者。兑现承诺是至关重要的。合法化活动必须包含实质性结果，粉饰权威的行为也是一样，否则统治者将付出高昂的成本进行专制统治。克拉森指出，统治者要想赢得百姓的拥戴，就必须从课税或贡奉收入中拿出一部分来回馈社会。

如此看来，冲突论和整合论在探讨国家起源和发展上各有不足。伦斯基、科恩、哈斯等人便提出将两种论点结合起来。政府机构既源于所获资源的不平等，也同时为公民创造利益。集权统治确实具有优势，然而一旦建立起来，政权机构便越来越成为经济、社会、文化变革的决定性因素。整合论在阐述生活必需品分配方面更有道理，而冲突论所提出的剩余价值学说也让人耳目一新。

读者可能已经意识到，在理解国家的起源和发展问题上有必要综合两派理论。我在后面提出的观点将更倾向于整合论，因为冲突论所坚持的社会心理学理论说是一个难以克服的缺陷。人的自我膨胀本性不能作为国家出现的原因，但它的确有助于说明国家随后的发展历史。不过，冲突论和整合论有一个非常重要的共同点。它们都把国家看成是解决问题的组织——国家在社会环境发生变化时出现，是一种应变措施。在冲突论中，国家的出现是为了解决因经济状况不同而导致的阶级冲突；在整合论中，政府的出现是为了保障全体民众的福祉。在某种程度上，两论所指的国家是同一类机构。

在下面几章中我们将看到，复杂社会是一种解决问题的组织，这一根本属性对理解它们为何崩溃至关重要。有关复杂社会的产生及其性质的论述可能很少涉及冲突论，但在阐述崩溃问题方面，它仍然大有用场。

总结和含义

复杂社会是解决问题的组织，随着环境的需要，其中会出现更多的组成部分、更加多样化的组成部分、更复杂的社会分层、更多的不平等现象以及多种类型的集权和专制。复杂社会的成长经历了一个嬗变过程——从内部单一、几乎无阶层差别的小型群体（以资源平均分、领导执政期短和政局动荡为特点），转变为异质性增强、内部差别增多、富含阶级结构和阶层的大型社会（以资源分配不均为特点）。后一种是我们今天最为熟知的、也是历史上最为怪异的一种社会形态，一个一经出现便需要不断进行合法化建设和强化政治统治的社会形态。

正如前一章中所讨论的，崩溃的进程指的是在既定的复杂化层次上出现了快速的、大规模的衰落迹象——社会突然变小、层次化和异质性降低，特殊组成部分减少。特点就是社会分化程度较低，成员的行为也比较容易控制。在崩溃的过程中，它仍旧可以支配少量的物资，向社会成员提供相对较低的福利待遇，但已经不能为所在地区的人口提供有效的保护。它可能会分解为复杂社会的若干有机组成部分，如小型国家、民族聚居区或村落。

复杂化的消失与它的产生一样，是一个连续的变量。崩溃可以是人类学家所谓复杂化的主要层次间（如国家制到酋长制）的跌落，也可能是某一层次内部的退化（如由大到小，由"转型期"回到"典型期"或"未成型期"）。崩溃现象给分类研究提供了一个有趣的视角，它是从一个结构稳定层向另一个结构稳定层发生迅速、重大转变的过程。类型学所说的进化就是类型的演变，崩溃只是一种逆向演变而已。

第三章

有关崩溃的研究

我完全有理由设想，罗马灭亡和大地獭灭绝是出于类似的
原因。

——罗纳德·罗斯

引　言

人们对崩溃进程缺乏了解并非由于研究力度不够。史学界和
社会科学界在崩溃问题上投入了大量精力，已经发表的学术成果
清楚地反映了这一问题的重要性。人类试图理解社会崩溃而做出
的努力，几乎可以追溯到崩溃这一现象本身出现的年代。

西罗马帝国的衰亡一定是欧洲历史上最令人伤心的事件。无
论是从该帝国晚期的文献中，还是从中世纪直至近现代的历史文
献中，关于它的记录都占据了显著地位。中国的周王朝和印度的
孔雀王朝的没落同样在本地区的史料记载中具有相似的地位。这
些早期帝国通常给后来人一种"失乐园"的印象，人们总会缅怀
当时那个黄金时代——君主贤能、生活平静、环境和谐、世界美
好无比。比如吉本对安东尼执政时期的罗马帝国的描述，顾立雅
对中国周朝时期"诸子百家"的研究，还有尼赫鲁对孔雀王朝的
追忆。探索失乐园的意义的同时也有利于帮助我们理解当下的环
境，并预测未来社会的前景。崩溃研究因此具有了另一层意义：
它不仅是理解过去的学术尝试和猜想未来的实践尝试，而且在许

多人心目中也是对当前政治哲学的阐述。虽然最后这点不是本书的论证的焦点，但它确实隐含了长期以来人们对崩溃的担忧。

进一步定义崩溃

古代和中世纪的学者往往从当时社会的视角出发，将崩溃看作某个具体政治实体的衰亡。然而，随着社会科学在过去两个世纪中的发展，出现了一个新的概念，即将文明的嬗变视作文化形态上的变化。许多 20 世纪的杰出学者，如斯宾格勒、汤因比、克鲁伯、库尔伯恩、盖瑞以及那些畅销书作家，都开始在著述中采用文化形态史观。

该学派将一种文明的终结视为一个文化实体的特征或行为的嬗变。所谓特征，指的就是那些构成"文明"的典型要素：艺术和公共建筑的特定风格、文学和音乐的传统以及生活和政治的哲学。汤因比所称的"叙利亚文明"、斯宾格勒归纳的"古波斯文明"和"浮士德式文明"都是这方面的例子。在这些学者看来，以上文明的终结（即被新的文学、艺术、音乐、哲学传统所代替）才是问题的关键。一种文明通常包含着若干个独立政治实体，实体本身有成败兴衰，但文明本身的寿命却基本不受这些短期政体的影响。不过在某些情况下，政体之间的冲突会削弱文明的发展。在汤因比看来，"东正教文明"的终结源于 977 年至 1019 年发生的罗马 – 保加利亚战争。罗马帝国在战争中对安纳托利亚地区进行了过度掠夺，导致拜占庭帝国的实力被大幅度削弱，后来又在 1071 年曼齐克特战役中惨败于塞尔柱王朝的突厥人，伊斯兰教和土耳其语随之在该地区得到了广泛传播。然而总的来说，文明的兴衰并非（像这些学者所说）与某种政局或某些具体事件拥有如此密切的对应关系。

这种观点之所以没有得到发扬光大，是因为本身存在着重大缺陷。读者可能已经注意到，我在第一章以背景介绍的方式探讨文明衰落的时候，就有意避免使用"文明"这一概念，后文中也是如此。这样做有两个理由：一是"文明"的定义往往是模糊和直观的，二是我们几乎无法回避"文明"概念本身所具有的不科学的价值判断因素。

皮蒂里姆·索罗金以批评"文明之死"而闻名。他曾正确地指出，人们在提出文明死亡的假设之时，就已经承认在垂死文明和新生文明之间存在着文化行为的连续性。此外，文化系统的某些特定部分一直都在不断变化，人们很难准确定位旧文明和新文明之间的拐点。他还断言，人类文化在任何情况下都不是统一的，只有一些特征会发生偶然融合。因此从定义上讲，文明从来都不会消亡。大多数当代社会科学家都不同意索罗金的这个观点，在本课题中也不就此做过多讨论。

价值判断的问题同样值得一提。"文明"社会和"非文明"社会的区别是什么？人类学家早就认识到这些概念本身就含有价值判断——特别是认为文明社会就一定更高级。我们辨别文明社会的依据是什么？是优雅的艺术风格、不朽的建筑以及与我们自身相关的文学和哲学传统。我们所认为的文明至少在结构上（还有形式上和内容上）必须与我们所拥有的相似，即文明社会就是那些与我们所处的相似的社会。许多学者大肆宣扬其价值判断，甚至一度使自己陷入困境。比如，格雷将古希腊称为"野蛮"时期。克拉夫将文明定义为在美学和智力上取得的伟大成果以及在征服自然方面取得的巨大成功，断定一个文明程度更高的民族会在这些领域取得更大的成就。克鲁伯是人类学领域的大师，他也提到"高级文化价值和形式"，说古埃及拥有"相当高级的思想体系"和"文化模式"。汤因比在《历史研究》中称，"文明本质上是一种进步的运动"。斯宾格勒则与众不同，在他看来，文明是不受欢迎的，甚至是罪恶的：

> 文明是一种结束……是生之后的死，舒展之后的僵化……其终结不可逆转，但人的内在需求仍在一次次地创造文明。

这样的偏见在客观性社科研究领域中没有立足之地，据此提出的文明概念最好被彻底放弃或重新进行考察。

并非所有对文明概念的研究都是徒劳无功的。梅尔科将文明描述为庞大而复杂的文化现象，并得到弗兰纳里和库尔伯恩的附和。若将他的概念稍做提炼，就更适用于我现在所做的研究。文明是复杂社会的文化系统。人们通常认为的文明社会的特征——如文学和艺术的传统——只是社会、政治、经济复杂化的附属现象或共生变量。复杂化正是这些传统形成的原因，文学和艺术要服务于社会和经济目的，且只存在于复杂社会背景之下的各个阶层。文明随复杂化而生，因复杂化而存，随复杂化消失而亡。复杂化是文明的根基。某些政体可能在一种文明中由盛转衰，但文明的消逝必须以政治复杂性消失为前提。正是出于这种原因，针对复杂化的研究可以作为监测文明兴衰的晴雨表，还带有详细的计量功能。与其他方法相比，更能避免主观偏见和先入为主的价值判断。正是出于这一目的，我才有意地回避文明这一概念。

这是否意味着文化学派的研究并不适合用于探讨崩溃问题？就该学派本身的名气而言恐怕就难以避而不谈。但我们可以从其他方面去考察斯宾格勒、汤因比、克鲁伯等人的作品，甚至可以深入到某些细节。复杂化与文明无法割舍的内在联系（尽管遭到文化学派的否认或忽视）表明，探讨文明的消逝将更有助于理解政体的灭亡。从根本上讲，本章评判作品的方式决定了哪些著述将被拿来讨论。例如，我将要论及一些从未真正崩溃过（目前为止的定义）的社会，如拜占庭帝国和奥斯曼帝国。之所以要讨论这类案例（连同文化学派的理论），是因为它们不仅对理解政局崩溃具有重要意义，而且对理解造成这种状况的条件因素至关重要。我会着重分析有关文明终结的理论，也要对政治的弱点进行探讨。

理论分类

研究本章问题的时候会经常遇到一种有意思的局面，就是每一个崩溃的社会都能引发两三种崩溃理论。虽然学界对复杂化进行的研究比投入到崩溃课题中的研究要多，但有关崩溃主题的论著也卷帙浩繁，其观点的多样性令人印象深刻。诚然，这些论著中既有值得敬仰的学术成果，也有一些只能提供喜剧效果的作品。有些看法非常流行，但不被学者们重视，这就要求我们尽量了解所有的观点。

观点的多样性使我们必须对其进行有序分析。事实上，崩溃理论可以归纳为数个主题，而且随着时间的推移它们并没有发生明显的变化。分类主要依据学者们的研究框架、论述前提和研究方法的相似程度。当然，每个主题之内仍然存在明显差异，所以对同一类别的学者还要作不同程度的单独论述。

需要指出的是，任何理论分类都很难绝对避免随机和武断，事实上也的确有各种各样的分类方法。在社会科学领域，一般会把社会变化分为内因和外因，崩溃研究同样也可以划分为两类（这并不是我的独创，古希腊历史学家波利比乌斯在 2 世纪就这么做过）。同样，正如人们可以从冲突论或整合论的立场研究社会变革一样（见第二章），我们也可以用类似方式进行有关崩溃的研究，但这还是对原有理论的一种发展。任何一种两分法都不适合于本书的研究，尽管两种方法都有其合理性——这一点将在最后一章中讨论。

崩溃研究大概涉及 11 个基本主题，它们是：

1. 社会赖以生存的某种资源或多种资源的枯竭或消失。

2. 新的资源基础的建立。

3. 某种不可抗拒的灾难的发生。

4. 对环境变化应对不足。

5. 其他复杂社会的存在。

6. 外来入侵。

7. 阶级矛盾、社会冲突、统治层失职或渎职。

8. 社会功能紊乱。

9. 神秘因素作用。

10. 事件的连锁和巧合。

11. 经济因素。

这个分类很简单，仍有模糊不清的地方。所列项目中有重叠之处，而有些主题还可以进一步细分。每个主题之下仍有多种学说，这使得分类的边界更加模糊。其他研究者完全有理由发明出其他的分类方法。我的分类是基于对学者主要研究方法和作品论述前提的分析。尽管有别种分类的可能，但对每项研究成果的评价不应因此而改变。

研究框架

本研究的主要目的是将崩溃作为一种普遍现象来理解，不限于具体案例，而且适用于所有时代、任何地区和任何社会类型。现有的大多数关于崩溃的研究都专注于某个特定社会或某种文明，而不是研究其整体进程。对罗马帝国或玛雅文明衰落的解释远远多于对它们进行的比较。有些学者的确将两三个崩溃案例进行过对比，但没有做进一步的概括总结。这种状况，说实话，没有超越历史研究和社会科学的通常弊端——过多地关注特定案例。

用个别案例探讨崩溃的一种后果是容易引来他人的批评，特别是对于史实的质疑。评判一个作者有关某社会崩溃现象的研究，从史实方面着手比讨论它的论点和逻辑更容易有收获——比如指明某社会的历史和（或）考古记录与论述的对象不符。当有学者提出迈锡尼文明的消逝是由于气候变化，或有学者说玛雅的衰落是由于外来入侵时，批评家一般就会坚持认为作者用来佐证的史料欠缺或是错误。随后的争论就陷入史实之争：到底有没有气候变化的证据，是否的确有入侵者，等等。气候变化或外来入侵如何导致崩溃？假想的原因真的能解释最终结局吗？论述本身是否充分？有些批评家确实提出过此类问题，但这并不是普遍现象。有关史实的争论仍占主导地位。

搞研究的前提就是理论必须能立得住，如果研究的逻辑有误，就没有讨论历史真实与否的必要了。如果气候变化或外来入侵不是导致崩溃的根本原因，所有支持或反对这一立论的史实证据就只能当作调味剂而不是主食。所以在下文中，我会将主要注意力放在立论的逻辑性上。虽然免不了要涉及一些史实，但这不会是我关注的重点。

激发我从事这项研究的主要因素是看到现有的关于崩溃问题的阐释在逻辑上存在缺陷。本章将详细探讨我对以往研究的看法，指出它们的问题到底出现在哪里。虽然带有一些批评性，但必须指出的是，以往研究的确已对理解崩溃作出了很大贡献，只是贡献程度不能完全满足我们的需要。在质疑的篇幅之后，本章会以充满希望的评论作结。

资源枯竭

在这一主题下，有两个关于崩溃的主流解释：一是由于人类管理不善使资源基础（通常是农业）发生退化，二是环境突变或气候恶化令资源迅速消失。两者都认为是赖以生存的资源枯竭了才导致复杂社会崩溃。

虽然"经济恶化导致社会崩溃"是近代才出现的理论，但二者之间的联系触发了我们对经历过罗马崩溃的那些人的思索。一些古代学者所坚持的看法与这个因果链正好相反。比如说，公元前1世纪在如今意大利所在的地区其农业产量出现下降趋势，人们认为这是道德沦丧的结果。在 2 世纪到 3 世纪这段时间内活跃的作家经常被 19 和 20 世纪的气候学理论学家提及，他们的记录很有参考性。尽管农业和采矿业的不景气被罗马人看作共存的变量，而非政治衰败的原因。在古代学者看来，整个世界正在日渐衰弱、失去活力。生活在公元 3 世纪的作家西普里安（又译居普良）在《致德米特里厄斯书》（*Ad Demetrianum*）中断言：

> 如今时代已经进入末期……世界本身……以各种标志腐朽进程的有形证据证明着自己的衰落。滋润土壤的冬雨、催熟庄稼的夏阳都在一天天减少。春天不再清新，秋日不再多产。那些被掏空和磨损的山脉出产的大理石产量一日不如一日，矿藏枯竭，可供开采的贵重金属也越来越少。无论是田里的农民、海上的船员还是军营中的战士都不多了，诚信的交易、正义的审判、和谐的友谊、精湛的技术、高尚的道德也在逐渐消失。任何事物若临近终结、濒临衰退和没落，其规模一定会缩小……这是世界得到的惩罚……这种力量与资源的丧失，最终必然走向灭亡。

发现气候变化、资源枯竭与文明兴衰之间的联系，很大程度上应归功于埃尔斯沃思·亨廷顿和更近代的温克利斯、布朗宁、休斯和巴策的理论。亨廷顿基于生物学提出的看法几乎让所有当今人类学家都无法接受——"人类文化的本质……主要依赖于种族遗传"。但在生物学之外，亨廷顿也提出文明的发展会受到气候的影响，他认为过去许多伟大国家的兴衰与气候条件的好坏相

关，"在有利的气候条件下，埃及和希腊等国的人们明显充满了
阳刚和活力，而现在却见不到了"。旱灾导致希腊经济低迷、饥
荒遍布、无法可依。在亨廷顿看来，多变的气候会"激励"人们
去创造文明，而当气候条件变得单一时，人们便无法从中汲取能
量，难以维持（他所相信的）文明所必需的"进取状态"。正是
3 世纪初以后不利于文明发展的气候导致罗马帝国灭亡。

　　温克利斯和布朗宁提出了更进一步的气候理论，有部分论述
与亨廷顿的推理正好相反。在这两位看来，自然因素的变化（如
火山爆发变得频繁）导致气候变化，继而影响食物供应，最后影
响人类行为（冲突、移民、经济、伦理等方面）。亨廷顿认为是
气候变化刺激了文明发展，而温克利斯和布朗宁则将文明归因于
温和的气候条件，反之则崩溃。他们认为变化出现时，总是先影
响边缘地区。处在缓冲地带的城邦文明发生倒退，人们回到以前
的游牧和狩猎生活，日渐弱化的权力中心最终彻底倾覆。他们还
提出了气候变化周期为 800 年的说法，其中包含若干较短的循环
模式。

　　另一个资源枯竭理论的贡献者是埃克霍姆（Ekholm），他将
崩溃的原因归结为贸易网络、外部资源和进口物品的消逝。当一
个经济体系依赖于无法控制的对外交易时，它就开始变得非常脆
弱。文明社会总是依赖国外市场，于是便具有天生的弱点。埃克
霍姆将乌尔第三王朝和迈锡尼文明的崩溃，近东和地中海东部
（前 2300～前 2200）出现的地区危机，以及近期马达加斯加出现
的政局动荡，都归结于这一原因。

　　罗伯特·布里法特在 1938 年就预测大英帝国将因贸易不顺
而灭亡。霍奇斯和怀特豪斯将加洛林王朝后期的黑暗统治归因于

阿拔斯王朝经济崩溃后欧洲和近东之间贸易的中断。西波拉认为，近几个世纪来意大利的经济衰退是由于对外贸易的萎缩。

资源枯竭论一直是崩溃研究领域多年来的热门话题，在针对古中美洲和美国西南地区进行的研究中一度占主导地位，而且开始在北美东部、欧洲和近东文明研究中显示出优势。当然，资源枯竭的可能性也是当代预言家们关心的主要问题之一。

古中美洲

学者们总是从资源枯竭的角度去解释南方低地玛雅文明的崩溃。库克在 1931 年指出是土壤风化、耕地匮乏、杂草侵蚀、湖泊淤积（以及它造成的水路不畅）、干旱缺水、蚊虫滋生和疟疾流行等造成了玛雅文明的衰落。三十年以后，桑德斯就低地生态系统进行了深入研究，得出了几乎相同的结论。他指出，该地区的火耕农业模式使土地的养分逐渐流失，导致杂草竞生，形成不适合人类生存的热带草原。他在后来的研究中一直坚持环境恶化导致文明消逝的观点，但也提到了玛雅各文化中心之间的政治竞争，承认激烈的资源集约化竞争也是加速文明衰败的一个重要因素。哈斯的观点基本相同，即玛雅文明的崩溃源于环境恶化和外部事件导致赖以生存的物质资源（权力基础）及贸易商品的匮乏。拉思杰和沙拉尔也都注意到了贸易萎缩的现象。

这种观点已被运用到中美洲的其他地区。库克认为奥尔梅克文明和高地文明的崩溃是因为土壤资源被耗尽。韦弗说图拉文明的衰亡主要由于气候变化——墨西哥中北部爆发旱灾，北部人口向南迁移，最后毁掉了这座城市。桑德斯、赫斯和斯威齐等人提出特奥蒂瓦坎文明的崩溃是由于人们失去了对重要贸易网的控制。

秘鲁

莫斯利指出构造抬升是公元 1000 年后奇穆文明崩溃的原因。在一次地壳运动中，太平洋板块与美洲大陆板块的交界处抬升，造成河流下切明显，地下水位降低，径流减少。整个奇穆地区的水文条件开始恶化，直接影响到地表植被的生长。人们曾尝试将灌溉沟渠的水源口上移，但并没有起到什么作用。地下水位下降后，农民们便转移到低洼处耕种。但时间一久，低洼地和沟渠就被河流淹没，最终流入大海。莫斯利并未将地壳运动看作奇穆文明崩溃的唯一原因，只是说它为反叛、征服、土壤枯竭等现象提供了背景条件。不过他也的确暗示过构造抬升同样引发其他地区的农业崩溃，如在近东、玛雅低地和古中美洲山区等地。

美国西南部

气候变化是解释美国西南部农业定居点和社会复杂性崩溃的最常见的答案。耕作方式不当偶尔也会成为答案的组成部分。最常见的资源枯竭论中包含了多种因素，如干旱、风化、雨季紊乱、低温、过度狩猎、土地肥力降低以及盐碱地面积扩大等。在整个西南高地，土地龟裂和河流干涸是人们弃置定居点的主要原因。

从气候变化角度解释霍霍坎文明（位于如今美国亚利桑那州南部）的衰落是一种普遍的做法，但这里通常会论及农耕中的负面因素，如土壤内涝和（或）盐分积聚等。亚当斯注意到，从一些晚期霍霍卡姆人的骨骼条件中推断出来他们有营养不良的情况，并将这种情况与农业问题联系在一起。韦弗沿这一思路作出了迄今最全面的论述。他提出在 1275 年之后，耕地日渐干旱，土壤盐碱度不断蓄积，导致霍霍坎社会、政治和祭祀系统的复杂程度出现倒退，特别是在边远地区。后来在 1325 年前后，该地区的湿度一度飙升，春季降水突增，不少运河漕口和灌木堰遭受重创或完全被毁。这些导致农业减产、人口减少、对野生食物的依赖性增加，经济衰退最终导致社会政治解体。1475 年之后，气候条件恢复正常，但霍霍坎文明的复杂化状态并没有复苏。

北美洲东部

过去二十多年间，气候论开始在美国中西部的考古学领域中广泛传播，这主要是受到詹姆斯·格里芬的影响。格里芬将霍普韦尔北部早期印第安文化的消失归结于密西西比河谷上游出现过一个相对寒冷的时期。维克里支持这种观点，巴里斯、布赖森和库尔兹巴赫也表示基本赞同。麦尔文·福勒在研究密西西比卡霍基亚文明时却提出了相反的看法，他强调当地资源（木材、猎物、耕地）的枯竭和敌对政治势力的崛起才是导致崩溃的主要原因。

埃及

卡尔·巴策在他的若干研究中指出，埃及古国的崩溃，连同埃及历史上其他的政治灾难，至少在部分程度上应归咎于尼罗河洪泛区的巨大变化，甚至可以追溯到非洲内陆的降水模式。尼罗河洪水的破坏性极强，它引发虫害、破坏堤坝和沟渠，减少农业产量，把农田收获推迟到旱季，对沿岸居民的生活产生了极大影响。巴策将尼罗河水灾视为新王国（前 1570～前 1070）灭亡的决定性因素、古王国（前 2760～前 2225）解体的可能因素，也作为第二王朝（前 2970～前 2760）和中王国（前 2035～前 1668）没落的最重要的原因。

巴策的理论绝不是唯气候论。他指出，在公元前 1668 年喜克索斯人入侵之前，位于尼罗河三角洲的小型公国就威胁到了埃及的统一。就在更早之前的公元前 1840 年至公元前 1770 年的这段时期，超过三分之一的尼罗河泛滥都足以毁坏埃及全部的灌溉系统。他还称在古王国的崩溃过程中，政治衰落先于任何尼罗河引发的灾难，但自然灾害可能反过来引发了社会动荡。因此，巴策视尼罗河泛滥为背景因素而非根本原因，它只是与政权弱化、领导不力、过度征税和头重脚轻的社会金字塔结构共同导致了社会的多次解体。

巴策的观点得到奥康纳的支持。奥康纳坚信古埃及的崩溃源于尼罗河下游接连不断的洪灾和随之而来的饥荒。巴巴拉·贝尔在 1971 年发表的论文中对此进行了更为全面的论证。她认为，公元前 2200 年～前 2000 年和公元前 1200 年～前 900 年这两个时期内在地中海东部和近东地区出现的黑暗世纪都与该地区爆发的范围广时间长的旱灾有关。就古埃及来说，贝尔强调，埃及国王没有在洪灾暴发的时候采取有效的管理措施，导致中央政府的合法性和凝聚力下降，地方贵族的权力却不断得到巩固。

印度河流域

在印度河（或哈拉巴）文明终结的问题上出现过各种不同的资源枯竭理论。撒帕尔和沙拉尔都曾指出该文明崩溃过程中对外贸易萎缩的情况。戴尔斯称"……大量泥沙随着洪水冲到下游，造成印度河从摩亨佐·达罗开始约90英里长的河道淤塞，并形成一个大湖"。雷克斯得出了相同的结论，但他认为洪水是海岸地壳运动造成的。无论当时发生了哪种地质变化（可能是地震），都令商业、农业和通讯的发展受阻。莫蒂默·惠勒和戴尔斯更倾向于一种带有神秘色彩的解释——人们的意志在多年来与泥沙的斗争中消磨殆尽，"哈拉巴精神最终消失在冷酷无情的洪水和吞噬一切的淤泥当中"。

美索不达米亚

崩溃现象的最佳阐释之一出自雅各布森和亚当斯对美索不达米亚冲积平原地区发生的阶段性政治灾难的论述。同巴策一样，他们意识到资源枯竭只是造成社会崩溃的原因之一，政治因素和经济因素也会对生产系统产生积极或消极的影响。

在两河流域，伴随着社会繁荣和秩序稳定，强化生产和过度灌溉在短时期内给人们带来了大丰收。但仅过去几年时间，含盐地下水的上升破坏了农田的肥力，农业产量急剧下降，社会稳定遭到破坏。当强大的政权（如乌尔第三王朝、萨珊王朝末期、伊斯兰时代早期）施行农业生产最大化的政策时，许多复杂的水利灌溉系统得到了发展，很快超越了地方政权管理和维护的范围。这时就需要国家出手控制。而在政局不稳的情况下，土地就很难得到有效的治理，灾难突然降临的可能性也变大了。

在萨珊王朝和伊斯兰时代，人口和国家财政需求都在增加，人们无视土地的低回报率种下了更多农作物，但仍不能阻止生活水平的急剧下降。虽然在并不稳定的政治基础上取得了众多引人注目的成就，而代价却是生态环境的日趋脆弱。社会的衰退似乎无法避免，低迷的状态一直持续到 9 世纪。此时的国家收入在减少，但经营农业的成本却保持不变甚至有所增加。国家的重税毁掉了支持率，破坏水利设施的暴乱时有发生。随着政府权势的不断削弱，局面已经无法控制了。政府的管辖范围不断缩小，仅巴格达及周边地区还在掌握之中，无法解决全国范围内的农业问题。如本书开头所引用的亚当斯的那番话所描述的那样，大部分聚居点惨遭破坏和遗弃。

迈锡尼文明

1966 年里斯·卡彭特发表了一篇探讨迈锡尼文明崩溃原因的精彩论述，他认为迈锡尼文明的消失连同 13 世纪地中海地区发生的其他动荡，都源于气候变化导致的大规模饥荒、人口灭绝和人口迁移。气象学家里德·布赖森和同事都认可卡彭特关于气候变化导致崩溃的阐释。

罗马帝国

亨廷顿、温克利斯和布朗宁都认为，气候变化导致资源供应不足，对罗马帝国造成了灾难性的影响。但他们在细节上存在分歧——亨廷顿将起因归结为亚洲干旱的影响，温克利斯和布朗宁则认为是当地低温期的结束。

在一项有关北欧地区花粉传播的研究中，沃特林奇注意到某种灾难性的生态变化与帝国的崩溃相关。当时谷物、蔬菜和杂草的花粉数量严重减少，而树木的花粉却不断增多。很明显，这是林地在侵蚀耕地。沃特林奇相信这是由于市场需求而引发的土地透支。大型市场、交通网络和中央集权的发展足以使罗马帝国初期的地方粮食紧缺状况得到缓解，甚至达到前所未有的高度。农业生产更为集约化，出现生产过剩。于是人口开始增多，食品需求随之扩大，农业资源在压榨下出现枯竭现象。国内和相邻地区出现的农业萎缩现象冲击了帝国的统治。

休斯将罗马的没落归咎于政治和经济无法根据自然变化做出相应的调整，这才是造成崩溃的主要原因。过度砍伐森林导致水土流失，土地被毫无节制地耕种和放牧，农业产量随即下滑。食物紧缺和人口规模缩减拖垮了帝国。

另一种关于罗马崩溃的解释是人力资源的匮乏。吉尔菲兰在其 1970 年的著名论述中称铅中毒导致人口大幅缩减，破坏了罗马的国家基础。

简评

从上述列举的大量例子来看，资源枯竭论一直是很具吸引力的观点。这种观点有它的道理，因为如果资源枯竭到一定程度，任何社会都无法维持其复杂性。但在资源利用达到临界点之前，人类社会完全可以采取各种各样的应对措施。这是我针对资源枯竭论提出的第一个质疑。

从根本上讲，资源枯竭论将崩溃归因于突然发生的经济衰退。大多数观察和分析起初都假设出现经济衰退的社会一定易于崩溃，该假设便成为一个确定的前提。这种观点的另一种假设是那些面临危机的社会坐视事态严重化而没有采取任何行动。这里就存在一个重大误区。复杂社会的特点就是集中决策、信息通达、各部门紧密协调、指挥有力和资源共享。这样的社会组织结构应该有能力（尽管不是出于原初设计的目的）应对各种变故并纠正生产效率上出现的任何偏差。就政权结构和调配人力物力资源的能力来讲，应对环境变化带来的危机应该是复杂社会的最大优势（如伊斯贝尔所论）。这些社会面临其有能力避免的危机却仍然因此而崩溃，实在是让人觉得有些奇怪。

当然，完全可能有这种情况，即现存生产体系和社会机制根本无法应对眼前出现的环境变化或生产危机。资源枯竭论正是因此而立论的。不过要真正证明这种情况的确能导致社会崩溃，还需要其他方面的信息来佐证。这些信息应该包括气候条件、人口数量、农作物产量和其他资源产量、人口和社会政体的年需求量以及社会的应变能力等具体数据。在崩溃研究中，人们还没有对这类数据进行过系统的追踪。

我们完全有理由设想，当复杂社会的成员或统治者明显意识到资源基础开始动摇的时候，他们一定采取过合理的措施尝试解决问题。另一种假设——即坐视灾难降临——属于没有根据的臆断，很难让人不产生怀疑。如果接受了第一种假设，分析崩溃问题时就必然要加入新的变量，而这种变量的存在就证明资源枯竭论存在不足。

如果社会不能应对资源枯竭的危机（所有社会在设计之初都想在一定程度上解决这个问题），那我们关注的重点应该在社会本身而不是资源状况。究竟是社会组织结构、政治体制、意识形态或经济基础的哪方面因素使其无法面对危机作出恰当反应？这个问题看似简单，但并非没有价值，因为现存资源枯竭论中有许多令人担忧的模糊之处。比如研究美国西南部霍霍坎文明的一篇论文曾指出，环境恶化在某种情况下导致社会崩溃（萨卡顿〈Sacaton〉阶段至苏霍〈Soho〉阶段），在另一种情况下却反而令社会的复杂化增强（苏霍至西瓦诺〈Civano〉阶段）。休斯还曾将过度采伐森林作为罗马崩溃的原因。而威尔金森曾证明中世纪晚期和后期对森林资源的开发刺激了英格兰的经济发展，不仅没有导致崩溃，反而在一定程度上导向了工业革命。很明显，理解这些事件的主要因素不在于资源枯竭，而是不同社会针对资源危机采取了不同的措施。为什么资源危机在某些情况下导致崩溃，在另一些情况下却导致复杂性的增强和经济的快速发展？将资源枯竭论运用于庞大而复杂的社会实体，其功效无异于隔靴搔痒。

巴策和亚当斯意识到了这一问题，于是在他们的研究中展示出环境、社会、政治因素相互交织的情形。二者都在其特定领域的崩溃研究中作出了精彩的论述。巴策和亚当斯在研究中融入了政治因素，这是他们的优势，但又暴露出他们的理论在更宽泛领域中的不足。以针对两河流域文明的研究而言，他们的理论仍存在较大的论述空白。仅仅把崩溃原因归结为高层的管理失职或判断失误并不是一个说得过去的解释。统治者的行为明智或不明智的判断标准是什么？这是一个随机变量吗？是否存在一个可定义的、可量化的因素？在后面的章节中我将针对这些问题做进一步的分析。

像以往任何时候一样，人们可以从经验主义的角度对资源枯竭论提出质疑。在针对霍霍坎的研究中，豪里指出了内涝和土壤盐碱化导致社会崩溃这一理论的疑点：并不依赖灌溉农业的聚落群为何于同一时期也出现了撂荒现象？查德威克在批评卡彭特有关旱情导致迈锡尼文明崩溃的理论时指出，作为避难所的阿提卡其降雨量甚至不足迈锡尼的一半。这些都是资源枯竭论未能回答的现实问题。

新资源

新资源论虽然只有少数人赞同，但它提出了与资源枯竭论相反的看法——充足的资源反而会导致社会崩溃，哈纳就是这一理论的倡导者。这一观点直接来源于整合论，即认为社会复杂性是环境压力包括资源分配不平等所导致的自然结局。当资源分配不平等现象得到缓解后，社会的复杂性便会衰退。马丁提出的看法是这一观点的变体，认为以劫掠为主的南美社会复杂化层次的降低是因为欧洲人的到来和由此导致的人口缩减。尽管马丁在因果关系上着墨不多，但也暗含了资源压力减弱造成崩溃的观点。

杰利内克也提出了相似的观点。他的研究中称，在美国新墨西哥州佩科斯河沿岸建立村落定居的人们在 1250 年至 1350 年间因气候变得湿润而放弃耕作，开始游牧生涯，靠猎取野牛过活。他们的活动反而导致草原面积增大，地区野牛数量增多。

蔡尔德和尼达姆（即李约瑟）的论述也不离其宗。蔡尔德提出，随着比青铜器造价低且更容易获得的铁器的出现，农耕者和游牧者拥有了可以挑战文明国家军队的武器，迈锡尼文明和赫梯文明便因此崩溃。尼达姆指出，正是因为中国周王朝中期铁器的普及，才导致周王朝的没落和诸侯国的崛起（尽管他不如蔡尔德表述得那样清晰）。

简评

对整合论者来说，哈纳的"减压理论"有一定意义，但对冲突论者来说意义不大。他的理论适用于简单社会，根本无法解释罗马的没落，更不用说运用到其他更多的案例中了。

自然灾害

飓风、火山爆发、地震、瘟疫等单一性灾难是人们阐释崩溃时爱用的热门原因。用简单方法和单一原因解释复杂问题是非常具有诱惑力的方式，这样的思考方式永远不会过时。（有趣的是，古生物学的学生同样热衷用单一灾难理论解释恐龙或其他生命形态的消失，就像社会学家理解崩溃现象一样。）在灾难降临和资源枯竭的两种理论间并没有清晰的界限，只有侧重程度上的细微差别。

把灾难作为崩溃原因的思路非常古老。柏拉图的《克里提亚斯》（*Critias*）和《蒂迈欧篇》（*Timaeus*）在提到神话中的雅典灭亡时用的就是这些概念，《圣经》中的洪水传说也属于这一主题。

古中美洲

地震、飓风和瘟疫等因素在玛雅崩溃的研究中时有出现。斯平登曾怀疑玛雅灭亡与黄热病疫情的爆发有关。麦凯也指出，曾在本克维霍发生过一次地震，随后便出现了社会动荡，进而导致社会结构崩溃。近来，布鲁贝克将玛雅的灭亡归咎于玉米矮花叶病毒的流行。这种在植物间流行的病毒随加勒比海飓风来到玛雅低地，导致农作物连年歉收。他将此与1845年在爱尔兰出现的马铃薯瘟疫做比较——那场灾害曾使岛上40万居民中的一半死亡或迁徙。

米诺斯文明

有关米诺斯文明崩溃的最著名的阐释出自马里那托斯，他认为距离该文明发祥地很近的锡拉岛上规模巨大的火山喷发造成了灾难性的后果。火山灰、泥石流和海啸接踵而至，火山喷发引起的数次地震摧毁了所有的建筑物。克里特岛遭到了"无可挽回的重创，从此逐渐衰落、陷入颓废，失去了繁荣和活力"。

其他人的观点与他的大同小异。卡彭特认为火山喷发摧毁了克里特岛，好战的希腊人乘机入侵并占领了克诺索斯。查德威克没有提到入侵者，但他说是火山喷发后出现的海啸冲击了克里特岛，摧毁了米诺斯舰队，而火山灰将克里特岛的东部变成了不毛之地。波默兰斯则认为这场灾难甚至波及整个地中海东部。

罗马帝国

有不少人认为疟疾与罗马帝国的衰落有关。琼斯指出，汉尼拔入侵意大利（前218～前204）所造成的结果是灾难性的，大面积的农田撂荒，疟疾随之滋生蔓延。大批意大利人（包括在意大利定居的人）感染了此病，帝国从此一蹶不振。在这种观点下，1世纪罗马人性格中奢侈、残忍和缺乏自制的表现就是疟疾带来的恶果。麦克尼尔的研究中也提出传染病使社会整体变得虚弱，加速了国家的崩溃。

简评

尽管灾难导致崩溃的学说通俗易懂且备受青睐，但它们是对崩溃最无力的解释之一。究其根本就是众多复杂社会虽然频频遭受自然灾害的考验却没有走向崩溃。灾难论呈现出的是一条并不完整的因果链：基本假设必须是（但很少明说）所讨论的灾难在某种程度上超过了社会能够承受并从灾难中复苏的能力。在这方面，人们对资源枯竭论提出的批评也适用于此：如果这一假设是正确的，那么值得关注的领域便不再是灾难，而应是社会本身。

从实用的角度讲，灾难说过于简单，不能用于解释复杂的人类社会和它的整个崩溃进程。人类社会从未停止过与灾难的抗争。人们会为应对灾难做准备，这点能通过社会、行政和经济结构规律性地展现出来。我们很难看到哪个大型社会曾屈服于某一场灾难。意外事故导致崩溃的说法也说不通。亚当斯指出，"意外事故在所有社会的各个历史阶段都会发生"。社会经历意外事故却没有崩溃的例子不胜枚举。

灾难论者惯常使用的类比推理手法反而削弱了他们想要强调的观点。比如说，锡拉岛的火山喷发通常被拿来与 19 世纪末南非喀拉喀托火山喷发进行对比。但据我所知，喀拉喀托火山喷发没有使哪个复杂社会走向崩溃。同样，布鲁贝克为强调自己的观点引用了爱尔兰土豆瘟疫的例子，试图说明玛雅的崩溃可能是玉米矮花叶病毒造成的。但他没有向读者指出，那场土豆瘟疫并没有影响到爱尔兰社会政治复杂化的发展。

从经验主义角度讲，锡拉岛火山喷发毁灭了米诺斯文明的观点在时间问题上有点站不住脚。目前记载的火山喷发时间是在米诺斯晚期 IA 阶段结束时（约公元前 1500 年），而该社会大规模解体却是在米诺斯晚期 IB 阶段结束时（约公元前 1450 年）。约公元前 1500 年的克里特人很可能停止了一切活动去关注锡拉岛的火山爆发，而且做了一切必要的准备，当灾难过后，他们重新开始生活。我不是地理学家，但还是觉得火山灰使克里特东部成为不毛之地的说法有点不合常理。有研究表明，美国的森塞特火山也曾在史前喷发，落下的火山灰显著地改善了附近土壤的条件，极大地促进了亚利桑那州东北部农业的发展。

有必要指出的是，这里讨论的灾难说（Catastrophe Explanations）与伦弗鲁用于模拟崩溃进程的"突变理论"（Catastrophe Theory）是两回事。后者是一种不涉及任何因果机制的抽象数学理论。

面临环境变化的对策不足

将该主题下不同的观点联系在一起的正是社会、政治和经济体制的局限性使人们无法对环境变化作出恰当的反应，这使得崩溃不可避免。这里列出人类学研究史上出现的两种比较著名的观点，一是贝蒂·梅格斯的"文明环境局限说"，另一个是埃尔曼·瑟维斯的"进化潜力法则"。汤因比的"挑战和回应理论"没有被算在内。

梅格斯的论点很简单——更高产的环境孕育更复杂的社会。具体地说，就是"一种文化所能达到的发展层次取决于所处环境的农业生产潜力"，潜力越大，文化进步越快。如果是这样的话，热带雨林环境在孕育文明方面便具有先天不足。因此梅格斯在研究玛雅文明时就遭遇了瓶颈。她最终给出了这样的解释：玛雅文明一定是从其他地方引进的，该文明战胜当地文明之后便走向衰落和解体。将一种文明引入对其并不适当的环境当中，最终必定是环境取胜。玛雅社会无法对所处环境作出恰当的反应。

尽管遭到过严厉批评，但这种观点仍能不断找到表达途径（一些学者甚至并未意识到自己使用了梅格斯的理论）。在萨布洛夫和韦伯的最新研究中，他们将玛雅的社会环境和中美洲其他地区发生的事件关联起来，以此探讨玛雅文明崩溃的根源（两位玛雅学者当然知道梅格斯的理论及其最新的演化）。斯图亚特和高西尔同样就查科文明的崩溃发表了看法，他们认为就复杂化程度而言，查科文明不可能在干旱少雨的环境中维持下去。

一种类似的观点（含蓄地）指出，复杂社会之所以不稳定，不仅是因为它处在某种环境之中，也是其本质使然。肯特·弗兰纳里和罗依·拉帕波特是这种观点的著名支持者。他们宣称，社会的复杂性越强，其内部联系就越紧密，各部门之间的相互影响就越强烈。社会的专门化程度增强，地方的自给自足能力和自主性就会降低。随着社会分化加剧，内部的差异化增强，其稳定性就会降低。在这样的社会中，任何区域性动荡都将波及整体。而在复杂化程度较低的社会将存在一种缓冲，因为专门化程度低、部门间相互关联少，初级原因和终极结果之间的时间段就更长。在拉帕波特来看，文明本身（即高度复杂化）的适应性很差："在人类六千多年的历史中，文明只是在近期才出现，而且可能只是一项失败的尝试。"

在这个主题之下有一个值得玩味的变体，来自菲利普斯（Phillips）的论述。他提出"从某种意义上说，问题并不在于国家为什么会崩溃（这种情况屡见不鲜），而在于有些国家的寿命为什么会如此长久"。他认为，一个新兴国家需要时间才能学会高效利用手中的全部资源，他称之为"单位投资的高出产或高回报"。不过追求效率（按他的定义）会导致资源分配的灵活性降低，其原理是这样的：新兴国家控制着大片疆土，但还没有建立（或可以依赖）能够带来较高收益的资源基础。这种情况下，大部分新资源就处在非关键或低回报状态（如纪念性建筑）。这样便形成一种隐形的资源储备，可供不时之需。因为在危急时刻，所有的非关键活动都可以暂缓进行。

但随着时间的推移，新兴国家的社会和政治机构逐渐成熟，能够更充分地利用这一资源基础（用菲利普斯的术语来说，就是"高效"）。最终，大多数资源都用于支持"高效"机构的运行（如政府办公室等），在资源分配方面再没有多余的储备或所谓的灵活性。于是政权统治中心成为最脆弱的地方，以至于"突发事件就可以触发严重危机"。在"高效型"社会中一场民众暴乱就足以成为一种不可逾越的障碍。尽管这一理论是在针对中美洲的研究中提出的，但在其他地方也适用。例如，罗马帝国后期无法应对的灾难在共和国早期就曾被克服。

这一观点与谢泼德·克劳夫的理论极为相似，他认为，将有限的资源从资本投资转移到文化艺术支出上可能会引起社会的衰落和崩溃。如果越来越多的资源被用于艺术创造，那么为谋取经济福利以及为增强社会实力而投入的资源份额就会相应减少。因此，定义"文明"的要素反而导致其消亡。古埃及第一中间时期的崩溃，还有罗马帝国的崩溃，都可以按这个道理来解释。因此，按克拉夫和菲利普斯的观点，复杂社会并非一开始就基础不稳，而是发展使然。

埃尔曼·瑟维斯的"进化潜力法则"和梅格斯的理论在知识界的命运大致相同——起初不被人接受，后来偶尔被引用，而且个别引用者在论述中或不承认或不标注该观点的出处。瑟维斯的法则即"在特定的进化阶段，一种社会形态的特殊性和适应性越强，其进入下一阶段的潜力就越小"，进化"过程"与整体进化"潜力"呈反比例关系。依这种观点来看，良好的适应性将滋生保守主义，执政者适应变化的能力会因此减弱，成功的复杂社会反而容易被专门化程度较低的社会形式战胜。所以复杂化程度较低的边缘国家灵活性较高、竞争优势更强，在特定条件下会超越古老的中心国家。瑟维斯将这一原理运用到解释中国北方边陲地区对中原王朝的入侵、美索不达米亚和古中美洲外来势力的逐渐得势，还有秘鲁政治发展中断的现象。他指出，在上述情形中，边缘地区的新生文明群体都获得了某种竞争优势（组织结构、武器、策略等），使过于保守的中心国家无法应对，因而借机崛起并占据统治地位。亚当斯遵循同一思路，坚信古老社会的僵化和保守源于试图控制基础资源的重大投资。

许多研究者将与复杂化层次较低的邻国的竞争作为导致中心国家崩溃的若干因素之一。人们可以轻而易举地将瑟维斯的法则扩展为一种具有普遍意义的"适应失败理论"。不少学者都得出这样的论断：复杂社会的消失是由于它们无法根据环境变化采取相应的对策。梅尔科认为（与瑟维斯一样），文明社会一旦建立，其应对变化的能力就被限制了。崩溃源于政治僵化和官僚低效，无力处理内政外交上的危机。何炳棣就将中国明朝的没落归结于此。

社会学家巴克利认为，任何社会制度的僵化都必然导致内部动乱或无力抵御外来的挑战。格雷戈里·贝特森提出，文明失去灵活性就会消亡；若灵活性没有得到足够的使用，也会自动消失。

诺曼·约菲的研究显示，随着各省区的失陷，古巴比伦王国的国家收入减少，虽然政权仍在极力维持统治，但已经难以确保公共设施、水利工程和军备建设的正常运行。统治者试图通过高压手段强制施行政策，反而令帝国加速分解为原初的各组成部分。"统治者若不以王权的名义采取重大改革"，约菲写道，"巴比伦的国力在负面反馈机制的作用下只会日趋衰弱"。简言之，巴比伦的统治者在面临变局时没有采取正确的对策才导致国家崩溃。

格雷戈里·约翰逊指出，乌鲁克时代中期苏西亚那（又译苏萨）政权的行政需求超出了国家能力，最终导致政权解体、国家分裂。正是因为政府的行政能力不足是社会崩溃的原因。

伦德尔·麦圭尔提出了一个解释崩溃根源的结构模式。继布劳之后，他认为同中心组成的社会与各独立因素交叉组成的社会相比，缺乏结构调整的灵活性。所谓同中心指的是从个体向广阔的社会外围（家庭、亲属、村庄、部落等）扩展；交叉则是指社会的横向联系跨越了各个"同中心"（与联谊会或职业协会类似）。同中心组织一般出现在简单社会，复杂社会则往往是交叉型组织。在同中心社会，由权力上层确定各相关团体之间的关系，各团体间竞争激烈，难以联合成一个有机整体。由于社会变革很少符合统治阶层的最佳利益，也很难符合各团体的共同利益，因此社会本身不具备应对环境变化的渐进调整机制。所以危机只会导致崩溃，而不是机构改革。

在玛雅文明研究中，"适应失败论"的代表人物是威利和希姆金。他们提出，尽管玛雅社会有内部压力和外部危机的刺激，但是没有因此产生相应的对策。官僚阶层无力应付日渐复杂和动荡的社会局势，只能任由社会走向崩溃。威利还在他写的另一本书中指出，玛雅的崩溃是因为它不能"……在仪式中心到城邦政体演进过程中更有力地推动社会发展"。

在讨论特奥蒂瓦坎的崩溃时，法伊弗辩称该政体在缺乏动物驮运和轮载工具的情况下，已经穷尽社会的全部发展潜力。迪尔的观点基本类似，认为图拉的灭亡是出于同样的原因。至于卡霍基亚的衰落原因，法伊弗认为是人口增长带来的压力没有得到有效的缓解，百姓吃不饱，官僚机构难以继续维持。

达瓦里卡尔提出印度铜石并用时代文明的"死亡"是因为当时的人们没有掌握养护棉田黑土的技术。明尼斯称美国西南地区明布勒斯文化的崩溃源于统治者强化经济发展的政策失败了。

从经济学角度阐释罗马帝国崩溃的多种论述都与适应失败论相关，它们指出了罗马社会结构和经济结构的不足，如（1）经济发展停滞，缺乏对较低阶层的激励；（2）出现大型蓄奴庄园；（3）缺乏地方经济整合；（4）高额的税收和政府运行成本；（5）最低信贷机制和贵重金属供应限制下的薄弱金融体制；（6）停止扩张领地。简言之，帝国无力采取生存所必需的变革。

在谈到当代国家时多伊奇指出，当政府无法满足民众在公共服务方面的需求时，就可能会出现崩溃现象。自1890年起，民众在公共服务方面的需求更是不断增强，远远超过政府的收入或应变能力的提高速度，政治破产和人民起义时有发生。

其他学者还指出崩溃过程中存在有正反馈循环（positive beedback loop），并暗示逃避循环是不可能的。科林·伦弗鲁指出，复杂社会在危机条件下难以降低社会多样化或专门化程度，便免不了要遭受解体的命运。

古格里尔莫·费雷罗比较了古罗马和美国，他认为城市化过度是罗马崩溃的原因。古罗马版图的扩张促进了地区商业的发展和个人财富的迅速增长，中产阶级家庭越来越多。他们从郊区搬到城市，开始大肆消费。为维持都市的正常运转，农村遭到进一步的剥削；当政府开始在城市中心搭设贫民救济点时，更是吸引了部分本该留在乡间的农村劳动力。2世纪到3世纪的这段时间里，城市的消费已远远超出农村的供应能力，农村人口也越来越少，农民和武士等职业最终成为家族承传。试图解决城市问题时就像是用了一张注定让病情恶化的药方，即更多的消费和更重的税收。最后，社会系统超越了其自身承受能力，因而出现崩溃。所有这一切都受到相互竞争的刺激——城邦、省区、地区、宗派、职业、阶层、家庭与个体之间的竞争。

罗伯特·沙拉尔指出，玛雅后古典时期不仅在人口数量上，还在社会政治复杂性方面也形成了一个相互交织的上升式螺旋。国家的经济控制使食品生产和食品分配得到了保障，人口数量因此不断壮大；而人口增多反过来又需要政府付出更大的成本去管理。此外食品生产的压力也相应增大了，为了增产所采取的各种措施又令资源环境逼近崩溃点。要是再加上气候变化、自然灾害、病虫害等不利因素，就更令局面雪上加霜。此时，统治阶级如果还要修建纪念性建筑，那就更加剧了现有危机（占用食品生产的劳动力和时间）。当时玛雅境内的农作物因病虫害、土壤肥力不足、气候变化以及某种自然灾害的影响出现严重减产，再加上邻国多方进犯，古老的帝国终于走向崩溃。

康拉德和德马雷斯特在1984年探讨阿兹特克族群和印加帝国衰落时提出了一个重要观点。他们认为，这两个社会组织在早期历史阶段的意识形态有益于社会发展，但后期却变得不合时宜。在阿兹特克人中，信奉战争和太阳神威齐洛波契特里的异教徒要拿活人当祭品，这种做法刺激了军国主义的扩张。在印加帝国，新国王不能继承前任国王的财产。每位统治者都拥有独立的宫殿和仆从，甚至死后他的土地和资源也不会旁落。新登基的统治者只能通过侵占他国去为自己赢得财富。当获利性征服的目标日趋减少时，征服便失去了实际意义。在难以改变意识形态的情况下，内部冲突便不可避免。

弗里德曼和罗兰兹提出了一种看法，他们认为部落社会中争相举办的庆功宴是为了刺激过剩生产。一个具有实力的群体可以通过抓获外国俘虏和制造本国奴隶建立氏族社会，将自己提升为统治阶层。他们为了扩张实力便不断加速过剩生产，但生产率却逐年下降，也将不可避免地走向崩溃。

简评

大体上说，在我们讨论过的各种观点中，适应失败论在有个方面超越了其他观点。学者们开始意识到理解崩溃要从社会特性入手而非外在压力，纷纷从原因机制——如环境局限说和进化潜力法则——探寻社会为什么没有采取适当的对策。这一突破的意义重大。虽然有些观点别具魅力，但多数建立在对复杂社会本质的假想基础之上，而提出者针对假想的描述往往含糊其词。如果他们作出明确的表述，我们就能发现其理论的薄弱之处。这些假想似乎围绕着三种模式的复杂社会而展开。由于找不到更加文雅的术语，我只好将这三种模式称为"恐龙型""失控火车型"和"纸牌屋型"。

　　恐龙型的复杂社会犹如一个笨拙的庞然大物，其形态固定，无法作出快速的改变。它被困在进化的死胡同里，虽然在社会结构、规模和复杂化方面颇有建树，但缺乏灵活性。危机出现之时，社会无法应对，只能坐以待毙。这样的复杂社会代表着一种权威的盛景，既神奇又可怜。用通俗的话说，这些可怜无助的巨物，必然被更新、更简洁、更有进取精神的社会所取代。

　　恐龙型符合进化潜力定律，也符合衍生理论和类似理论。所有的社会——无论复杂与否，都有安于现状不愿实施变革的倾向。当笨拙的巨物难以做出改变时，这种倾向足以致命。

　　失控火车型可以说是恐龙型的一个变种，但仍有其特殊性。这种类型的复杂社会沿着复杂化程度渐强的轨道前行，不能变向，不能调头，不能停下。即便前方出现障碍物，它也只能按既定方向一头撞过去，最终仍然难逃灾难性的结局。

　　各类援引正向反馈机制的研究的确都对复杂社会的崩溃作出过这种类型的假设。费雷罗关于罗马帝国都市化的论述，沙拉尔关于玛雅帝国社会经济强化发展的观点，康拉德和德马雷斯特对阿兹特克族群和印加帝国衰落的阐释，无一不是假设社会的某种因素使其不能脱离通往灭亡的轨道。

　　纸牌屋型与前述两种模式均有不同。它认为复杂社会天生脆弱（无论作为一条规则还是处在某种环境下），基础不牢，无法避免崩溃的命运。贝蒂·梅格斯的环境局限论以及弗兰纳里和拉帕波特的适应失败论，都属于这一模式。

　　关于模式的探讨暂时先告一段落。针对复杂社会的现有了解还不允许我们提出假设或得出结论，说它们天生脆弱或难以改变，无法应对农业产量波动、自然灾害或其他天灾人祸。找出哪些国家曾就如上部分因素或全部因素采取措施并不是件难事（如在3世纪发生的危机过后古罗马的复苏和重组，美国西南部在史前时期各阶段的人口迁移和社会重建，玛雅后古典时期之后的文明复兴，中国古代的朝代兴替等，这些内容在第五章中会再次提及）。换言之，我们对复杂社会的了解并不能支持这些研究所作的假设。复杂社会并不是难以琢磨的化石，如果它们难以随机应变，肯定是出于某种原因，表面现象说明不了什么问题。

失控火车模式——如阿兹特克族群和印加帝国所展示的那样，可能被现有数据证明是有误的。在这两种文明中，统治者明显意识到继续扩张已无利可图，并采取措施试图改变政治结构和意识形态。康拉德和德马雷斯特说阿兹特克人和印加人拒绝接受改变，致使政策失败，但事实可能并非如此。西班牙的征服行动提前终止了两个文明的变革进程。（阿兹特克的）蒙特苏马二世和（印加的）瓦斯卡进行的改革显然是针对扩张体制采取的恰当对策。韦布对卡米哈米哈二世打破夏威夷王国的"禁忌"（kapu）的论述表明，（即便是根深蒂固的）意识形态完全可以在必要时被改变。

这里还有一些补充性的看法。当威利提出玛雅崩溃是因为它不能"……在仪式中心到城邦政体演进过程中更有力地推动社会发展"时，并没有做进一步的说明。其他学者（如梅格斯等）认为玛雅也许是在上述进程中"走得太远"，或至少在其具体环境条件下"走得太远"。针对玛雅的研究不会比针对其他文明的研究更加复杂，但清晰地阐述其论点将会大有益处。玛雅到底是过于复杂还是不够复杂？为何在这两种情况下都免不了要崩溃？

菲利普斯对"效率"这一术语的使用制造出一系列含糊观念。他提出有效（即充分）利用资源的社会在资源分配方面缺乏灵活性，因为利益越大，放弃某特定行为的难度就越大。他的假设是复杂社会高效开展的一切活动一定都是造福全民的。冲突论者不会同意这种想法——我们可想而知。事实上，复杂化社会必须有效利用各种资源这个想法本身就值得争论。戴维·斯图亚特就提出相反的观点：复杂社会不能有效地利用各类资源，这正是它的弱点之一。菲利普斯最后假设，社会的复杂性越强，可分配的资源就越少；复杂社会不存在任何灵活性，其统治者也没有能力采取理智的行动。菲利普斯假设一个国家征用的资源：（1）保持不变；（2）不适应社会需求。通过增加税收和（或）集约化的手段增强资源流动的可能性被忽略。

其他复杂社会

在某些情况下，通过各种因果机制，与其他复杂社会展开的竞争也是导致崩溃原因之一。如兰宁指出的，帝国间的竞争可能导致了瓦里和蒂亚瓦纳科的崩溃。亚当斯在论述特奥蒂瓦坎时也持类似观点。布兰顿提出了另外一种看法，他认为政治集权是瓦哈卡谷阿尔班山文明对付特奥蒂华坎文明威胁的有效措施。后者崩溃后，政治集权的需求自然消失。同时，人口增长可能使现有农田满足不了粮食需求，资源争夺日趋严重，致使统治阶层面临的压力不断加重。随着（专供统治阶层的）过剩生产的减少，再加上行政效率不断降低，民众越来越不愿意支持一个已经失去军事实力的政体。

简评

尽管布兰顿的论述中难以求证的因素过多（如土地纠纷、民众支持率等），它对整合派理论仍具有某种价值（对冲突派理论价值很小或全无）。兰宁有关帝国间相互竞争的观点引出了一些问题，我将在最后一章中予以论述。此时我只能说帝国之间的冲突在更多情况下是胜者继续扩张，而非竞争双方都走向崩溃。这种说法不足以解释大型的社会崩溃现象（如古罗马）。

外来入侵

对社会崩溃最常见的解释之一是外来入侵，入侵方的复杂化层次往往低于受害方的复杂化层次，这种情况多见于欧洲、近东和中国。新大陆上也发生过外来入侵（文字记载有限），且频繁见于某些地区。

北美和南美

乔治·考吉尔在对玛雅崩溃理论所作的梳理中称入侵者毁坏了水库设施，此举是导致玛雅崩溃的可能性因素之一。杰里米·萨布洛夫、戈登·威利和理查德·亚当斯基于对帕西翁河流域的研究，构建了一个外来入侵的模式，并将其作为该文明崩溃的主要因素。此地遗址的考古学特点表明，这里曾被非玛雅人占领——很可能是来自墨西哥湾沿岸地区的民族。萨布洛夫和威利起初认为这些入侵者发动了突然袭击，以先进的武器（梭镖、投射器和矛枪）成功打败了玛雅人，在抵达后的 100 年间引发了整个地区的崩溃。但从他们最近的论述中可以看出，他们有意淡化了入侵者的作用。亚当斯认为入侵者在崩溃中扮演了辅助角色——敌人来袭的消息导致人心惶惶、内战频起。再加上粮食减产，在双重打击下崩溃必然降临。博夫针对该地区石碑、石柱等纪念性工程停建的事项展开了研究，研究结果的确表明有某种由西向东（假设的入侵推进方向）出现的

16 世纪被遗弃的印加城市马丘比丘，这里是所有美洲文明遗址中最令人惊叹的一处

趋势，但迹象并不是十分明显。

在论及古中美洲高地文化时，威利将高地城市特奥蒂瓦坎的崩溃归因于北方蛮族的入侵——他们适应了特奥蒂瓦坎文明，然后又摧毁了这种文明。勒内·米隆对特奥蒂瓦坎做过专门研究，他指出亡灵街上的纪念性建筑（神殿、金字塔等）毁灭于仪式性的火灾。在古中美洲后期的历史上，这种现象意味着曾有政治性镇压活动出现。他认为，特奥蒂瓦坎的市中心毁于外来者入侵和随后出现的地方暴乱。

（12世纪之后）文学中的记载也通常把图拉文明的崩溃归结为北方蛮族入侵。

在更远的北方，科罗拉多平原上阿纳萨齐文明的崩溃有时也被归结为阿萨巴斯卡人的入侵。类似的论点同样被用于中西部霍普韦尔文明的终结。

在南美洲，瓦里帝国和蒂亚瓦纳科帝国的崩溃有时也被认为源于北方蛮族的入侵。

哈拉巴文明

根据《梨俱吠陀》的记载，哈拉巴文明的衰落源于雅利安人的入侵，他们凭借高级军事装备（战车）摧毁了这城市。然而在皮戈特看来，入侵者看到的城市已经濒临解体："文明正在衰退，入侵者到来时已呈消逝状态……"

美索不达米亚

美索不达米亚各政权的崩溃通常与来自简单社会的入侵者有关，可于留存至今的文学记载中找到蛛丝马迹。例如，阿卡德王萨尔贡的垮台就是因为东部山区古梯人入侵；而乌尔沦陷是因为亚摩利人和埃兰人的进犯。

赫梯帝国

约公元前 1200 年赫梯帝国的灭亡通常被认为与流浪的"海上族"（Sea Peoples）有关。海上族占领了爱琴海和东地中海地区，仅在埃及的门户前受阻。有人视赫梯崩溃是海上族入侵和赫梯的宿敌即北方卡斯卡人进犯双重作用的结果。埃及的文字记载提到过赫梯因侵略者到来而衰亡。拉美西斯三世的碑铭上可读出部分文字："众岛民不得安宁、心烦意乱。在敌人的武器面前国无完土，从卡梯（即赫梯），到科德，到迦基米施、阿尔查瓦和阿利西亚。"

米诺斯文明

许多学者将米诺斯的崩溃归因于希腊迈锡尼人的入侵，而后者本身刚刚接受米诺斯文明不久。他们通常提到其他因素——如锡拉火山爆发和公元前 1500 年前后爆发的大地震——削弱了克里特的实力，为入侵者提供了可乘之机。

迈锡尼文明

多里安希腊人摧毁迈锡尼文明是外来入侵理论的一个经典例证，得到当代诸多学者的肯定。

罗马帝国

蛮族入侵在罗马帝国崩溃中起到的作用是人们一直争论的问

题，其历史可追溯至入侵活动本身。这是一个众所周知的论题，无须在此深入探讨。

中国

北部边境经常受到游牧民族的袭扰是中国历史上永恒不变的主题之一，拉铁摩尔曾对此作出详细论述。

简评

蛮族入侵显然是崩溃理论中一个很有说服力的观点，情形类似于灾难说。它为复杂难解的崩溃问题提供了一个简单清晰的结论。作为一种解决途径，入侵说是考古学中由来已久的热门观点，否则的话，文化发展中的突发性变故将难以得到解释。入侵说在崩溃研究中具有同样的魅力。在某些案例中，对"野蛮"民族的恐惧可用于强调执政当局的合法性，同样可作为税收、军费开支和行为控制的借口。

但是入侵说并不是一条普遍的真理，它并不适用于伊克或缅甸高地文明等情况。这一学说的弱点就在于它用随机变量和历史偶然来解释崩溃这种重复出现的进程。入侵说的根本问题是难以澄清事实。一个弱势的、以部落组织为主的民族如何能推翻一个文明层次更高的国家？这很有必要阐释清楚。如果单独拿出来看，入侵很难被接受。尽管有瑟维斯的"进化潜力法则"，但复杂社会并不是恐龙，不会变成化石，也不会因反应迟钝而屈从于小国。后罗马帝国还出现了技术革新和旧技术的新应用，著名的领袖人物辈出，像是君士坦丁、朱利安和斯提里科等人。如此强大的罗马凭什么要向侵略者屈服？入侵说的假设简直令人无法接受。

围绕入侵说产生过许多与事实相关的争论，这里有必要列举其一，即多里安人对迈锡尼文明的入侵。说来也怪，一个能够带来如此毁灭性打击的民族居然没有留下多少考古学意义上的痕迹。在这一时期希腊引进过两种人工制品——劈刺剑和小提琴的琴弓，而入侵者并不使用这些东西。德斯伯勒认为也许是入侵者完成任务后就撤离了，但此观点无法解释语言中留下的历史痕迹。里斯·卡彭特在其脍炙人口的散文中形象地描述了这一难解的困境：

> 总之是一个离奇而荒谬的境况，这里没有入侵者留下的任何痕迹，找不到他们的入口，也没有他们经过的迹象；但当地人却落荒而走，遗弃了家园，像被无名无形的恐怖所支配，"像巫师驱使下的鬼魂"。[①]

德斯伯勒有关摧毁和撤退的说法揭示了哈拉巴、迈锡尼和玛雅崩溃中一个不确定因素：如果这些地区真的值得侵犯，入侵者为什么要毁掉已经到手的宝贵东西？入侵说中的这一点，连同其他不明确之处，让人不禁想修改《吵闹鬼》[②]（*Poltergeist*）中描述的模式：崩溃起因于神秘的问题制造者，其行为难以理喻，其真身无迹可寻。

---

① 引文部分出自雪莱的《西风颂》。——译注
② 又译《鬼驱人》，美国 1982 年电影。——译注

冲突、矛盾和管理不当

从归入这一主题的论文数量来看，矛盾冲突说可能算是崩溃研究中最流行的一种观点。这里的笼统归类中包含各种学派——阶级斗争说、马克思主义冲突论、上层行为不端或者当局管理不善说，它们潜在的共同主题是社会各阶层之间的对立冲突，主要表现为撤回支持、农民起义、统治阶级腐败、政局管理混乱等。崩溃就是冲突爆发所导致的结果，既有共性又有个性。

普遍案例

冲突论的起源至少可以追溯到柏拉图和亚里士多德生活的时代。柏拉图坚信合格的政府能平衡民主和专制两种势力，因为放纵任何一方都会滋生腐败（《法律篇》）；亚里士多德认为政府官员的傲慢自大和个人欲望的膨胀会导致局部冲突、民众革命和政权崩溃（《政治学》）。波利比乌斯（又译波里比阿）的政治发展循环论就是以阶级冲突论为基础的。

14世纪阿拉伯伟大的历史学家伊本·赫勒敦提出了一种历史循环论，也在目前讨论的主题范围内。他提出王朝从创立到衰落要经过三至四代人：开创者具有优秀的个人素质，获取了至高权力；开创者的儿子从父辈身上学到了领导者应具备的素质；第三代继承人与开创者的交流较少，行为模式主要来源于模仿和依赖传统；第四代没有任何优势，甚至轻视祖先传下的优良传统。王朝就像个人一样具有生命周期，统治者越来越容易沉溺在奢华生活中，将个人安危置于整个社会之上。在王朝建立之初，低税率可以得到高收入，而到王朝末期情况则完全相反——税率低的时候，国民产值高，相对税收的收入就高；随着王朝的发展，统治阶层的奢侈消费不断增加，为了满足他们的欲望，只能不断提高税率。天长日久，税收成为百姓的沉重负担，其最初表现是生产力下降，然后就是生产中断或停止。为增加收入，政府继续加税；达到临界点时，社会便彻底崩溃。

詹巴蒂斯塔·维柯于 18 世纪初提出历史循环论，认为人类历史将沿着从原始时代到公民社会，再从公民社会回到原始时代的周期发展。其中的关键因素是上层社会与平民百姓的关系变化、阶级间的冲突和个人利益的追求。在公民社会，煽动性行为产生不协调因素，进而导致人们追求个人目标时放弃社会责任，反过来又将社会带回原始时代："……通过顽固的派系斗争和残酷的内战，他们会将城市变成森林，将森林变成人类的巢穴。"

这一主题在 18 世纪得到哲学家沃尔涅的支持。他目睹叙利亚帕尔米拉的废墟后深受刺激，开始思考帝国衰败的原因。他的结论是贪婪和专制使社会的道德感逐渐消失，进而削弱社会实力，最终导致崩溃。在古代国家，贪婪和阶级冲突的结果便是：

> 一种神圣的懒惰在政治领域蔓延；田野撂荒，人口锐减，殿堂庙宇无人问津，沙漠面积成倍扩大；愚昧、迷信和狂热肆意流行，残骸和废墟铺满大地。

沃尔涅不仅为古代的灾难伤感，还担忧类似的命运可能降临他所处的世界：

> 谁能知道是否有一天，一个像我这样的旅行者会在塞

纳河、泰晤士河或须德海①岸边寂静的废墟上独坐，望着化成灰烬的家园，带着对昔日伟业的回忆而暗自抽泣？

在近代，卡森曾指出他所处的时代因为不断升级的地区冲突，文明事实上已经崩溃。朱利安·斯图尔德将古代文明的崩溃归结于一种因果关系，在政体、农业和人口均协调发展的情况下，过度剥削百姓最终招致反抗，帝国分裂为小城邦，重回黑暗世纪。卡尔·威特福格尔在讨论水利社会时指出，当统治阶级将国家剩余资源越来越多地收入自己囊中的时候，腐败和崩溃就会出现。

在复杂化程度较低的社会，上层人物的过分索求和滥用职权注定会令民众支持率大跌。弗里德曼提出了一个广义模型：家族世系间的过度竞争造成等级差别，而不断渴求生产盈余又导致生态环境被破坏并弱化等级结构。弗里德曼的模型被皮尔逊应用于铁器时代日德兰半岛周期性崩溃的研究和盎格鲁－撒克逊人移民不列颠的研究。

欧文指出文明能否获得"……持久力取决于权力职责的分散程度"。古印度文明的国家权力只集中在少数人手中，然后就崩溃了。

克雷森和斯卡尼克辩称，在早期国家发展过程中，当国家组织成为土地拥有者（垄断生产资料的阶级）手中的工具时，就达到了一个临界点。这个临界点标志着早期国家性质的终结，从此便难免分裂的命运。哈斯指出因控制社会成员所做的投资太大，

---

① 须德海（Zuyder-Zee），本来是北海的一处海湾，伸延入荷兰。后来被改造成内湖。——译注

因此动摇了国家政体的根本。瑟维斯则暗示各阶层间的利益争执将社会引向分裂。

政治理论家们提出过类似观点，艾森施塔特就对此进行过深入研究。他认为帝国面临的主要困境包括：（1）统治阶级铺张浪费造成的资源压力；（2）处理具体问题的方法不当；（3）地方和团体间的权力分配不合理；（4）统治者和社会精英之间的竞争以及统治阶级内部的斗争所带来的危机。统治者往往奉行有利于增加财政收入和迎合个人需求的政策——哪怕会损害经济的长远发展、哪怕要冒着失去民心或违背民意的代价。当资源近乎枯竭、民心逐渐丧失，赋税通常就会加重，权力部分下放到基层。地方割据的形成威胁着中央的权威，处于这种状态的社会非常容易崩溃。这一进程中的驱动因素就是当权者不惜代价去实现其个人野心。

曼克尔·奥尔森在1982年发表的论文中指出，复杂社会的某些利益集团将个人利益凌驾于国家利益之上，导致整个国家经济衰退。

古中美洲

冲突论在古中美洲研究中占有重要地位，特别是在玛雅研究中有关"农民暴动"模式（及其变种）的部分一直备受青睐。埃里克·汤普森与这种理论的关系最为密切，他认为兵役、徭役和食品需求的增多引发农民暴动，这些是摧毁玛雅文明的主力。汉布林和皮彻认为对农田的过度使用迫使农民不得不离开自己的土地，变成无产者。两位学者还援引统治者奴役农民的模式和后古典时期官员的雕像残片来证明他们关于农民暴动的观点。

最近的研究集中在管理理论上，如威利和希姆金提出后古典时期官僚体制抗压能力不足的观点，得到不少学者的赞同。韦伯列举了统治阶层试图进行长途贸易而造成的资源紧缺。考吉尔暗示后古典时期出现的军国主义倾向和内部竞争，最终导致人口增长、赋税过高和毁灭性战争。洛认为在上层的需求激增的同时农业逐渐凋敝，致使人口锐减。

卡茨认为特奥蒂瓦坎之所以被外来势力颠覆也有其内部动荡的因素。米隆同样指出了内乱的影响。布兰顿关于瓦哈卡对阿尔班山执政当局不满的观点在前面已经提及。考吉尔将特奥蒂瓦坎的崩溃与中国的改朝换代做比较，认为无能的官僚将国家资源据为己有，造成国家税收减少、对农民的盘剥加重以及最终的崩溃和重建。

在古中美洲北部边陲地域的研究中，迪派索将大卡萨斯的崩溃归结于反抗外来统治者的武装行动。

秘鲁

兰宁和卡茨都将农民暴动视为瓦里帝国崩溃的原因之一。

中国

中国的政治思想（在很大程度上得到了当前历史学界的认可）一直视民之不和、为政不公为王权崩溃的根源（至少自战国时代和孔子时期起）。所有伟大王朝在统治之初都是地产丰富、国家昌盛、天下太平。统治者兴建宫殿、道路、沟渠和城墙，并斥重金巩固边防建设。但达官贵人的数量日渐增多，他们逐渐习惯了奢华的生活，越来越多的资源开始流向统治阶层，而不是用于管理国家。由于开支不断增加，而收入日渐减少，每个王朝在百年之内都要面临严重的财政困难。官员腐败的情况日趋恶化，施政效率降低，朝廷内的派系争斗越来越多。与此同时，在民间农民的负担加重，堤坝沟渠年久失修，濒于溃朽。公家的粮仓形同虚设，饥荒年间饿殍遍野、盗贼横行，农民被迫揭竿而起，边疆防卫更是不堪一击，负责戍守的官员和士兵也纷纷叛逃。接下来的战乱将扫清一切，迎接新王朝的诞生。

拉铁摩尔认为，在这样一个广泛的背景下，社会体制只重视大家族的利益，经济系统更不能调动所有可用的劳动力，农田失耕的现象自然不可避免。鲍塞罗普则提出完全相反的看法，认为当时维护灌溉系统的人力不足，农民不堪重负，没有人愿意在农业上进行投资。

美索不达米亚

诺曼·约菲提出，在古巴比伦时期，失去的疆土和税收一般通过在剩余土地上强化生产、增设官职的办法来弥补。这也许是高效利用土地的一种尝试，但它只能使问题变得更糟。约菲认为，崩溃的出现就是因为社会未能有效地协调"更大社会政治机构中城邦内部与城邦之间的地方传统自治势力"。

斯特夫和提蒙涅夫认为美索不达米亚的奴隶制导致经济衰退，使阿卡德、乌尔和巴比伦等文明更容易崩溃。迪阿科诺夫则觉得古梯人入侵倒是给阿卡德带来了复兴的机遇，而古梯人自己建立的王朝不堪重负。

扬科斯卡设计了一种场景，即新亚述帝国（约公元前8世纪）的内部贸易及附属国必缴的贡奉给亚述帝国带来的好处——从附属国买进的所有物品都是用他们自己的贡奉支付的。于是附属国必须寻找其他的贸易渠道，避开亚述帝国的商业中心。于是，地区经济化层次的增加与亚述帝国的掠夺政策就产生了"抵触"。当这种抵触不断增强时，就必然出现新渠道的运力增强、旧渠道的运力减弱的局面。扬科斯卡的结论是：

> 看来要想对亚述帝国政体规模与其稳定性之间的反比定律作出最佳阐释，就必须在这种不断恶化的抵触状态中寻找答案。

雅各布森和亚当斯关于美索不达米亚地区政治矛盾激化、政府失职和农业灾难的论述已经在前面的章节中做过介绍。

罗马帝国

对罗马帝国内部冲突和政权失职的论述大量存在，其历史可追溯到后帝国时代本身。比如说阿米阿努·马塞利努斯就将罗马的衰落归结于官僚腐败和苛捐杂税。吉本在其经典论著中罗列了罗马崩溃的各种原因（基督教影响、军队士气不振、没有危机感等），执政不力也是主要因素之一。

弗兰克认为罗马的失败是因为帝国的大地主阶层缺乏远见：在共和制期间为囤积资产而伤害了农民，后来又从个人安危出发而接受了君主政体。考德威尔指责大地主阶层导致了土地贫瘠和剥削阶级中普遍存在的道德败坏。博克和辛内根则专门指出了一个事实：

> 罗马帝国没能建立一个使劳动阶层生活富足、效忠国

家并进行有效再生产的经济体制。

迪尔同样指出罗马帝国在经济政策方面的弱点，但他坚信罗马的崩溃是由于中产阶级的没落和地方政权的无力。

蔡尔德注意到希腊经济和罗马经济的矛盾所在，即未能对生产力的发展给予足够的重视，坐视农业生产停滞不前或日趋衰落。由此出现的低生活水准限制了国内市场的发展，而当经济再没有任何扩展空间时，崩溃的苗头就已显现。到公元250年，罗马的繁荣已经不再，帝国在经济上已经死亡。

艾萨克指出帝国的没落是多种因素共同作用的结果，但他像吉本一样，似乎习惯性地将重点集中在国家管理不善上。韦斯特论述了导致帝国崩溃的多种因素，其中大多数和经济有关，但似乎也涉及政府失职：（1）奴隶制；（2）蛮族入侵；（3）贵金属和资产用于奢侈性消费；（4）贵金属外流用于支付进口奢侈品；（5）独裁统治加强；（6）苛捐杂税。布朗提出了一个独特的观点，即参议院中的贵族和天主教会与军方脱离，也在无形中动摇了帝国的根基。诺斯科特·帕金森同样谴责帝国的赋税过重。

恩格斯在其马克思主义的奠基性作品中指出，罗马帝国残酷剥削被征服的行省，结果造成普遍的贫困化，商业、手工业和艺术衰落，人口减少，都市衰败，农业退回到更低的水平。[①]

罗斯托夫采夫[②]研究出一种超乎寻常的阶级冲突论，主要讨

---

① 这段话出自恩格斯的《家庭、私有制和国家的起源》。此处的翻译参照了国内的现有权威译文。——译注

② 罗斯托夫采夫（1870-1952），俄裔美籍古代经济史专家，其《罗马帝国社会经济史》（马雍、厉以宁译，商务印书馆1985年）是西方学术界公认的权威性著作。——译注

论对象是公元 3 世纪的罗马危机。在罗斯托夫采夫看来，农民对城里的特权阶层抱有刻骨的仇恨。军方曾迫使赛佛鲁王朝增加军饷，让统治者付出了沉重的代价。后来皇帝干脆把政府军事化，大量招募农民，并将传统的上层阶级从军队和政权中排挤了出去。国内各军事力量的竞争削弱了国防实力，给蛮族入侵制造了机会。这反过来又造成人口的集团化和戴克里先与君士坦丁的僵化体制。国家的局势没有出现任何好转，没人愿为国家效力。在国家存亡的危急时刻，统治者仍视自己为首要的经济受益人。

还有一些研究者就军队的作用提出不同看法，认为强制服役及给蛮族打开的入侵缺口是帝国衰落的主要原因。

圣·克鲁瓦[1] 提出了另一种阶级冲突观点。他坚信统治阶层在政治上和法律上几乎将其余的人压制到了奴隶阶层。多数人受剥削，少数人得利益，而且这种情况愈演愈烈。阶级矛盾和阶级冲突逐渐上升为社会冲突，到了赛佛鲁王朝穷人的法律权利已丧失殆尽。除统治者之外没人能限制富人的贪婪和野心，帝国彻底丧失了群众基础。

汤因比的观点与前述基本属同一思路，但没有这样夸张，而且是以不同的原因机制为基础。汤因比认为在汉尼拔战争期间，罗马农业的衰落导致口粮生产供应不足和大地主垄断销售的局面。罗马后来的扩张给农民带来了灾难，却给统治阶层带来权力和财富。原来由农民组成的军队被正规军取代，产生了深远的影响，并预示了罗马帝国的短命结局。

---

[1] 圣·克鲁瓦（1910-2000），历史学家，不列颠学院院士，出生于中国。专著有《伯罗奔尼撒战争的起源》和《古代希腊世界的阶级斗争》。——译注

拜占庭帝国

查兰尼斯认为 11 世纪拜占庭帝国的崩溃源于武装地主的胜利和民兵农户的衰落。大土地拥有者不断兼并农民手中的小片土地，自耕农的财产化为乌有。皇室与新兴贵族之间的冲突引发内战。为了应付周边崛起的新势力更是耗费了大量人力资源和自然资源。赋税沉重、无人体恤的农民不再顾及任何国家利益。

西班牙

经济衰落、政府失职和缺乏发展目标是解释西班牙帝国崩溃的常见理由。维夫斯宣称，西班牙帝国的没落是由于"它忽视国家利益并践踏（本可用于协调附属国关系的）道德规范"。

荷兰

许多研究者暗示，高额税收是导致荷兰在 18 世纪出现经济衰退的各种因素之一。

哈拉巴

如果哈拉巴文明没有被泥石流淹没，有关其崩溃的阐释将永远不会终结。米勒坚信，个体及集团的发展、容忍异教与社会革新的必然倾向与哈拉巴的意识形态（拒绝承认社会变革与人类需求）之间存在着尖锐的矛盾。这种矛盾只能在推翻国家的革命行动中才展示出来。

复活节岛

恩格勒特认为，出现巨大石像的时代的结束，是由于两派势力在农业发展问题上所产生的激烈冲突，它造成了政治解体，战乱频发。

简评

冲突论对崩溃过程的阐释取得了一项非凡的成就——它赢得了各个理论学派的普遍关注。马克思主义的观点已在前面做过探讨，下边的引文来自资本主义观点的经典表述：

> 总而言之，（罗马的）贫民和军队耗尽了勤俭者留下的资产，使整个欧洲西部陷入黑暗世纪。在勤俭者和奋斗者再度安心地从事生产活动之前，罗马没能走出黑暗世纪的阴影。

在众多探索崩溃原因的主题中，应用性如此灵活的观点实属罕见。

这里针对冲突论观点的反驳与第二章谈到的批评意见大体相同，只是之前讨论的重点在于复杂性的降低，此处的重点在于冲突论中所谓的复杂化的增强。不过其中还有另外一些考量。我们这里只把注意力放在普遍情况和两个方向上，一是当政者管理不善和残酷的剥削，二是百姓的不满情绪及农民起义。

阶级冲突论者一定会在某种情况下作出如此论断：复杂社会终将违背其赖以生存的某项基本宗旨。一个政权能控制劳动力和资源，它就有能力对付自然灾害和社会灾难。既然复杂社会的百姓和当局都受惠于国家的这种能力，那么无论是整合派还是冲突派，在这一点上就应该有一定共识。特别是冲突派应看到任何一个理性化的统治阶级——无论其压迫性多强——必须为其所依赖的百姓做一些事情。任何提出复杂社会的崩溃是由于其特性（控制劳动力和资源）——既是其内在本质又关乎其生存——的说法都会给人留下太多的疑问，更不用说去解释同样是盘剥百姓，为什么有些复杂社会因此灭亡，有些却安然无恙。

由于统治阶层为了自身的根本利益必须顾及民众基础（对待任何关键资源也是一样），我们就必须对少数例外（罗马帝国后期和中国各朝代末期的）情况作出解释。否则的话，当我们将崩溃的原因归结为上层行为不端时，终将使这一论点降低为二分法的心理变量——有些统治者行为理智，有些统治者行为不端。不用说，不能依靠这种变量解决任何问题。直到有人能提出某种理论来解释统治者理性行为和集体自杀之间的矛盾之前，我们可以完全抛弃这些统治者管理不善的观点，因为它们根本于事无补。

同样，用（存在于土地贵族和权力官僚中的）个性贪婪和自我膨胀的因素来解释经济衰退和社会崩溃也没有什么意义。这些都是心理因素，（作为一个变量）本身就值得探讨。我们不能在没有充分理解贪婪究竟为何物的情况下，就断定崩溃是由于贪婪的作用。既然统治者的自我膨胀是由社会、政治、经济因素决定的（如在中国各朝代末期），那么这些社会、政治、经济因素才真正与崩溃有关。个性贪婪和自我膨胀只是症状表现和添加剂，并不是终极原因。值得庆幸的是，不少冲突派理论家已经充分意识到这一点，但恐怕更多的（甚至这里论及的）研究者还没有表现出对这一问题的充分认识。太多人都将观点建立在类似的假设之上，将自我表现膨胀作为社会崩溃的孤立的、决定性的因素。

就统治者剥削民众和政权腐败来说，有两点非常明确：

1. 剥削是实现阶层化的正常代价；
2. 腐败政府是政府存在的正常代价。

显然，谈到这两点时不可能没有争议。这里的论据是，剥削和腐败的出现具有其可见规律，但又很难预料其发展，所以一个社会若投资阶层化建设和（或）投资建立政府，就必须预见到剥削和（或）腐败是从事该项投资的一项正常代价。塔克曼认为，从历史的经验看，我们很难对这个问题作出其他解释。

如果剥削和腐败是等级社会的正常属性，我们就很难将其作为等级制度崩溃的根源。更进一步讲，如果剥削和腐败规律性地重复出现，其本身就很难成为崩溃这种单一偶然事件的原因。假设古罗马统治阶层在公元前1世纪开始逐渐腐败并肆意剥削人民，因此导致社会崩溃，但为什么西罗马帝国能幸存到5世纪？正如古阿所说，"（社会冲突）是社会存在的必然代价，由于人类离开社会便难以生存，冲突便不能从整体上被视作功能性障碍"。

关于"农民暴动"我也有一些思考。农民常怀不满，但他们很少主动发起叛乱，他们通常是政治斗争中的被动的观察者。农民在长期受压迫生活中蓄积的不满情绪需要通过某种方式释放出来，这点往往被人利用。最初能调动农民的一般是不满于现状的知识分子、军队领袖或地方割据势力。农民很少在统治者的优势军事力量陷入疲态之前发动任何起义。他们的主要策略通常是投靠大地主阶级以寻求保护，并（或）在胜利者面前保持被动姿态和漠不关心的态度。这两种情况在后罗马帝国均有出现。农民革命的目的通常是社会改革或复辟旧体制，绝不是要社会政治彻底陷入崩溃。除此之外，在知识分子和农民的联盟中往往会产生一个新的阶层。

以上简短的论述表明，如果要从农民暴动的角度解释社会崩溃现象（在某些地域研究中很常见），需要更多去关注已知的农民政治行动的本质。

需要注意的是，并非所有的政权渎职都表现为剥削百姓，我想以此来结束本节的探讨是恰当的。自然，有些研究从本意上讲是为了解决问题，但事实上收效不大。比如说，近来某大众媒体上的文章称，美国西南部的大片印第安村落被荒废是因为百姓在宗教仪式上耗费了太多时间，没有足够的精力放在农耕上面。我看将这一观点归为尼禄①时代的社会模式最为恰当——玉米地在荒废，阿纳萨齐人在祈祷。

社会功能紊乱

这是一个比较模糊的主题，不需要对此做过多的论述。其基本观点是，社会的崩溃是出于性质难以确定的某种神秘的内在因素。马丁、昆比和科利尔综合列举了普韦布洛社会组织的各项不足，并将此作为美国西南地区城邦崩溃并最终沦为废墟的原因之一。梅利基什维里提出文明衰亡一是违背经济核心中的系统关系，二是外来影响。弗里德曼争辩说，"如果社会形式出现

---

① 尼禄（Nero，37—68）：罗马帝国皇帝，公元54年至68年在位，以残暴著称。传说他曾对基督徒展开过残酷镇压。——译注

崩溃，那是因为其自身的运行法则没有将最有效地利用环境作为主要目标"。

简评

畅销书作家们喜欢从社会功能紊乱的角度思考问题，而且经常对纠缠不清的社会肌理作含糊其词的表述。其中最有名的当属（如邦尼·巴格利·泰恩特向我建议的）崩溃的"经纬模式"。

从严肃意义上说，这类研究既没有触及问题的本质，也没有阐释清楚因果关系，我们无法从客观角度予以评判。用模糊的观念来解释社会崩溃是远不能令人满意的。

神秘因素

用神秘因素解释崩溃现象在流行程度上仅次于阶级冲突论，这真是一个在理性科学统治一切的今天仍客观存在的有趣事实。这一派论点的本质是不参照任何已知的进程，还经常对某些特定社会进行价值判断。神秘因素论常依赖"颓废""活力"和"高龄"这样一些概念，用主观因素对社会进行归类，并以此对社会崩溃作出相应的阐释。在这一派的观点看来，颓废社会是反面的存在，必然存在解体的趋势。太多太多的理论都由此生发，花样繁多，有的甚至互相矛盾。这一派观点的基础是他们都忽视经验性知识和板上钉钉的事实，并且会相信某一研究者对某个体社会所作的主观评判。

与前面讨论过的各类主题不同，神秘因素说经常被当作通用的理论来使用，而不是仅用于某些具体案例。仅仅适用于具体案例的理论自然有很多，但它们无须在此占用主要篇幅。发表这类观点的著名人物应该还是斯宾格勒和汤因比，但他们远不是这一"人才济济"的领域（也的确是历史悠久的领域）中的佼佼者。

美索不达米亚编年史中就包含了最古老的崩溃阐释之一。在记载阿卡德王萨尔贡和乌尔第三王朝的文献中，作者们将帝国崩溃的原因说成是统治者不敬神灵，所以上帝派来了劫匪以示惩罚。也就是说，贤明国王领导的城邦必然繁荣昌盛，昏庸君主统治的国家活该备受煎熬。

柏拉图在其生活的时代目睹了上千个城邦的兴衰起落（《法律篇》），他提出过一个在后代崩溃研究中从未过时的生物学比喻："……所有造物都必然衰败，社会秩序也不可能永生，它终将走向衰落。"在神力主宰下——按柏拉图的说法——文明的发展前景要看它处在正确时机还是错误时机。如果没赶上正确时机，"新生儿都会有残疾"。而这么重要的时机却是由神秘的数字命理学决定的。错失机遇将导致腐败、战争、仇恨、争端以及利益追求者和道德追求者之间的矛盾。阶级压迫由此而来。

罗马历史学家波利比乌斯在公元前 2 世纪预测罗马将于 600 年后崩溃时，采用了柏拉图的生物学比喻："无论是有机体、国家还是行为都会经历某种自然循环，先生长，再成熟，最后衰败……"罗马打败迦太基是因为罗马当时正处于自然循环的上升期；迦太基的没落是因为它处在冲突期。罗马到达顶峰期后，就免不了要经历灾难性的变故。"此帝国，"波利比乌斯写道，"将经历自然循环而走向衰败。"

从公元前 2 世纪到其最后崩溃，罗马的衰落一直是同时代人灵感的源泉。塞勒斯特认为罗马的"颓废"是因为它丧失道德准则并符合生物循环规律——"万物有生就有死。"在老塞内加看来，农业的衰退标志着罗马社会文化时代的到来。

到 3 世纪罗马危机真正降临的时候，这类思想已变得相当普及。西普里安的观点在本章开始时已经引述。而在 4 世纪的阿米阿努·马塞利努斯看来，罗马经历了童年（城内战争不断）、少年（跨越阿尔卑斯山脉和大海）、青壮年（巨大胜利和凯旋），如今已步入老年。米兰主教安波罗修和维吉提乌（又译魏及帝）都是阿米阿努·马塞利努斯的同时代人，认同罗马毁于颓废的观点。

此时的异教徒把罗马的问题归咎于基督徒的作为令众神不愿庇佑此地；而在基督教看来，蛮族入侵和其他危机都是上帝在惩罚罗马所犯下的罪过。圣·奥古斯丁所著《上帝之城》(*City of God*，成书于 426 年）是针对异教的指责为基督教所作的辩护。依奥古斯丁看来，世上有两种人，一种是善人，挫折会使他们得到净化和提高；另一类是恶人，他们喜欢世俗的东西，终将被困难击垮。

14 世纪的彼特拉克将罗马的没落解释为伟人的消失。后来，弗拉维奥·比昂多出版了一本首次论述"衰亡"的论著《罗马帝国衰亡以来的千年史》，记录了 412 年至 1441 年之间发生的事情。比昂多认为，罗马的崩溃与政府迫害基督徒、社会道德败坏和蛮族部落的入侵有关。莱昂纳多·布伦尼·阿雷提诺持类似见解，他认为国家政权被异族夺取，所以罗马才会衰亡。

对 15 世纪的莱里达主教安东尼奥·阿戈斯蒂诺和许多文艺复兴派思想家来说，罗马的没落是因为它抛弃了古典风范。马基雅维里在他的《论李维》(*Discourses on Livy*）中指出，罗马在早期战争中能够取胜靠的是道德高尚，后来军队失去了刚勇的美德，西罗马帝国因此被摧毁。罗马落到如此境地完全是因为受其殖民地腐蚀的缘故。当一个强国开始依赖殖民地的时候，它自己也就成了殖民地。

偏离于这些传统观点的论述来自雷蒂库斯和珍·博丁。雷蒂库斯是哥白尼的弟子，他于 1540 年至 1543 年提出了一个哥白尼式的崩溃理论：君主政体的兴衰与地球的轨道和太阳的离心率相关。在珍·博丁看来，国家的命运要受完美数字"496"的制约。博丁的思想一直影响到近代，至少有两位作者表示了对她的认同。夸特来在 1848 年写道，五个古老帝国的平均生存年限是 1461 年，这个数字正好是埃及数字命理学中所认为的凤凰的寿命。劳勒在 1970 年仍坚信历史是一个循环，遵奉每 1470 年轮回一次的兴衰模式。其中包含两个 735 年的子模式，再细分为 10 个阶段。按这种推算方法，美国的末日应该在 2040 年到来。

孟德斯鸠在有关罗马兴衰的著作中继续探讨了道德问题。罗马的强大正是借助了美德的力量，美德丧失则罗马衰落。在数位皇帝无能的统治下，罗马百姓成为乌合之众。意大利范围之外的多场战争导致帝国士兵公民意识的下降。伊壁鸠鲁学说损害了道德秩序，罗马逐渐衰落，到了西罗马皇帝奥诺里奥斯和东罗马皇帝阿卡狄奥斯执政的时代就彻底崩溃了（约公元 400 年）。

吉本列举过导致罗马崩溃的各种因素，包括军队纪律涣散、基督教的影响、对眼前危机的漠视、皇帝昏庸和军队士气衰落。

赫德相信所有人类社会结构都是暂时的，而且在百年内就会变成剥削政权。罗马本当毁于阶级冲突和军事失利，但最为直接的原因却是进口奢侈品带来的堕落、懒惰、恶习、离婚、蓄奴和上层暴政。当时的人口数量、身高和"活力"都呈现出没落趋势。

黑格尔的《历史哲学》(*Philosophy of History*)源自他在 1830 年至 1831 年的一系列演讲。黑格尔认为合法政权必须建立在公民个人利益和国家公共利益完全协调的基础之上。但由于个人利益先于国家利益出现,二者达到协调状态需要一定的时间。一个追求伟大目标的国家理应具有高尚的道义和美德,但伟大目标实现后,国家的最高利益随之消失。国家的历程和个人的成长是相似的,走过成熟期便会进入老年,当国民还沉浸在所取得的成就中时,国家却已经离崩溃不远了。

关于社会解体的奇特观点还可见于亚当斯兄弟(布鲁克斯·亚当斯和亨利·亚当斯)的论著。布鲁克斯坚信,人类思想具有强烈的继承性,人类社会根据自然赋予的"能量物质"的多少表现为各种不同形态。当某一种族获得的能量物质过多,而所有的物质消耗仅限于日常生活,其剩余部分就有可能以财富的形式存储下来。资本主义可能因此产生,对经济发展和科学探索的重视也一样可能由此引起。阶层分化是不可避免的社会现象,而且可能导致崩溃。在罗马,一个军事化的、高能量的民族最后被商人和大地主所击垮。罗马人"无法忍受集权社会无限制经济竞争所带来的巨大压力"。种族的能量逐渐被消耗殆尽,幸存者必须依靠蛮族的"输血"才能继续生存。

亨利·亚当斯认为,人类的思想经历了各种不同的阶段。思想如同电流,必然服从某些法则。随时间的流逝各思想阶段的发展不断加速,速率等于其前一阶段发展时间的平方。当思想进化已超越其顶峰,就会开始逐渐走下坡路。按他的预计,人类思想将于 1921 年达到可能性的极限,超过此限后,将在

2025 年终结。

奥托·范西克的罗马崩溃论是立足于生物学的，他认为共和国最后几个世纪实行的大屠杀令最佳人种绝了种，后来的执政者都是人类里的残渣余孽。乔治·汉森于 1889 年根据罗马的婚姻模式提出了类似的理论。坦尼·弗兰克认为经过数千年的流变，在意大利这块土地上产生了一个缺乏精力、不思进取、不具备远见和常识的民族。布克哈特同样全力支持罗马崩溃源于"衰老及腐败"的阐释。

艾略特·弥尔斯根据不列颠都市生活的普及和随后在农业生产、文学和戏剧品味、精神状态和宗教生活等领域的衰落，预计了不列颠帝国的灭亡。

埃及学研究家弗林德斯·皮特里同样进入了这一研究领域。他认为，"人类进化的真正本质"是扩张之后的崩溃。民主是衰败文明的正常特性。还有，"文明阶段是一个民族的固有特质，不是它们的地位或环境使然"。民主制度建立后，赤贫者就会消耗富有者的资产，文明随之衰落，直到外来入侵者将其毁灭。皮特里称（奇特地预见了汤因比的学说），"没有斗争就没有进步"。他还说，"一个国家的奋斗历程越是艰苦，其生存能力就越强"。

神秘论主题下诞生的各类观点在 19 世纪末和 20 世纪初进入了繁盛期。尽管在这一时期的论述中我们仍能辨认出斯宾格勒和汤因比的名字，但这里还有若干理论值得注意，特别是（至少）一位前辈学者的观点。

其中最让人意想不到的一位前辈是俄国思想家尼古拉·丹尼列夫斯基。他的《俄罗斯与欧洲》（*Russia and Eruope*）出版于 1869 年，斯宾格勒在完成《西方的没落》（*Decline of the West*）

一书之前显然没有读到过丹尼列夫斯基的著作，但二人的思想居然有相当惊人的共同之处。丹尼列夫斯基有生物学家的背景，而且是斯拉夫民族主义的倡导者。他心目中的文明模式是一个独特的有机体：

> 历史文化类型的发展进程类似那些随着四时繁衍生息的生物进程，其生长期可以无限拉长，但开花期和结果期却相对短暂，最后逐渐衰落并彻底枯竭。

每一种文明都是从诞生开始，经历童年、青年、中年和老年的固定周期，然后消亡。文明是文化历史形态的最后阶段，文明终结是因为"每个民族终将耗尽精力后消失"。丹尼列夫斯基以这种观点推测了西欧文明的没落和斯拉夫文明的崛起。

最后我们说到斯宾格勒，他所著的《西方的没落》堪称20世纪真正具有重大意义的作品之一。在他看来，要对"诞生、死亡、青年、老年以及生命期的概念有根本性的理解"。斯宾格勒对人类文化具有一种绝对神秘的看法，他认为每一种文化都有"自己的观念，自己的热望，自己的生命、意志和情感，自己的死亡，以及新的自我表现的可能……从出生到成熟，再到衰落，永不复返"。文明是"被提炼的生命精华，像田野的花朵一样蓬勃地生长着"。反过来，文明又是文化发展的必然命运，是"有机生物序列的继续，生命完成后的终结"。这个阶段很容易理解，"文明是发达的人性所能达到的最外在、最人为的状态"。文明是由智者掌控的，而且"作为一种历史进程，其存在就在于它处于一种无机的或僵死的残喘状态"。城市就是这种状态的一种表征，其居民"寄生……没有传统，绝对务实，不信宗教，机智却徒劳无功"。4世纪的古典世界和19世纪的西方世界就是这一状态的明显例证（他的书也因此命名）。就19世纪来说，斯宾格勒看到的是随处可见的衰落，主要表现在都市生活、艺术和数学领域。他强调，"今日所谓艺术……一律都是无能和虚伪"。

斯宾格勒的诗意想象是有名的，特别是以下段落，可作为他理论思想和神秘观点的集中概括：

> 当一个伟大的灵魂从一度童稚的人类原始精神中觉醒，脱离其自身状态，从无形成为有形，从无涯和永生变为有限和必死的东西时，文化便诞生了。它在一片明确界定的土地上开花结果，同一般生物的命运一样。当这一灵魂以民族、语言、教义、艺术、国家、科学等形态实现了其所有的可能性之后，它便会熄灭，并回复到当初的原始灵魂状态。但是，其活着的事实，那确定和展示各成果阶段的一系列伟大世纪，仍是一种内在的激烈抗争，为的是维持其文化理念，对抗原始混沌的世界，对抗无意识深处的怨言……而目标一旦实现——文化理念、内在可能性的全部内涵均已实现并已经成为外部现实——文化便立刻变得僵化，它的血液凝固，它的力量瓦解，它变成文明，即我们从"埃及主义""拜占庭主义"等字眼中感受和理解到的东西。它们就像死去的巨大原始森林，枯朽的树枝伸向天空，几百年、几千年，就像我们在中国、印度、伊斯兰世界所看到的一样……

> 每一种活生生的文化都要经历内在实现和外在完成，最后到达终结——这，便是历史之"没落"的真正意义所

在。在这些没落中，我们对古典文化了解得最为清楚和全面；还有一种没落，一种在过程和持久性上可以和古典没落等量齐观的没落，它将出现在未来千年的前几个世纪，但其没落的征兆已经显现出来，而且在如今从我们内心和周围都能感觉到——这就是西方的没落。每一种文化都要经历和人类个体一样的生命阶段。每一种文化都有其童年、青年、壮年、老年阶段。西方文化最初是一个年轻而战栗的心灵，满负着疑惑和恐惧，呈现在罗马和哥特的黎明……那童年的文化也以同样的语调向我们诉说——以古希腊艺术、以早期基督教（其实是早期阿拉伯）艺术、以诞生于第四王朝的埃及古王国的作品。一种神话般的世界意识，像一个惶惶不安的负债者，在不断地与自身和自然中所有黑暗及邪恶势力的抗争，同时在寻求生存的纯粹价值和直接表现（终将获得并理解）中慢慢成熟。一种文化越是接近于它存在的峰巅阶段，它所获得的形式语言就越是刚毅、严峻、自制并更有力度，它对自身的力量就越感到自信，对其存在的轮廓就越来越清晰。我们在其轻松和自信中发现了每一种精心的、严格的、有度的和奇异的表现特征，无论何时何地，都透露着行将完结的暗示。再往后，便慢慢接近其脆弱点，带着晚秋十月的甜蜜芬芳，迎来了克尼杜的阿芙罗狄忒、厄瑞克特翁神殿的女神雕塑、萨拉森马蹄型穹拱建筑上的镶嵌图案、德累斯顿的茨威格宫、华多的绘画、莫扎特的音乐。最后，在文明的昏暗破晓之时，心灵之火熄灭了。萎缩的力量再次为半成功的创造而尽力，如此产生了所有死亡文化中常见的古典主义。后来心灵再次思考，所以由浪漫主义忧伤地回顾童年；

到最后，它疲倦、厌烦、冷漠、失去生存的欲望，并如帝国时代的罗马一样，盼望走过漫长的白昼，堕落到原始神秘主义的黑暗之中，回到母胎，回到坟墓。[①]

人们不由地想到休斯对此所作的生动评价："在德国，一本不难读的书几乎不值得一读。"

尽管人们经常把汤因比的《历史研究》（*A Study of History*）和斯宾格勒的《西方的没落》放在一起考察，但《历史研究》却是一部性质完全不同的作品，事实上汤因比还在书中批评了斯宾格勒的观点。《历史研究》洋洋 12 卷，是一部倾注了作者毕生精力的作品，而且反映了作者观点的自然发展和演变。不过一些基本观点和前提是前后一致并贯穿始终的。汤因比的文明发展观就是他著名的"挑战和反应说"：一个社会将面临一系列挑战，每个挑战需要付出极大的精力去应对（如埃及早期尼罗河沼泽泛滥的问题）。但是这个过程能带来经济发展，"安逸是文明的敌人"。只有克服挑战，文明才能进步。反过来，文明的崩溃证明了"创造力"的消失和"生命力"的失败。所以玛雅崩溃了，埃及却没有，因为玛雅的后代停止了与自然抗争的努力。

与斯宾格勒不同，汤因比将文明看成一种"含义丰富的……充满新鲜活力的运动"。文明的扩散"可能缓慢，但一定会实现"。然而，未能处理的挑战累积过多，就会成为文化崩溃的开始。这是一种内部的进程："文明崩溃的最终标志和根本原因是

---

① 段落引文参考了国内的两种中文译本，特别是吴琼译、上海三联书店 2006 年出版的《西方的没落》。——译注

内在冲突的爆发，文明由此丧失了自身的定力。"冲突的爆发会引起不同地域之间的矛盾，造成社会各阶层的分裂。其结果是社会出现了三个对立阶层："少数当权者"——负责提出哲学理念和建立"大一统国家"，"内部无产者"——负责成立"大一统教会"，还有"外部无产者"——最后成为蛮族入侵的主力。罗马帝国和古希腊等大一统国家就经历了这样的历程。横向的分裂代表着"灵魂的一步步解体"。

文明的解体是"从原始人类层次、社会动物层次大胆向某种超人的宗教圣人层次攀升时遭遇失败的各种表现"，包括前面所说的"拥有创造性的个体或少数人失去了自身的创造力"。这些损失抵消了高压政策下所能产生的创造力。在各种文明进程中，"地域扩张和文明发展"是反比关系，所以大规模的地域扩张通常是"社会解体"的迹象之一。不过，

> 在无产者和少数当权者的冲突中……我们可以清晰地辨别出一种激烈的抗争精神，它更新了文明的创造之作，将世界上的生命从发展停滞的秋天带入艰难困苦的冬日，最后迈进万物萌发的春天。

汤因比重视道德价值和精神价值的观点在他之前的一些作品中就有所体现。阿尔伯特·施韦策①曾指出，一种文明欠缺伦理基础就会出现崩溃。文明的存在是为了完善人性，它是在一个种

---

① 阿尔伯特·施韦策（Albert Schwitzer，1875–1965）：法国籍牧师、哲学家、医生及音乐家，曾获1952年诺贝尔和平奖。这里的观点出自他的《文明的哲学》（*The Philosophy of Civilization*）一书。——译注

族追求进步和服务于他人的时候诞生的。施韦策认为 20 世纪 20 年代的西方文明已出现了崩溃迹象。

与施韦策处于同一时代的学者汤纳提出了一种怪异的极端思想，只有对知识的历史相对性有坚定认识的人才能去尝试理解它。在他看来，文明具有科普生物学的基础——文明的"神经组织增长，其智力便得到发展，精神体魄就会增强"。汤纳从未明确给出他所谓"神经组织增长"的准确定义，但这一概念在他的整个理论框架中的意义非常明显。无论它究竟指什么，汤纳曾把它等同于人类的性冷淡，并暗示具有如此"神经组织"的女性容易成为天才。由于文明社会中的这类女性通常没有受到太多应该尽母性义务的压力，人类才智的某些部分因此难被遗传下去，文明同样因此而萎缩。

克里斯托弗·道森的研究虽然不像汤纳那样怪异，但在观点的统一性上略逊于他。他在讨论文明崩溃和衰落时提到了若干因素，认为复杂性增加和集权化增强的危险最大：希腊文明忍受着"希腊式"的堕落；在罗马，一场物质革命摧毁了"社会的有机结构"；欧洲文明目前处于衰弱状态，因为它"不再具有生命的节奏和平衡"。

贾瓦哈拉尔·尼赫鲁在艾哈迈德讷格尔堡坐牢时写道，印度的衰落是因为内部腐败，到了 12 世纪，"印度已濒临死亡，失去了她创造性的天才和活力"。

弗兰兹·波克诺与斯宾格勒和汤因比是同时代的人，他也坚信文明存在起落兴衰。他同意汤因比关于历史上精神和宗教因素高于物质因素的观点，但不赞成对方所谓某种邪恶或原罪导致文明崩溃的说法，认为严重犯罪现象也会在发展中的文明社会频频出现。

对保罗·瓦莱里来说，文明天生脆弱，与道德素质存在着内在的联系。他将第一次世界大战后的欧洲与古罗马和古希腊联系在一起论述。欧洲人对全球的统治是由欧洲人口的高素质（他认为包括驱动力、好奇心、逻辑、怀疑主义和神秘主义）决定的，但在此非平衡状态中，崩溃的种子已经埋下。今日的大规模生产使商品遍及世界各地，未来的人口数量和地域规模会成为文明权力的决定因素，欧洲将因此遭受重创。

20世纪主张文明兴衰论的另一位重要代表人物就是阿尔弗雷德·克鲁伯。他在作品中论述了"高级文化价值和形式"，也提到了"高潮"。"在其自身枯竭之前"，埃及文明经历了四次兴衰，甚至具有"相当高级的观念体系"。文化模式可以是"高价值"的，也可能是"低档次"的。克鲁伯在这一批评框架下分析了艺术、科学和哲学的创造性循环，认为所有领域都表现出一个共同的模式：先是几个世纪的兴起和发展，然后是长时间的重复和模仿，最后是走向灭亡。

追随克鲁伯观点的学者中有两位人类学家——库尔伯恩和格雷。库尔伯恩将克鲁伯有关艺术和哲学枯竭的概念延伸到所有文明活动。文明的兴衰是一种模式化地从兴起、经营到最后枯竭的进程。罗马崩溃后，"其整体文化的衰落过程非常缓慢"。任何社会都要经历"信念时代""理性时代"和"实践时代"。在最后阶段可能会出现衰落，从"每个公民社会所达到的特定卓越层次"开始下滑。宗教可能是衰落的原因，因为当宗教精神强盛时一个社会就有力量，而宗教精神薄弱时社会则失去活力。

格雷视古典历史为一系列层次化的循环，分为"成型

期""发展期""繁盛期"和"衰落期"这几个阶段，每一个阶段
还有其自身的创造期和退化期。在此之上存在着两个伟大时代：
城邦时代和超级大国时代。格雷对各文化阶段的评价毫不留情：
"成型期"的原始阶段是"野蛮的"，后期是"衰落的"。衰落导
致政治腐败，而任何一个阶段的"文明化程度越高"，转型过程
就越迅速。

皮特里姆·索罗金是社会学家，也是一位克鲁伯研究学者。
他的《社会和文化动力学》（*Social and Cultural Dynamics*）是一
部里程碑式的著作。他在书中定义了两种文化模式：理念型文化
（非物质的）和感知型文化（感官能感受到的）。任何社会的本质
都是在两种模式之间转换。由于每一种模式本身并不完整，人类
族群会在两种模式之间移动。极权主义国家会伴随感知型文化的
发展而兴盛和衰亡。罗马在 2 世纪后文化的感知性增强，成为极
权主义国家。而 5 世纪基督教的理念型文化占据统治地位，罗马
帝国随之解体。

最后还有戴维·奥姆斯比 – 戈尔。他是汤因比的追随者，
同样关心西方文明的命运。他认为文明衰落或崩溃的主要原因是
内部腐败，表现为自相残杀的战争、被"高级的社会形式"征
服、军备发展停滞、经济发展或人口数量的降低。文明的兴衰与
民族多数人集体决策的正确或错误有直接关系。他的结论是西方
不会衰落。

神秘因素主题下的一些案例分析涵盖了该知识领域的某些
层面，具有更大的普遍意义。丹尼斯·普利斯顿认为玛雅的崩
溃是由于国民坚信命运周期的存在。人们在此循环中的某一点
上目睹了一次巨大的火山爆发，下一轮循环的同一点上又经历

了考古学家所谓"中断期"的神秘事件，于是人们推测厄运同样会在第三次循环中降临。最终人们的恐慌把崩溃变成了一个自我实现的预言。

戴维·斯图亚特主要研究美国西南地区的文明，但也涉及普遍意义上的复杂社会。他认为随着复杂社会在自身规模、生产效率、能源支出方面的增加，它们将被驱赶到一个无力应对的"枯竭点"。文化系统的发展和一群蝗虫的命运没有太大区别。詹姆斯·格里芬从严格的克鲁伯理论出发，提出俄亥俄霍普韦尔文明的消失可能是出于"文化疲惫"。

梅尔科响应了克鲁伯的观点，认为一种文明一旦建立，其适应文化变革的能力便十分有限，文明继续向前发展，直至其"模式"到达顶点。面对僵化、官僚主义、低效和无法解决的内外矛盾，崩溃就开始显现。在明显呼应索罗金观点的论述中，梅尔科预计西方文明的终结将会源于对科技失去兴趣和对精神世界的变革无能为力。

简评

尽管复杂社会不是虫灾或是瘟疫，但关于其崩溃的理论有时却与他们有相似之处。为总结前面的论述，这里有必要集中探讨几个基本主题，这样读者可以把主要精力从明显不值得认真考虑的观点中节省下来。如此，我们将不去讨论神秘的数字命理学、再生产模式以及把复杂社会比作昆虫或煤矿的那些理论。不过这里也必须指出，划分可探讨理论和非探讨理论（如神秘数字命理学）的标准只表现为关注程度上的区别。

人们对斯宾格勒和汤因比著作的评论可谓历史久远、全面透彻，想添加任何新意都非常困难。与上一节的简评相比，本节的内容相对简短。我仍需提及他们的某些论述，以作为我对他们的崩溃理论的批评，所以也就不顾这些评论是否具有新意。总之我认为斯宾格勒和汤因比的观点切中要害，便以此为起点。

斯宾格勒作品中的神秘主义和充满价值判断的理论完全印证了休斯的评价——"通向真理道路上的一块巨大的绊脚石"。休斯的评判代表了许多读过斯宾格勒的人的看法："《没落》充满了不可饶恕的各种夸张和教条主义的自信口吻"，"斯宾格勒形而上学的文字段落……产生出预料之中的、晦涩肤浅的综合效果"。斯宾格勒的不足之处在于"狭隘和敌视"，"所有的循环论者都在扮演感性先知的角色"。

对汤因比的批评也毫不留情：

> （汤因比）像一个威严的校长一样颁布奖赏和宣布惩罚，奖励了"原始基督教"一个银杯——对教会的综合奖赏；却向当代西方不可知论者和物质主义文明授予了六根藤条。
>
> ——斯通
>
> （汤因比）没有能力判断空洞的假想、主观价值判断和基于事实的经验推理之间的区别。
>
> ——斯通
>
> 他把自己和以西结（Ezekiel）[①]先知相比；而他自己有时却真让人难以理解。
>
> ——特里瓦－罗珀

---

① 《圣经·以西结书》中的先知。——译注

> 对汤因比先生来说，历史和历史研究方法简直是科学和杜撰的奇异混合。
>
> ——汤普森
>
> 汤因比，和耶利米 [①] 一样，肯定站在自己的角度说话。
>
> ——博尔
>
> （汤因比的主观主义）是以他对人类命运发展过程的个人见解为基础的标准体系。
>
> ——艾尔特里

尽管斯宾格勒和汤因比的研究方法不同，上述评论也可用于他们当中的任何一位。

如此严厉地对待斯宾格勒和汤因比的理论似乎有些不公，但上述引文的确指明了神秘学说的大多数问题所在。这些问题是（1）依赖于生物学发展类比；（2）依赖于价值判断；（3）参照无形物进行阐释。

如前所见，运用生物进化和衰亡进行类比其实是一种非常古老的做法，但今日还有人在使用。其基本观点已在前面有所提及，即复杂社会与有机体的生、长、衰、亡进程基本一致。但有机体遵循的是基因码、生物钟、日照循环、四季更替等已知科学进程。对人类社会来说——如大多数社会科学家所承认的，无法找到相应的与生物学进行类比的调控机制。这里有必要回到那些显然具有活力的论述，即某种神秘的、内在的原动力主宰着文明的兴衰起落。诸如此类的观点都不堪一击，因为这些所谓的内在

---

① 《圣经·耶利米书》中的先知。——译注

因素从本质上讲不可知晓、不可确定、不可量化、不可解释。类比性的阐释，同以前讨论过的其他观点一样，不能增加我们对问题的真正理解。它以神秘解释神秘，得出的结果为零。

阿尔弗雷德·克鲁伯——生物成长和腐朽论的大师——对如此批评提出了反驳。他的观点是，文化"生长"的说法没错，术语本身只是用作一种比喻。人们使用这一术语，有时是因为语言的限制。就算克鲁伯的解释可以接受，我们仍可持保留意见，因为完全不清楚其他人的看法是否一定和克鲁伯的看法一样。这里提到过的太多的研究者似乎都相信，文明真的会发芽、开花、枯萎、死亡。

价值判断完全是另外一番情形。一个人类学出身的学者应该明白，作出如此判断从科学角度讲无人接受，无利于问题的理解；从学术角度讲无法自我辩白，简直就有失公允。一个文化学专业的学生应该有一种根深蒂固的信念，即不接受有关文化现象的好与坏、更好或更糟、高级或低级的所有判断。一个人要么是一个公正的社会科学家，要么是一个社会批评学家，而后者不应该装扮成前者。文化的相对性可能是人类学对社会历史学（更广泛地讲，所有民众）所作的最大贡献之一。人们可能认为研究崩溃现象的历史学家、社会学家、政治学家、经济学家等应该在这方面向人类学家学习。但随着克鲁伯、库尔伯恩和格雷的出现，全体人类学家都加入到了违反行规者的队伍。

在神秘因素主题下进行的价值判断其范围之广，令我不得不将其作为一项必要的讨论内容。有人可能会这样争辩：既然生物学类比无法提供任何量变的数据，那就有必要回到主观判断。神秘因素论者正是热衷于此。于是斯宾格勒才书写僵死没落的文化、失败的艺术形式、充满寄生人群的城市；汤因比（如上述引文所说）才像一个文明和文化的大法官一样坐在那里，认可一些，驳回其他。汤因比笔下的文明是新鲜多变、勇于尝试的，值得赞扬，但拥有创造性的少数最终失去了这种力量。克鲁伯也许是发表主观评判时最不脸红的一位，他认为埃及有高级的观念体系，法国有高级的文化艺术。总之文化模式可以是高价值的或低层次的。库尔伯恩继承了这一传统：后罗马文化衰落缓慢，公民社会具有优良品质。格雷绝不会离他的同行们太远：文化偶尔会野蛮或堕落，也可能成为高级文明。

神秘理论中的一些常用术语更增加了研究者的主观主义成分。"颓废"一词最值得注意，通常用于罗马帝国。一些表面看来似乎无伤大雅的词，如"兴盛""衰败""没落"和"活力"，都暗含着价值判断的成分：我们都认可具有活力的事物，反之亦然。如前所述，就连"文明"一词本身都落入了这个圈套。

价值当然随文化、社会和个体而变化，于是就存在很多问题。问题是如此明显，那些忽视其存在的作者们真让人感觉尴尬。一个个体、社会或文化认为价值高的东西，其他一方未必就同意，因此对文化现象的主观评判永远无法实现科学性的标准化。一般来讲，我们大多数人认可的文化是我们最喜欢、感觉最舒服或至少觉得最具智慧的文化。这样做的结果只能导致特定价值系统的整体混乱，每方都宣称自己获得了唯一的"真理"。这样的基础之上不可能建构任何科学理论，为此所做的努力只能导致混乱和矛盾。于是当大多数研究者似乎肯定文化价值的时候，斯宾格勒（也许还包括拉帕波特）却表示厌恶。当汤因比不赞成帝国存在的时候，克鲁伯却将埃及的扩张看作成功阶段。依赖主观价值判断不仅在逻辑上行不通，而且不可能得出一致性的结论。

"颓废"这个概念似乎最为有害。尽管这个概念长期以来颇受青睐，但界定它的内涵却十分困难。所谓颓废，是因为它不符合某个人的道德准则，特别是当颓废者从前某一时段的行为得到过这个人的认可，而眼下的行为却发生了变化。在政治命运和道德行为间不存在清晰的因果联系。例如，在所谓的罗马道德没落之时，我们并不清楚（尽管波利比乌斯可能表示异议）当初缺乏这种道德是否就阻止了罗马的扩张，也不清楚后期这种道德的出现是否就可能将蛮族军队阻挡在海湾之外。亚当斯对这一问题概括得很好："历史上的每个社会都有能力展现颓废个体的健康的一面。"他还说：

> 我们不能真的认为主要政局的解体是由于某个人沉溺于过度的宴饮或性生活。不，社会解体的内部机制一定与衰败结局的各种因素存在某种相关的联系。

神秘因素论的第三个问题是参照不可触及的无形物进行阐释。这个问题与前两个问题紧密相连。神秘因素论者简直就无法确定可能导致文化变革的任何可分立的、可观察的、可测量的因素。在为数不多的寻找可触及因素（如参照人类生物学）的研究中，我们也看不清原因机制如何导致了可观测的结局。亚当斯兄弟的理论大概是这方面做得最糟的，但它们并非不够典型。布鲁克斯·亚当斯引述生物学上的"能量物质"说；而亨利·亚当斯将人类思想比作电流。特纳将文明兴衰归结于"神经组织增长"和性冷淡，比亚当斯兄弟也好不了多少。这些理论也许最具创新意义，所以被归入到值得尊重的观点当中。斯宾格勒相信文化具有思想、激情和意志，是"被提炼的生命精华"。文明在汤因比看来是圣人的交流，也许还具有灵魂。道森谴责欧洲文明，因为它不再具有生命节奏和平衡动力。索罗金提出理念型文化和感知型文化。普利斯顿认为玛雅因自我恐惧而鸣呼丧命。斯图亚特将复杂社会比作昆虫群。格里芬指责文化疲惫。没人能提出一个独立的因果机制，并在此基础上构筑一种科学理论。这种神秘因素论的固有弊病，的确也成为现实鉴别神秘论阐释的单一标准。

事件的连锁与巧合

伟大的古典历史学家伯里在 1923 年指出，罗马的崩溃没有综合性的解释，一系列偶发事件导致了它的结局。匈奴的入侵将西哥特人赶到了伊利里亚行省。罗马当局对这一问题处理不当，所以在阿德里安堡之战（378 年）中失利。蛮族部落联盟当时已在帝国领土之内形成聚落，这是一个不好的先例。随后是西罗马帝国一连串才智平庸的皇帝登基，日耳曼人在帝国的地位不断提升，还有斯提里克的叛逆，以及罗马依赖蛮族人统帅自己的军队。

其他研究者还将事件的连锁与巧合发展为普遍理论。威利和希姆金在讨论玛雅文明、巴策在讨论埃及文明时都强调了一系列连锁事件，并指出各相应领域的薄弱环节。查尔斯·迪尔争辩说，一系列事件的综合作用导致了拜占庭文明的崩溃——丧失农田、大资产者出现以及在经济竞争中败给威尼斯人。

简评

从概念上讲，连锁和巧合理论没有提供任何普遍性的理论基础，因此不能满足我们对重复进程作出全面理解的需求。用历史的偶发事件进行论述也存在逻辑问题。有些人还说所有的历史都是事件的连锁与巧合。这种说法过于极端，但它提出的随机因素可能影响整个进程的说法具有一定的合理性。偶发事件的不断出现可能代表统计学中的某种规律，但它不能用来解释重复性非常低的文化现象。

经济学阐释

经济学角度的崩溃阐释是我们要考虑的最后一个主题。这种理论的表现形式多种多样，但基本体现为有限的几个方面，其中包括：（1）复杂化的优势逐渐减少；（2）复杂化的劣势逐渐增强；（3）复杂化的成本日趋增加。

路易斯在 1958 年分析奥斯曼帝国的衰落时提出了上述论点。奥斯曼帝国在 16 世纪达到其地域扩张的极限，此后便开始在军事科学、军队专业化程度、政局管理、人力和资金以及资源等方面表现出落伍迹象。随着欧洲的全球化扩张，东地中海地区迅速成为发展停滞的一潭死水。贸易活动往往避开该地区，贫困现象日益严重。在欧洲充斥着来自西班牙和美洲的黄金时，奥斯曼的经济彻底破产。统治层已经习惯了现金短缺的状况，于是用与以往一样的策略应对经济危机：货币贬值、回收硬币、降低成色。

为应对经济衰落局面，政府必须大规模提高官员工资和货币支出。在以前的货币危机中，政府就减少了士兵的数量，并增加了骑士的人数，因为骑士的薪水是以封地形式而非以货币形式支付的。但16世纪和17世纪战争格局的变化使这种策略不再奏效。火枪和火炮的使用量不断增加，这需要有雄厚的财力支撑军队的发展，骑士的重要性也因此被削弱。

如此局势之下要付出的代价令人吃惊。开支的增加必须以贬值的货币为基础。民政、宗教和军备更难收支相抵，不可避免地影响到政府的诚信度和尊严，更难征集到士兵。随着骑士的减少，奥斯曼的农业系统开始崩溃。骑士都住在自己的封地之内或封地附近，而现在封地却被宫廷宠臣和投机商收走。官僚渎职和贪污的现象越来越多，税收系统的效率急剧下降。有的税吏还会截留税款，偷漏税的数量也在不断增加。这样一来，萎缩的帝国经济在支持不断增长的费用和庞大的上层建筑上更显乏力。路易斯概括说，奥斯曼的宫廷、官僚、神职人员、军队、地主阶层和税吏所消耗的费用，已经超过了任何中世纪的阶级国家，而它的经济基础却只是一个不再丰产的农业体系。交易者、银行家和商人一般都是非穆斯林人士，算"二等公民"。政治因素和意识形态的因素对商业发展环境或银行信贷机构的健康生存环境产生了严重的影响。

拉铁摩尔将中国改朝换代的循环概括为某种收益的兴衰。新王朝一般将人力集中在地理条件优越的地区，利用水利资源从事大规模农业生产，以提高收益和利润。当农业生产到达其顶峰的时候，经济基础便难以支持更多的剩余人口。农业的萧条景象与皇族官僚的腐朽生活形成强烈对比，让人无法忍受，于是农民暴动，推翻王朝。

约翰逊指出，政治体制中促进或妨碍成本效益的进程通常是导致社会延续或衰败的决定因素。这似乎和亚当斯在讨论萨珊帝国强化生产、开发边缘农田，最终导致农业衰落时表述的观点有些类似。卡伯特将这一模式运用到玛雅文明的崩溃研究。

如前所述，布兰顿和科瓦列维斯基将瓦哈卡谷的崩溃说成是阶层社会的利益衰减。特恩布尔在探讨伊克文明以及劳克林和布雷迪在更为一般性的探讨中，也得出相似的结论，只是他们的理论更多地适用于非复杂社会。在这些研究者看来，统治层对部落社会的长期掠夺使双方的合作优势逐渐消失，社会的合作和互惠机制也随之解体。哈纳讨论了资源充足条件下的相反情况，其崩溃模式在逻辑上也与此基本类似。

简评

很多历史学家和社会科学家对崩溃进程的经济学阐释并不热心。但即使在那些持怀疑态度的人看来，经济学阐释在其逻辑性和结构性的某些方面（并非全部）都要胜过我们此前介绍过的理论。这些方面包括：

1. 前面讨论过的一些理论（如资源枯竭、自然灾害、外来入侵、应对不足）暗示出文明崩溃的社会原因，而非仅仅是环境因素。有人会问，为什么社会不能对环境变化采取更为有效的对策？我们可以无休止地争论上述经济学阐释是否足以解释社会的衰落现象，但经济学探讨确实有一个方面使它超越前人：它觉得有必要鉴别社会衰弱的内在因素，并由此继续探索。

2. 与其他一些理论（如阶级冲突论、社会功能紊乱说、神秘学说）相比，经济学阐释确认了一个特定的因果机制，或事发机制。

3. 与已经介绍过的若干研究成果相比，经济学模式确定了原因机制和可见结果之间存在的因果链接。同样，人们也会对这些因果链进行争论，但由于这一理论看到了因果链的存在，遂使其在逻辑性和结构性上略胜一筹。

当然，社会崩溃的经济学研究不是没有弱点。这些研究者中没有一个人试图将个别案例普遍化，尽管朝这方面努力的潜力巨大。路易斯指出了奥斯曼帝国经济的停滞发展是由于宗教和伦理偏见，但很遗憾的是，他没有进一步论述奥斯曼在此问题上表现出的顽固和僵化。他只说后来的穆斯林不愿意向他人学习，但这不能表明任何观点。亚当斯对美索不达米亚文明强化经济发展的研究已经令人羡慕地勾勒出崩溃根源的大致轮廓，但却未能对上层管理失职进行充分论述。拉铁摩尔只提到中国古代统治者的奢望，但没有说出剩余劳动力出现的任何原因。值得指出的是，这些理论的逻辑弱点正好出现在它们脱离经济范畴的一刹那。

总结和探讨

现将我对各种崩溃研究理论的评估综述如下：

1. **资源枯竭论**。应对资源危机是复杂社会的正常活动，也许是它们最为擅长的领域之一。既然资源枯竭不是直接诱因，我们的研究就应该集中在阻碍其作出恰当反应的社会特点，而不是单纯关注资源枯竭现象本身。

2. **新资源论**。这一主题对整合论者具有某些吸引力，但对冲突论者毫无价值。其价值不大主要是由于它局限于简单社会。

3. **自然灾害论**。复杂社会通常对自然灾害早有准备，通常是历经灾难而并未崩溃。如果哪个社会无法承受灾难，这个社会的具体特征就应（在许多情况下）引起人们更大的兴趣，这有悖于自然灾害论的前提。

4. **应对不足论**。这种理论对复杂社会的本质所作的假设——复杂社会天生脆弱，或僵化固执，或不会转向——不能令人信服。复杂社会如何表现出上述特征，也需要作出解释。

5. **其他复杂社会**。这种理论不能解释主要的崩溃现象，如罗马的崩溃。各复杂社会间的冲突通常导致扩张和缩减的多次循环，而非最后的崩溃。

6. **外来入侵论**。强势国被弱势国推翻是一个需要探索的课题，其本身不能作为崩溃的原因。从经验主义角度讲，人们通常很难在考古学上探清入侵者曾经宣称主权的地方。我们也很难理解，如果高级文明原本值得蛮族部落出兵入侵，为什么他们最后要摧毁这种文明。

7. **矛盾、冲突、失职**。复杂社会控制劳动力和调配资源的能力是其固有特征和必要条件。我们很难以社会赖以生存的关键因素来解释崩溃现象，至少由此引发的问题比能够回答的问题要多。从其对社会生存的损害性来讲，统治层渎职失职或自我膨胀的情况值得进一步探讨。剥削下层和管理不当是复杂社会正常并惯常表现的性格侧面，这些行为本身不能作为偶发事件即崩溃现象出现的根本原因。农民很少发动起义，除非和其他社会团体结成同盟，而且他们的目的通常不是使社会崩溃。

8. **社会功能紊乱论**。这样的观点既没有指出危机的根源，也没有探讨原因机制，很难使人从客观的角度进行分析。

9. **神秘因素说**。神秘因素说完全不能科学地阐释崩溃现象。参照生物成长、相信价值判断和引证无形事实使这种理论受到了严重的损害。

10. **事件的连锁与巧合论**。这种理论没有任何通用基础。随机因素无法有效地解释崩溃现象。

11. **经济学阐释**。这种理论在结构上和逻辑上均超越其他（至少是迄今为止已经成型的）学说。这种理论鉴别出与崩溃相关的社会特征，确定了原因机制，指明了原因机制与可见结果之间的因果关系。经济学阐释尚未取得社会科学界和历史科学界的广泛认同，但其观点弥补了其他理论逻辑上的不足。现存经济模式经常受到政治学和社会学阐释的片面攻击，但这并非经济学理论的本质缺陷。就眼下的研究课题来说，经济学阐释的弱点在于它还没有形成一个具有普遍应用价值的阐释框架。

　　除了没有科学基础的神秘学理论之外，以上介绍的崩溃理论并非一无是处。事实上，经济学阐释距离最后成功（逻辑思考而非具体细节）只一步之遥——即探索深度还不够。除神秘因素论之外，我们很难说其他理论就一定错误或者是误导。只是其目前的表现形态还多有欠缺。它们缺乏无可置疑的前提，并经常败于逻辑推理。人类社会确实面临资源短缺的现象，各阶层之间确实存在冲突，自然灾害的确经常降临，而各种对策无法解决上述危机的情况也并不罕见。一种具有通用价值的崩溃理论应该是尽全力融合如上各种阐释而有所发展。它应该提供一种能够包容上述理论的宏观框架，使其中的各类主题均体现出价值。一种通用的崩溃理论应该使上述各主题（比其独立存在时）具有更为明确的应用性。

　　下一章将在经济学阐释的基础上探索一种通用的崩溃理论。在论述和评价（第五章）之后，第六章展示其他各派理论如何可以包容在我的阐释理论之中。

第四章

理解崩溃：社会政治变化中的边际产量

　　从事物的本质来说，任何一项成功，都会产生出某种结果，使更伟大的斗争成为必要。

——瓦尔特·惠特曼

　　同所有生命系统一样，人类社会和政治组织必须靠持续的能源（资源）供给来维持其生存。从最简单的家庭单位，到最复杂的地区等级社会，那些构成人类社会的所有机构及互动模式都需要资源。与此同时，人类社会获取和分配基础资源的机制受到（并融入）社会政治体制的制约。资源流动和社会组织形式分别位于等式的两边。在人类社会，任何一方都无法单独存在，任何一方也无法在对方不变和等式平衡不变的前提下实施重大改革。资源流动和社会组织形式必须和谐共进。

　　维持社会政治体制的运转不仅需要资源是流动的，而且要求资源必须充足，可以满足社会体制复杂化的要求。莱丝丽·怀特观察到文化发展与人口所能获得的资源总量间存在着复杂的关系。最简单的人类群体的资源需求量与最复杂的人类社会的资源需求量相比，前者的需求量甚至可以忽略不计。怀特曾作出估算，一种主要靠人力驱动的文化体系人均每年只能产生出约1/20马力的动力。这和工业社会成员人均每年创造的成千上万马力的动力形成了鲜明的对比。文化的复杂性也出现了相应的差别。朱利安·斯图尔德具体指出了他们之间的差别——通过早期人类学家记载的可以得知，北美西部原住民人口产出了3000～6000 种人工制品，而第二次世界大战期间美军登陆卡萨布兰卡时却携带了 50 万种以上的人工制品。

维持复杂社会所需的成本大大高于维持简单社会的成本，人均负担量也更大。随着社会的复杂化增强，成员之间建立了更多的关系网，阶层间随之产生了更多的体制来管理这些关系网；需要处理的信息数量增多，信息流通就更加集中，（无须直接参与资源生产的）专职人员的需求量也就越来越大。所有这些复杂性都依赖于大规模资源流动，其规模远远超过那些小型的自给自足的觅食者或农耕群体。其结果是，随着社会向更复杂的方向发展，对每个人征收的支持成本也将上升，因此，作为一个整体的人口必须将越来越多的资源预算分配给社会组织机构。这是社会进化中的一个不可改变的事实，并不会因资源种类的不同而发生变化。

无论人们赞成冲突论还是整合论，或两者兼而有之，我们都有必要探索社会对复杂化投资的收益问题。在上一章我曾就百姓赋税过重导致社会崩溃的观点提出严重质疑，但与投资和收益相关的问题仍值得深入探讨。无论从冲突论角度看（复杂化是阶级斗争和统治者需要保持特权地位的结果），还是从整合论角度说（复杂化的产生是为了满足社会需求），这个问题都有必要做进一步探索。两种理论都认为，复杂化是解决已知问题的途径，其解决问题的功效在一定程度上是以收益与投入比为基础的。若比值不够理想，复杂化就不是一个成功的策略。能量与社会组织的关系也是一样，复杂化投资的投入成本和最后的收益是一个等式中对立的两方，缺少一方就无法考察另一方（尽管我们遗憾地看到人们经常这样做）。

本章的中心论题是复杂化投资回报是一个变量，其变化过程沿着一条独特的曲线发展。更确切地说，在许多关键领域，对社会政治复杂化的持续投资会达到一个拐点，此拐点以后的投资回报便开始下降；起初是渐进的，然后是加速下跌。于是，人们不仅将越来越多的资源用于维持社会发展，而且还在某一拐点之后，面临着更高的投资带来的较少的增值回报。这种回报递减是社会政治进程和复杂化投资过程中不断重复出现的一个现象。

回报递减是经济学家们愿意称作"法则"的少数可预见性规律现象之一。在制造业领域，当增加单位投入导致生产率下降的时候，回报递减就已经出现。这种情况不能作为社会政治发展中回报递减过程的精确类比，但经济学家们提出的一些概念将会对以下探讨很有帮助。

接下来会提到经济学家们经常使用的两个概念：即平均产量和边际产量。经济活动中的平均产量是指单位劳动投入带来的产量。边际产量是指增加一个单位的劳动投入所带来的产量的增加量。同样，平均成本是每单位劳动投入的成本，而边际成本是指增加（或减少）一个单位产量所能引起的成本总额的增加（或减少）。

回报递减法则，也称作边际产量递减法则，指的是平均产量、边际产量和平均成本、边际成本之间的比例变化。平均产量和平均成本对应着边际产量和边际成本，并最终随着边际产量和边际成本的变化而变化。边际产量和平均产量的关系见图1。

为了本课题研究的目的，这里要强调一个术语。以下论述中

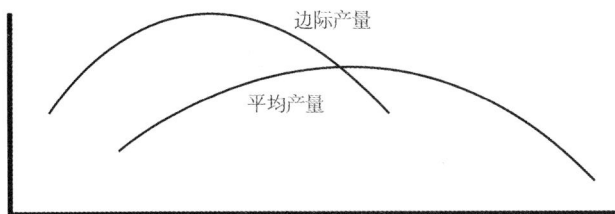

图 1　边际产量和平均产量的关系

最常提到的概念是"边际回报"（marginal return）[①]。它可以等同于"边际产量"概念，即每增加一个单位的劳动投入所带来的产量增加。"回报"一词通常会被"产量"所代替，以强调和关注社会复杂化投资中所得的收益。

以上提出的命题可以用这里界定的概念（将贯穿本书此后的论述）重新表述一次。社会政治进程中投资成本的增加通常会达到一个"边际回报递减"的拐点。也就是说，社会政治复杂化的投资收益比遵循着图 1 所示的边际产量曲线。在某一拐点过后，社会复杂化投资的增多将无法带来相应的回报增加。结果只能是边际回报下降、边际成本增高。复杂化作为一种策略，其结果是成本和代价不断增加，边际收益逐渐减少。

至此，我们已经探讨过的四个概念将有助于理解复杂社会的崩溃现象。这些观念是：

1. 人类社会是一个解决问题的组织。

[①]　"边际回报"（递减或下降）的概念在本书中出现了 300 多次，为了避免重复，译者视文句节奏和上下文，将采用"边际回报""边际收益""边际收入""边际回报率"等不同译法。——译注

2. 社会政治体制需要能量来维持其生存。

3. 社会复杂性的增强伴随着人均投资成本的提高。

4. 作为解决问题的途径，社会政治复杂化的投资通常会达到一个"边际回报递减"的拐点。

本章的剩余部分将集中探讨这些因素与社会崩溃的关系。首先，我将比较详细地论述复杂化投资造成回报递减的观点，因为这一命题对阐释崩溃现象至关重要。随后我将讨论边际产量递减出现的各种原因。最后从这些观念的论述中推导出对崩溃问题的综合阐释。

复杂化增长状态下的边际产量

这一节中，我们有必要将社会复杂化的组成部分逐一进行分析。复杂化的有机成分包括农业和资源生产、信息处理、社会政治控制和等级特殊化以及整体经济生产率。当然，在现实生活中，这些成分从来都不是孤立的，而是相互依存结合在一起的整体，我们只能对其进行人为的划分，目的仅仅是为了便于分析和论述。所有这些领域的活动都代表着人类在社会稳定和社会福利上所作的投资。

以下引用的例子来自过去几百年中的各类历史事实，其中很多都发生在近代。也许有必要指出的是，我引用这些史实只是为了做分析，并非意味着这些社会就一定面临着崩溃的危机。案例只是用来说明所有复杂社会面临的共同问题，这些问题与社会崩溃之间的关系因社会历史背景的不同而千差万别。

农业和资源生产

1965 年，经济学家埃丝特·鲍塞罗普提出了一种激进的理论：高强度 [①] 的农田使用是由与回报相比严重不符的劳动力投入造成的。所以，尽管强化生产下单位土地的产量增加了，但单位劳动力的产量事实上是下降了。

鲍塞罗普提出一种理想化（她也承认有些臆断）的农田使用模式。大概内容如下：

1. **森林休耕**。指在森林里开发出来的农田（又称临时性农田、栽培地或刀耕火种地块）在被耕作若干年后，产量下降，杂草增多，人们便退耕还林，直到森林完全恢复。这段休耕期可长达 25 年。

2. **树丛休耕**。这一方式需要 6～10 年的休耕期，树丛不会长成森林。

3. **短期休耕**。休耕期只有 1～2 年。

4. **年度休耕**。不是真正意义上的休耕，只是在一次收获和下一次种植期间有几个月的休整。

5. **多次休耕**。这是最为复杂的土地使用体系，只能应用于不出现极端天气的少数地理条件优越的地带。

[①] 强化生产，或强化发展、强化耕作，都是指在人力投入或土地使用上加大力度、不计成本，原文为 intensity, intensification, intensive use, 或 intensive agriculture。现在国内学术界开始以"集约"一词表达同样的概念，如集约农业、集约化生产等。将视具体情况，交替使用"强化"和"集约"两种译文，意义上区别不大。——译注

鲍塞罗普认为通过增加备耕、施肥和灌溉等环节，单位劳动力的农业产量在各阶段都会增加。她指出，农学家所谓的增加劳动力投入会导致边际回报递减其实是由于人口增长。人口的增长不可避免地施压于土地使用的每一个环节，迫使土地使用向下一个环节发展，因而单位劳动力产量必然下降。

鲍塞罗普的理论可以推广应用到其他类型的生存体系。比如南希·阿什、福特、戴维·阿什等人提出了一个相应的架构，用于解释狩猎采集人群从利用营养易得的自然资源到资源短缺时出现的生存状态的变化。马克·科恩曾经指出，从狩猎、采集向农业生产的过渡可以理解为人口增长的适应过程——人口增长需要开发一个更复杂、代价更高的资源生产系统，这就是农业。狩猎采集的生存方式与眼下的主题没有直接关系，但上述两项研究的确表明，鲍塞罗普所描述的经济进程具有其普遍性的特质。

鲍塞罗普的理论一直引起某些争论，特别是有关人口增长的动力作用。这里不去介绍争论的内容，因为我们没有必要通过相关论点的介绍去接受人口压力的理论。这种理论是，在生存经济中，农业生产的边际回报随劳动力的增加而递减。这一论点可以找到充分的例证。克拉克和哈斯威尔指出，在生存体制中，劳动力投入的增加确实导致农业平均产量和边际产量的下降，图2至图7可以用作验证。克拉克、哈斯威尔和威尔金森绘制的这些图表提供了鲍塞罗普论述中欠缺的量化数据，同样可用来验证她的观点。据观察，这些数据对验证鲍塞罗普的论点显然大有帮助。

动物的饲养管理遵循这同一个模式。动物饲养的劳动力密集型特性和所需的成本代价广为人知。以下例证可以说明这一点：伴随英格兰工业发展而出现的运河和铁路，至少在一定程度上被

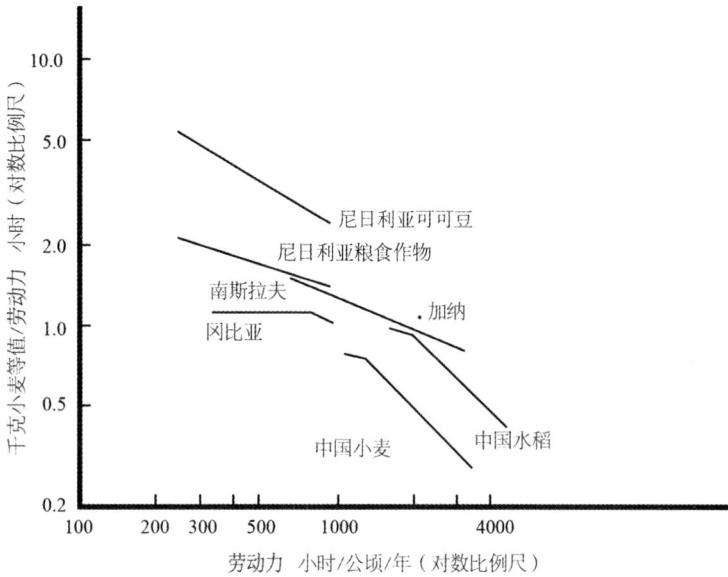

图 2　农业生产的平均回报

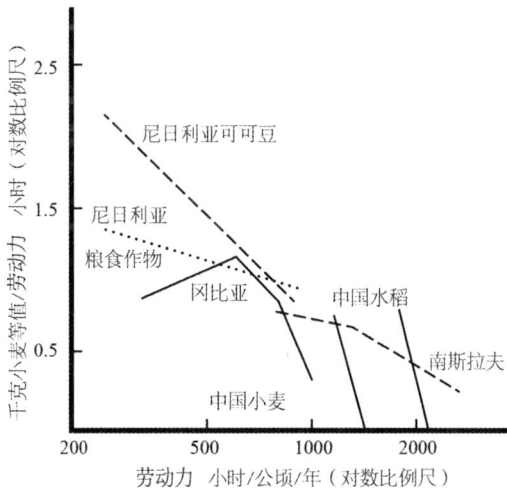

图 3　农业生产的边际回报

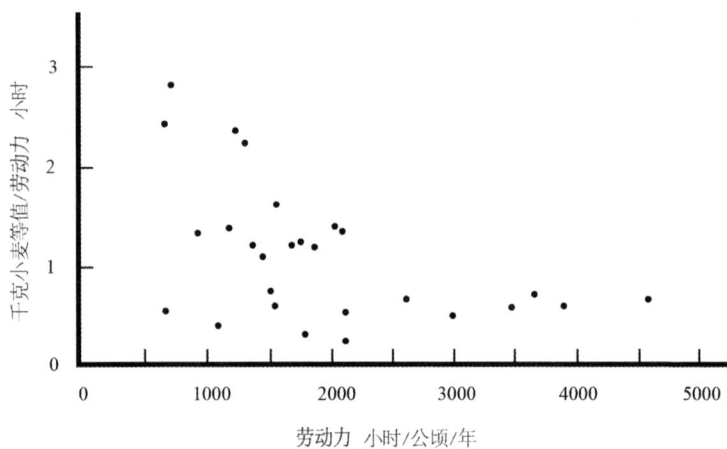

图 4　牙买加1954年至1955年农业生产平均回报

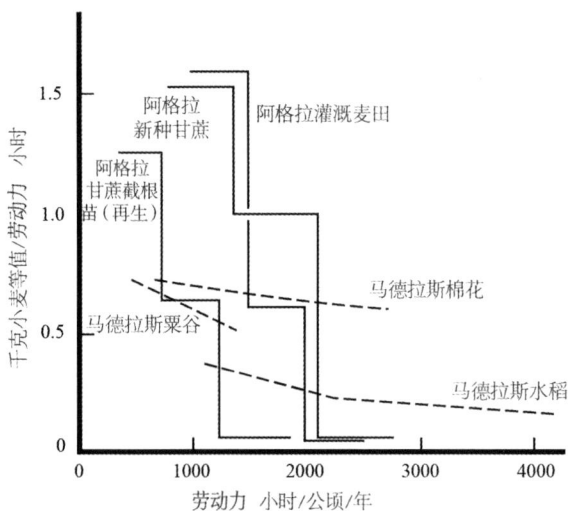

图 5　印度农业生产的边际回报

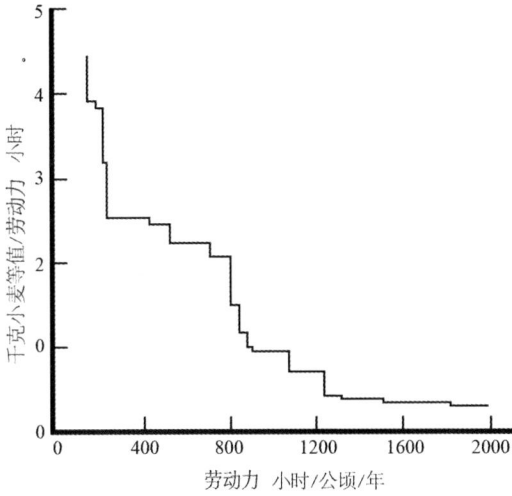

图 6　希腊北部农业生产的边际产量

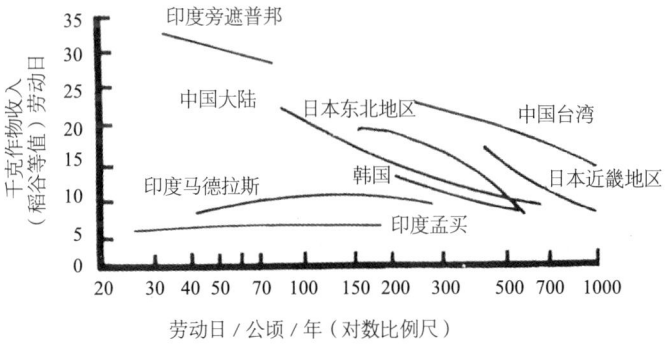

图 7　亚洲农业劳动产量

视作减少土地出产中人力和马力竞争的有效方法。

弗雷德·贝特曼调查了 1850 年至 1910 年美国奶制品工业劳动效率的变化情况。这段时间没有重大的科技突破，但出现了其他的变革。第一是制酪业普遍将生产月份延长至冬季，第二是奶牛饲养方法的改进，第三是增加了严格的卫生标准。所有这些都要求奶品业付出额外的劳动力支出，但产量并未按投资比例增长。如表 1 所示，1850 年至 1910 年单位劳动力的奶制品产量下降了 17.5%。

表 1　美国 1850 年至 1910 年奶制品业生产率

年	每头牛平均年产量（磅）	年度总劳动时间（小时）	每 100 磅牛奶总工时（小时）	劳动力小时的牛奶产量（磅）
1850	2371	77.04	3.25	30.78
1910	3570	140.60	3.94	25.39

还有，人类物种作为一个整体在综合营养方面所作的投资也会达到一个拐点，超过这个点之后，更多的、旨在延长寿命的投入都会出现边际收益下降的局面。图 8 展示出营养层次与预期寿命的非线性变化关系，故以长寿为目的的营养投资的产量，将随投资的增加而出现下降趋势。

复杂社会还要依赖除农作物之外的其他资源的生产而生存。能源和矿物的生产，如现代工业社会所深刻意识到的，遵循的是一条与生存农业相同的产量曲线，并且是出于类似的原因。最初被人类合理利用的燃油资源、最初被计划开采的地下矿藏，都是能够以最经济的手段开发的资源，即最丰富、最易取、最方便用于目前之需的资源。当后来人们必须以相对耗资更多的手段才能

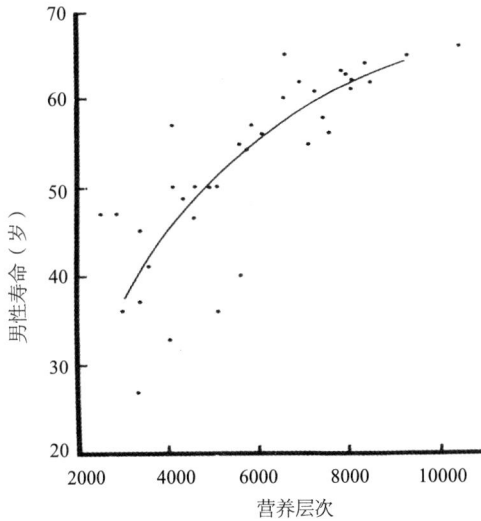

图 8　通过热量吸收来延长寿命的结果（产量）

获取自然资源的时候，资源开发的边际回报便自动下跌。

英格兰煤炭经济的发展是一个恰当的例证。威尔金森在他的论著中表明，英国的几次人口激增（1300 年、1600 年和 18 世纪末）都导致农业和工业的强化发展。为了给增长的人口提供日常燃料和农田空间，人们不断地砍伐森林，到中世纪末期，森林越来越少，人们基本的取暖、做饭和制造业需求再也无法通过燃烧木材得到满足。于是人们开始逐渐地、明显不大情愿地转向对煤炭的依赖。煤炭比木材开采成本高，运输困难大，而且肮脏、有污染，但绝对是退而能求的第二燃料资源。煤炭比木材在分配上更多地受到空间限制，因此必须建立一个全新的、高成本的集散系统。从获得相同的热能来看，挖井采煤要比采伐木材贵得多，而且当易采煤矿开始枯竭的时候成本就更为高昂。采矿必须越掘越深，直到地下水喷出造成了严重问题。最后，蒸汽机出现了，被用于从矿井泵水。美国早期部落的某些地区也曾经历过类似的森林消失的历史进程。

能源运用上从木柴到燃煤的最初转型增加了单位热能产出的成本，可惜的是，大量有关能源投资回报的珍贵数据直到近代才有。现代数据不仅表明产量下降的量变趋势，而且证明了边际回报递减的持续状态。物价上涨指数调节后的数字演示，1960 年每 1 美元的能源生产投资能出产约 225 万个 BTU[①]。到 1970 年，产量降至 216.8 万个热量单位，而到 1976 年，同样 1 美元却只能出产 184.5 万个热量单位。世界上的消费者不需要看到这些数字就知道，能源和矿物出产是遵循着那条边际回报递减经典曲线的。

信息处理

大量的信息处理是复杂社会的一个基本特征，事实上，信息处理的需求可能是复杂社会最初诞生的原因之一。然而信息处理的成本，在许多领域，也呈现出一种边际产量递减的趋势。

格雷格里·约翰逊在 1982 年用图例表明，随着社会团体的规模增大，信息交流的压力也以更快的速度增加。信息处理的能力一直会增强，直到抵达其极限。超过这一极限点，信息处理的效率开始降低，于是必须付出更大的代价，结果却是效率和可靠性的降低。这种情况下，负责信息处理的阶层化体制就可能得到发展。

---

① BTU：British Thermal Unit，等于在一个大气压下把一千克的水提高一摄氏度所需的热量。——译注

穆尔顺着同一思路指出，当社会需要处理的信息量较小时，获取大量的信息所需成本较低。当信息量逐渐扩大，有用信息的边际成本便迅速提高，部分原因是重复性信息也在增多。

复杂社会参与大量的信息处理活动。这些活动中，那些从事数据收集的领域——研发领域、教育领域和信息渠道开发与维护领域——可能与目前的研究有关。这些当然不是复杂社会信息处理的仅有领域，只是最根本的领域而已。

美国在研发领域的边际产量呈现出一种令人担忧的趋势。图9清楚地表明，随着1900年～1954年美国科学家、工程师和技术人员的增多，他们的产出（反映在专利数量上）却急剧下降。更有甚者，相对人口数量来讲，美国专利的应用数量在1920年之前一直呈上升趋势，此后便开始下降。1941年～1961年的专利申请数量，相对于研发的人力和资金投入来说，也出现了明显的减少（图10）。

初看上去，这些图表似乎已表明研发投资的边际回报在下降。但这里仍有必要稍加探讨，来展示情况为什么会是如此。弗里茨·马克卢普，即数据和图表的提供者，提出了三种可能导致专利下降的因素。（1）科学发明数量减少；（2）专利性发明的比例下降；（3）人们申请专利的意愿降低。其他经济学家也提出类似的观点。马克卢普还指出，专利数目下降的重要原因是军事研发力量的成长，而军方的研究成果一般不能申请专利。

尽管有马克卢普的谨慎分析，但若干研究结果均表明，研发的产量的确在下降。这里仅举一例。图9的数据显示，大约从1920年起，专利申请数量和人口总数与科技人员总数相比一直呈下降趋势，这是远在第二次世界大战及之后的大量研发力量投入

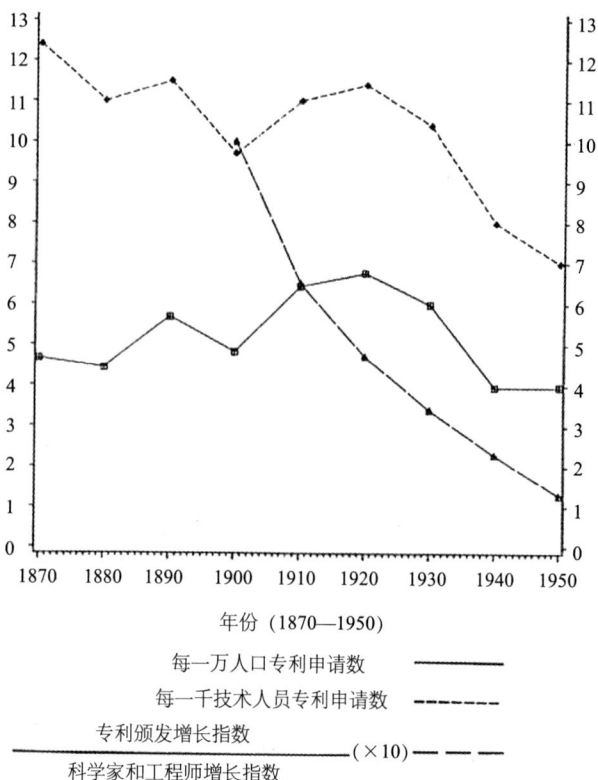

图 9　专利的申请和颁发与人口和科学家、工程师人数关系比，1870 年至 1950 年

之前。更值得注意的是，从 1900 年起，专利申请量相对于科学家和工程师总数来说也在持续下降。雅各布·施穆克勒收集的一些数据表明，除政府出资的项目外，1930 年～1954 年，工业企业的科研人员增长了 5.6 倍；而在 1936 年～1940 年和 1956 年～1960年这两个时期内，企业申请的专利数量却只增长了 23%。

　　还有，问题并非只出在美国。埃文森在一项针对 50 个国家（许多并未在军事研发上作出重大投资）的调查表明，几乎

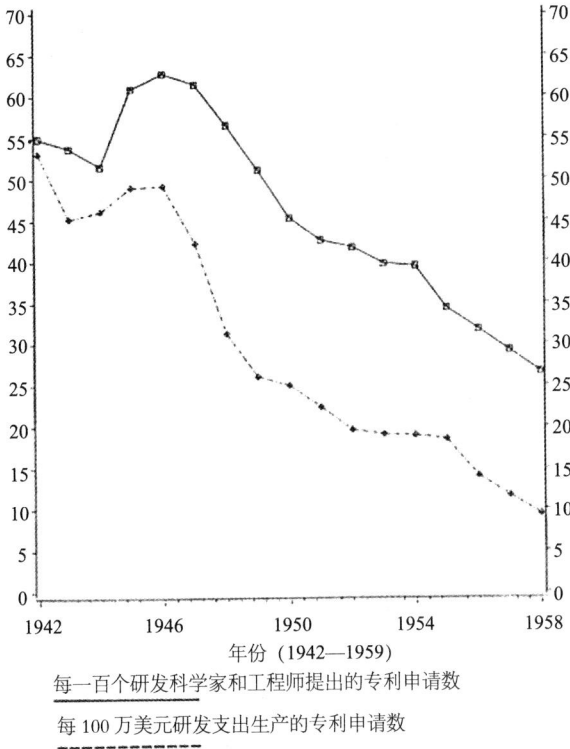

图 10　专利的申请和研究投资关系比

所有国家的科学家和工程师（单位个人）的科技产量在 20 世纪 60 年代后期至 70 年代后期都在下降。在美国和日本，在 1964 年～1980 年期间，专利和生产投入之间的比值在各工业领域普遍呈下滑趋势。在美国，从 1964 年到 1978 年，每个科学家和工程师的研发开支年增长率是 0.47%，而专利数却以年度 2.83% 的速度下降。日本也出现了类似的现象。

　　还有其他数据表明工业领域科研成果的产量递减。霍内尔·哈特展示了许多（与军事研发基本无关的）领域专利申报率先增长后衰落的持续模式（对数曲线）。这些领域包括飞机、汽车、收割机、电动仪表、无线电、缝纫机、纺纱机、乘式犁[①]、电报、电话、打字机和编织机。他还注意到在西方世界重大发明和发现中，在英国 1751 年～1820 年和 1821 年～1938 年间登记的专利中，都明显具有同样的模式。

这样看来，军事研发并不足以导致专利申请率下降。再者，下降趋势扩散到如此广泛的领域，延续如此长的时间，用"申请专利的意愿降低"很难解释。近来的研究成果证明，在研发和专利之间事实上存在着强烈的正比关系。专利统计数字似乎可以作为衡量发明成果的一个可靠标志。

看来研发成果的生产确实出现下降趋势，虽然研发投资在不断增加（从 1920 年占国民生产总值的 0.1% 到 1960 年的 2.6%），而投资的边际产量却在下跌。尽管有人对此仍持异见（如克拉克等），但许多经济学家都认可了这一趋势。

医学的研究和应用为科学领域中边际回报递减的规律提供了另一个例证。衡量医学发展的成本和收益相对比较困难，但有一个确定的指标，那就是人的寿命。不幸的是，在医疗保健领域的大规模投资并没有得到使人的寿命同比增长的结果。1930 年，美国投入国民生产总值的 3.3% 于医疗保健，当时美国人的平均寿命是 59.7 岁。而到 1982 年，相当于 10.5% 的国民生产总值的投入也仅仅使美国人的平均寿命升至 74.5 岁。图 11 展示了上述年间边际回报的下降模式。从图中可以看出，1930 年～1982 年，

---

① 乘式犁（Sulky Plow）：一种可坐在马上犁地的农用工具。——译注

美国国家医疗保健体系的出产率下降了 57% 以上（据沃辛顿的研究和 1983 年美国统计局公布的数字）。事实上，医学科学产出的降幅可能更大，因为营养条件和卫生设施的改进对延长寿命的作用尚未被计算在内。

让人感到惊异的是，教育投资同样呈现出边际产量递减的趋势。首先，复杂社会必须处理大量信息，必将面临教育投资成本的增长。1870 年到 1960 年间，18 岁~21 岁的美国人接受高等教育的比例从 1.7% 增至 33.5%。还有，对高等院校的投资在国民生产总值中所占的比例也在增加，从 1900 年的 0.26% 增至 1960 年

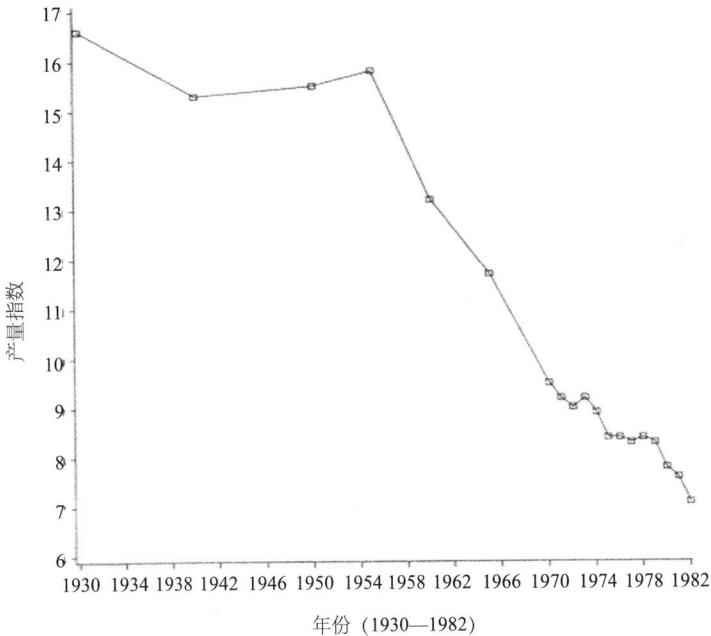

年份（1930—1982）

图 11　美国医疗保健体系 1930 年至 1982 年生产率（据沃辛顿数据和美国统计局数字）。产量指数 = 人口寿命 / 医用投资占国民生产总值的百分比。

的 1.23%（图 12）。1900 年时学生与教师的比例是 2.8∶1，到了
1958 年这一比例变为 9.5∶1。与此同时，越来越多的学生选择了
课时更长、专业性更强、费用更高的课程（图 13 和图 14）。全国
的高等教育成本——无论是实际值还是相对值，都已明显增加。

但这些增加了的高等教育投入是否能带来哪怕是相等的（而

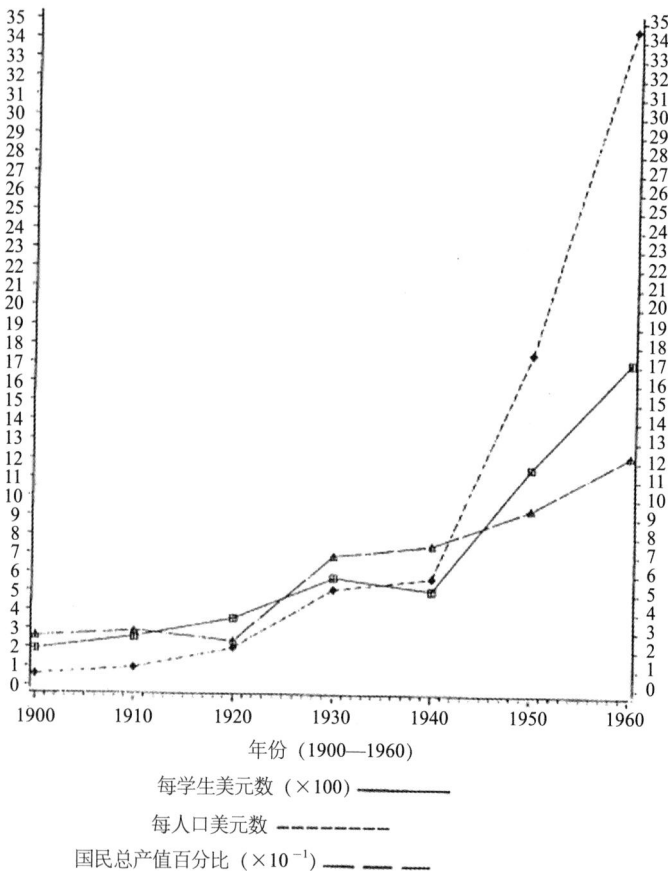

年份（1900—1960）

每学生美元数（×100）————

每人口美元数 ----------

国民总产值百分比（×10⁻¹）— — —

图 12　美国高等教育支出，1900 年至 1960 年

非更大的）投资回报呢？教育领域的投资回报很难估算，多数人恐怕都会认为这个问题的答案应该是肯定的。但我们可以从若干方面来观察教育投资，结果证明教育投资并没有带来更大的边际回报。学生的在校时间增多，学业更加专业化，学习的整体投入增加，带来的却是普遍效益的降低。人的最大数量的知识摄入是在成年之前完成的，早期的学习主要以基础知识为主。后期的学习是建立在早期习得的基础知识之上的，因此基础知识的学习收

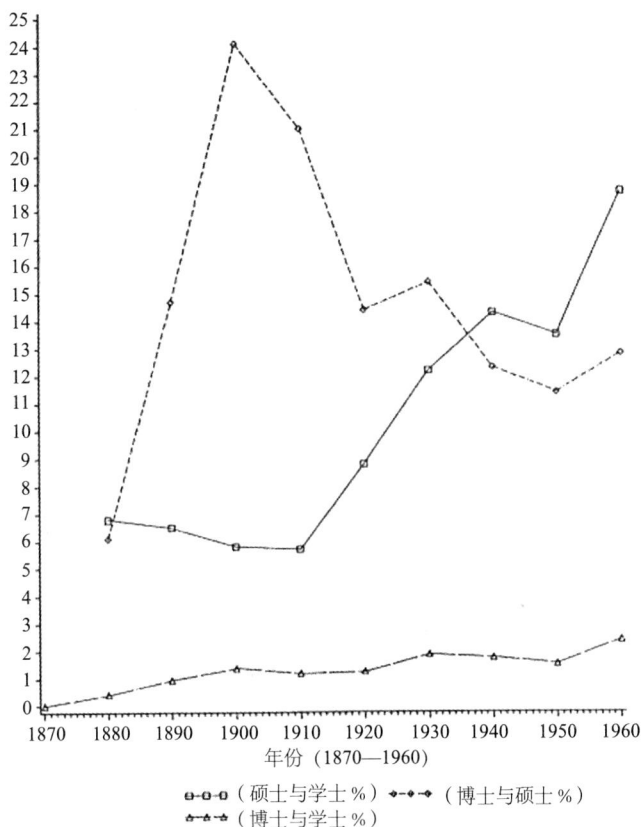

图 13　美国教育的专门化程度，1870 年至 1960 年

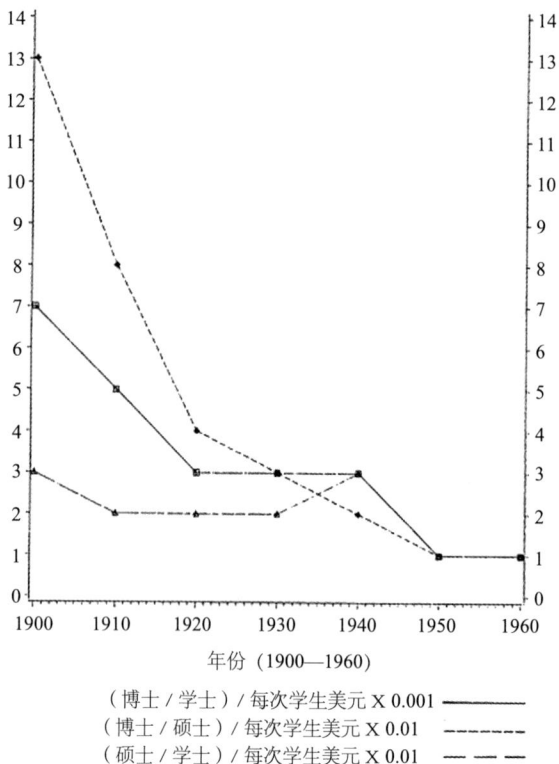

图 14　专门化技能教育投资的整体收益率

益包括了专业知识的学习。从整体上讲，基础知识的获得在价值上要高于专业知识的获得。

　　更值得注意的是，早期基础知识的学习是以相当低的投资成本完成的。马克卢普收集的数据表明，在 1957 年和 1958 年，在家中接受教育的美国学龄前儿童花费了 4,432,000,000 美元（按母亲放弃的收入计算），而 0 至 5 岁的儿童每年创造的产值为 886,400,000 美元。小学至高中的费用是 33,339,000,000 美元，6～18 岁的学生每年的产值是 2,564,538,462 美元。学生人数比普通教育少很多的高等教育的费用为 12,757,000,000 美元，假设学生平均在校时间是 5 年，则每年为 2,514,000,000 美元。换句话说，全国一年教育资金的成本从最基础、最有用的学前教育到获得最专业知识的大学，增长了将近 284%。如果考虑到上大学的人数毕竟只占适龄人口中的一部分，那么实际的增长率还会更高。

图 14 呈现出类似的情况：自 1900 年起，用于培养专门化技能的高等教育投资的整体收益急剧下降。普赖斯在论述科学家教育时曾证实，培养更多科学家的结果是那些拥有平均技能的人在数量上的增长比他们在效益上的增长速度更快。所以，专业教育的投资增加带来边际回报和平均回报两种效益的下降。

1924 年，斯特鲁米林在苏联收集的一组教育学数据揭示出一个实证模式，该模式表明教育投资的边际回报随教育年限的增加而下降。据他统计，一个苏联工人头两年所受的教育可将其生产效率每年平均提高 14.5%，但第三年所受的教育只在原有生产率基础上增加 8%，而第四至第六年的教育则仅仅比先前每年增加 4% 到 5%。

这些例证表明，因为复杂社会在培养专业人才时必须进行资源投入，因此必然要付出各种代价。各专业领域的工作对满足复杂社会的需求至关重要，但我们不能说教育投资的成本和收益会同比增长。事实正好相反，教育培训的专门化程度越高，涉及社会体系的领域就越狭窄，对社会整体而言成本也就越大。还有，专业化培训所得的收益同样归属于作为其必要前提的基础教育。从其他方面讲，专业化培训的成本同样很高，即便是专业人员若遇到未曾涉及的领域恐怕也难以完成任务。许多专业性很强的工作是有时效性的，专业培训上的投资可能大部分都要浪费。当代工业领域的各类转型给专业人士造成的影响悲剧性地证明了这一点。

于是，从投资回报来讲，一个社会通过基础教育来满足其需求所获的价值，要高于一个社会依赖于专业化培训所获的价值。随着复杂化和专业性增强，教育的成本也会增加，而边际产量则开始下降。

复杂社会必须在信息渠道的开发和维护上进行大量投资。我们不可能用现有数据证明这种投资会导致边际产量下降，但数字可以表明这是一项不断增加花费的活动。1940 年～1957 年，美国广播和电视服务的开支从国民生产总值的 0.57% 增至 1.00%。1880 年～1958 年，电话运营收入在国民生产总值中所占的比例从 0.03% 升至 1.73%。这些数字中有一点值得特别注意，那就是当一个领域（如信息处理）需要增加它在社会现有资源（一般是指国民生产总值）中的分配份额时，其他领域所能分配到的份额必然自动下降。

社会政治控制和阶层特殊化

在复杂的社会中，阶层特殊化的边际生产率不断下降，这是一种反复出现的、似乎是不可避免的趋势。这种趋势分布范围很广，以至于所有民主国家的政治生命都建立在争取选民的基础之上。这使我立即想到诺斯科特·帕金森——他的著作以最为有效的方式幻化出官僚体制日渐臃肿、不断攫取纳税人的财富、创造的价值却日渐减少的图景。尽管他的大多著述都有些流于表面，但也编入了许多统计数字来支持自己的观点。如表 2 所示，1914 年～1967 年，英国海军主力舰的数目减少了 78.9%，在役官兵的数字减少了 32.9%，造船厂工人减少了 33.7%。但就在同一时期，造船厂官员和职员的数量却增加了247%，海军部的官员增加了769%。表3显示1935年～1954年英国殖民部的官员数量增加了447%。当然，与此同时，这些官员治理下的大英帝国却在规模上大幅缩减。

表2　英国海军部统计数字，1914年至1967年

年代	主力舰	皇家海军官员和士兵	造船厂工人	造船厂官员和职员	海军部官员和职员
1914	542	125,000	57,000	3,249	4,366
1928	317	90,700	62,439	4,558	7,729
1938	308	89,500	39,022	4,423	11,270
1948	413	134,400	48,252	6,120	31,636
1958	238	94,900	40,164	6,219	32,237
1964	182	84,900	41,563	7,395	32,035
1967	114	83,900	37,798	8,013	33,574

表3　英国殖民部的官员数目

年代	1935	1939	1943	1947	1954
官员人数	372	450	817	1139	1661

帕金森还在其他论著中指出，税收增加到一定程度之后就会出现边际回报递减。出现这种状况的原因有二：一是纳税人想方设法逃税，因此需要更深层次的官僚体制来强化税收政策的实施；二是物价上涨因素导致税金逐渐贬值。帕金森认为，国家的税收增量若超过20%，税收的边际回报就开始下降。众所周知，这种观点明显会触发政治论争和经济论争。

帕金森认为是官僚的自私导致了阶层特殊化投资的边际回报递减。不管是否有人认可，这种阐释都过于简单。本迪克斯收集了多个国家的私营企业的数据，展示了私营领域阶层特殊化逐渐增强的模式，它和帕金森在公共服务领域研究中呈现的模式同样重要（图15）。很明显，在经济成长完全依赖于企业效益的私营领域，人们无法将这一模式归结于自私自利或低效率。复杂社会必须将大部分人力和资源应用于企业管理，这是因为（如第二章所述）社会复杂化的增强要求有更高的信息处理能力，以及在更大程度上协调冲突各方的能力。

政府投资的公共服务产品也受到边际收益法则的制约。莫林

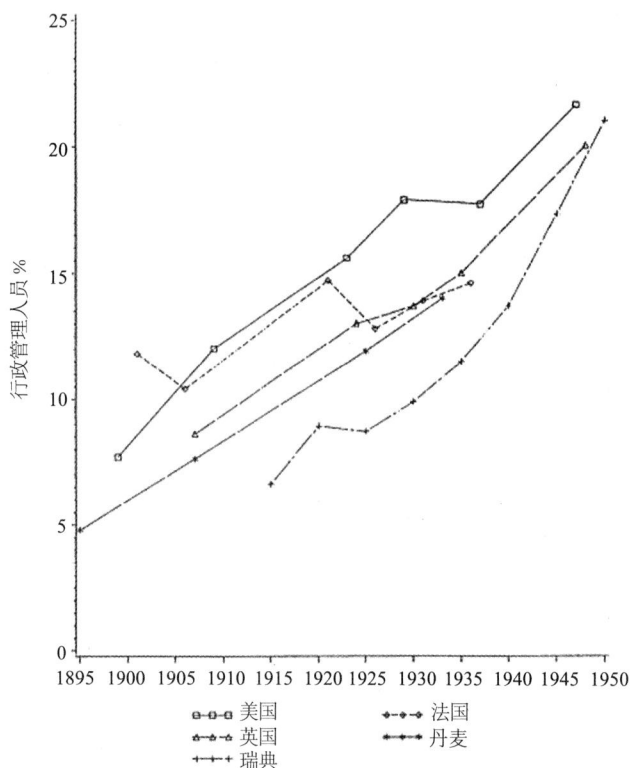

图 15　五个国家在相同年代拥有管理人员与生产工人的比例

曾经表明，随着高速公路里程与普通公路里程之间的比值增大，投资高速公路的边际收益将会急剧减少。

整体经济产能

拥有大规模发达经济的复杂社会历来只能维持较低的经济增长率。后来者的经济增长率一般要高于先行者。表 4 证明，中等收入国家的经济增长率更高，其次是高收入国家和低收入国家。克里斯腾森由这些数据推论，随着时间的推移，经济增长的速度将趋于缓慢，如图 16 所示。这样一种趋势表明，经济更为发达的社会将面临一种饱和状态，即推动进一步增长的国民总产值将趋于下降。

表 4　经济增长率的变化

人均国民生产总值（GNP，1967 年美元值）	人均年 GNP 增长百分比，1960～1970
1801 或更高	3.4
1101～1800	3.5
700～1100	6.5
401～700	4.4
201～400	2.9
101～200	2.6
100 或以下	1.7

尽管有些研究者坚信技术革新将促进经济生产，但另有数据表明，技术革新通常也遵循边际产量下降的曲线。图 17 显示出蒸汽机因增加热能效率而使燃料消费减少的情况（18 世纪初至 20 世纪中叶）。在这样一个领域，当收益逐渐消失时，技术革新的步伐就会放缓。对蒸汽机来说，随着热能效率的不断提高，所

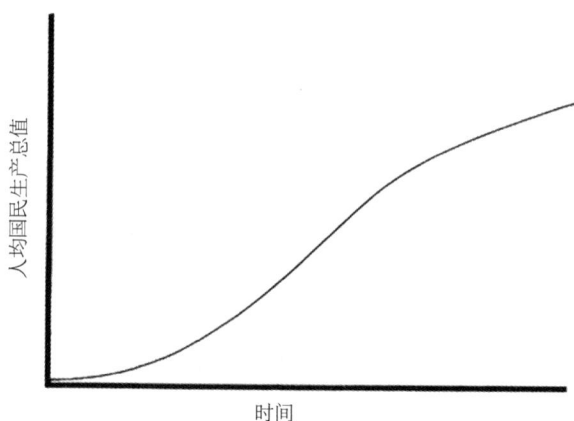

图 16　人均国民生产总值（GNP）增长曲线

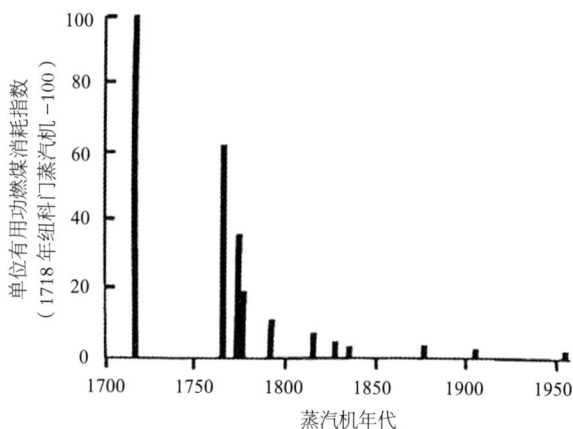

图 17　蒸汽机因提高热能效率而导致燃料消耗的降低

剩的节煤空间就会减少。如今即使将热能的效率得到成倍提高，每台机器节省的燃料也不如 18 世纪只提高 10% 的热能效率，实现节煤的目标在当今要困难得多。

　　佐罗塔斯曾探讨工业主义产能增长造成社会福利水平下降的

情况。为在一定程度上论证这个观点，他指出，1950 年～1977 年美国人均产值增长 75%，但工人每周的工作时间只减少了 9.5%。

理解复杂社会的边际收益递减现象

有鉴别力的读者可能对上一节的论述提出质疑。人们可以说，这里使用的边际产量下降的例子都经过精心挑选，而技术革新在解决这些问题中的作用并没有充分考虑。事实上，以上论述只是就复杂化不断增强、过度索取资源和整体经济增长等各种情况下普遍存在的问题提供了一些例证。但是这并不意味着所有的经济发展都遵循同一条曲线，也不意味着复杂社会的经济发展进程仅仅遵循回报递减的唯一法则，同样也并不意味着某些具体领域出现的递减趋势完全无法避免。然而，凡是这一法则发挥作用的领域，就会出现严重的后果，这才是我们需要关注的情况。科技革新的作用是另一个问题，稍后再进行论述。这里若能认识到一个事实则足够了：技术革新至少在某些领域会随着时间的推移出现边际产量下降的趋势。

如果能说明为什么会如此，我们就能更充分地展示复杂社会通常面临的投资收益下降的现象。

农业和资源生产

为什么强化农业发展和资源生产会导致边际产量下降？其中的原因相对容易解释，因为有鲍塞罗普、克拉克和哈斯威尔的研究成果。简单地说，有理性的人类团体一般会首选那些平均投入回报率较高的资源，并能以此满足人口的需求。如果情况真是如此，那么随后开拓资源的任何行为都必然朝使用代价更高、处理更难的方向发展，边际劳动产量和其他投入的产量就会随之下降。狩猎者和采集者首先采集营养价值较高、容易得到和容易处理的食物，然后再寻觅较次一级的食物。人类使用节省人力、可以用粗放模式管理的土地资源在先，如狩猎和采集，然后再开发耗费劳动力、精耕细作模式的土地资源，如农业生产。在那些从事农耕生产的人当中，粗放模式同样先于精耕细作模式被采用。在精耕细作的农户中，以单位回报计算，耗费劳动力较少的生产要先于耗费劳动力更多的生产。

在资源利用的其他领域，矿物和能源形式可以按勘探、提取、处理和使用的难易程度进行排列。综合因素下排位比较高的资源将会被首先利用，而当排位高的资源不再充足时，人们就会去探索二类资源。英国和美国在资源利用上从木材到燃煤的转换可以充分证明这一点。在当代石油业，以更深层次的回收技术探取难度较大的石油储藏，只能带来更高的资金成本而没有更大的能源价值。

这些论述中当然有模糊领域。若说人类永远会用理性的经济头脑指挥其行动，那是一种不够明智的假设；而就算人类努力运用经济思维，现有的信息也未必能确保其一定成功。再者说来，人类的一些行为并非完全出于直接的经济理由，但无论如何，这些行为将会耗费资源。追求遥远、昂贵、稀有的物品是一个现成的例证。

这样的不确定因素很好解释。一个族群无论获取了何种资源，无论以什么理由，最终可能都会遵循收益递减的法则。随着人们对日用品的需求增强，产量的增加会在某一拐点表现为资源枯竭或廉价资源的短缺。到那一时刻，人们就必须付出高额投入，并面临边际回报递减的局面。

就目前的研究目标来看，这里没有必要反驳人口增长作为强化资源生产唯一动力的说法。毫无疑问，在通常情况下，人口增长的确是重要因素之一，如中世纪后期的英格兰，但其他因素同样推动了人类日常需求的增长。

信息处理

为什么信息处理领域通常会出现边际回报下降的现象？为什么教育投资、研发投资却导致生产率的下降？这是两个领域的问题，但答案其实非常相似。

前面曾谈到教育投资的问题，这里再做简单的概括。人在早期所受的基础教育最具长期性和普遍性价值。青少年时获得的知识相对来说成本最低，此后接受的专门化培训的成本更高。专门化培训所得的收益可能只适用于社会的某些特殊领域，而成本却分布在整个培训过程当中。在需要灵活性的时候却被僵化的专业体制所限制。因为专业培训的收益至少在一定程度上依赖所由起步的基础知识，所以基础知识的收益永远大于专业知识的收益。一个通过基础知识满足其需求的社会，将会比一个依赖专业教育满足其需求的社会获得更多的边际收益。

研发领域的情况基本类似。同教育领域一样，专业化科学知识的获得依赖此前学到的基本原理。在一个科学领域中，早期的学习获得了该学科的基础知识、学科特点、研究范畴、主要问题所在，等等。尽管早期获得的大多知识可能会被后来的学者推翻，但其中孕育着日后的变化和发展。于是，一个科学领域的早期基础成果也包括了后来专业研究中获得的全部知识。所以——同样是不言而喻——专业研究的收益将永远不会超过早期基础研究的收益。历史上各个领域中最著名的实践者通常是那些探索开发一个领域并最终为其奠定基础框架的人。爱因斯坦式的物理学家、达尔文式的生物学家、马克思式的社会学家，若不能在其各自领域中探索最初的变革，将永远不会赢得他们的威望和影响力。

　　然而科学并不是一个积累的、线性的进程。更新思想、改换形式、彻底废弃前功是科学领域常见的现象。在新的思想派别于科学技术革命中诞生的时候，一个全新的、具有普遍意义的平台已经形成，后代更具专业性的研究将在此基础上建立。从基础的、应用性最广的科学，到专业的、领域最狭窄的科学（科学发展的历史特征）的过渡，在库恩所说的革命、范式形成、范式应用和革命循环中反复被复制。因此可再次强调，知识投资的最重大、最持久的收益来自开创范式的基础理论，而完成此项进程的科学家们一般比那些从事派生研究的继承者更受人们瞩目。

　　罗斯托画过一条曲线，就是有关各科学分支中边际产量的特定曲线。如图18所示，罗斯托预言各个独立的学科领域都将出现边际产量先升后降的趋势（尽管他也确信科学生产的边际产量在整体上讲会持续攀升）。萨托和苏萨瓦也对技术进步提出类似观点，即技术生产具有研发投入收益递减的新古典主义的标准特征。

　　从科学发展史的整体角度来看，专门化、派生化研究的收益是在支付更大成本的前提下获得的。这个成本对最初支持科学研究的整个社会来说基本是微不足道的。普赖斯曾说过，在许多情

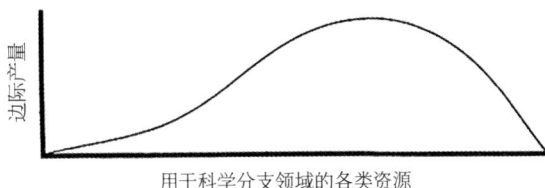

图 18 一个科学分支领域的边际产量

况下，"社会几乎是壮着胆子才允许科学家们存在"。一般来讲，如在古地中海地区或中世纪欧洲，这些成本无非就是养活几个自然学家或数学家和他们的学生，或者就算支持了那些同时也从事科学探索的宗教界人士。

与此不同的是，如今的科学研究往往需要复杂的机制、高级的技术和大型跨学科研究团队。成本高昂的科研活动能产出令人震惊的科技成果，但不能说这些成果就比那些早期的、成本低廉的基础科学成果具有更高的价值。举例说，在令人注目的现代旅游科学中，人们很难说旅游科技的发展成果在价值上一定高于车轮研制或水运工具或蒸汽机的成果。将人类送上月球这样的新闻令人震惊，但它并不比几何学原理或万有引力理论的发现更为重要。无论遗传学工程多么重要，这一复杂学科的收益必然永远部分归功于乔治·孟德尔几乎不需要任何成本的研究工作。

当代考古学研究为我们提供了一个非常有用（就算轶事般）的例证。在 19 世纪至 20 世纪初这段时间，美国的考古学是一个低成本的基础学科，最初仅由个人、地方兴趣协会和慈善机构资助。19 世纪国家开支中分配给考古学研究的基金很少。至 20 世纪中叶，联邦资助（主要通过"国家科学基金会"）才开始大幅度增加。20 世纪 70 年代和 80 年代，联邦政府针对土地开发问题提出了强制性保护遗址和恢复考古数据的政策，来自国家和个人的资助曾呈指数性增长。美国在过去 15 年投入到考古学研究的资金超过了以往任何时期。

这些资金给我们带来了超越（甚或等同于）早期低成本研究的更多成果吗？虽然这个问题无法从量化的意义上回答，但许多专家觉得答案应该是否定的。早期考古学研究奠定了该学科研究的基础框架，确定了区域变量和时间变量，建立了最初的历史年表，并卓越地规划出进一步探索的基本路线。一位名为金的批评家还断言，拥有雄厚基金的考古学至今尚未解决该研究领域的任何重大问题。这里有必要回顾一个相关论点，即当代有关国家起源的主要观点基本都沿袭两千年前就已提出的论断，当代成本甚高的学术研究居然没有就这类古代问题寻找出一个令人们普遍接受的答案。

这究竟是怎么一回事？是考古学家更看重物质利益而忽略了知识生产，还是我们只不过在从事一种缺乏想象的、搅拌器式的职业？这些特征可能适用于一些研究者，但并不能解释目前缺乏学术突破的现象。答案是考古学遵循了其他学科走过的路线，已经变得高度专业化和高成本化。更有甚者，今天人们面临的范围狭窄、细节精深的科学问题比过去的问题更难解决——例如今天的考古学要求更高标准的实地考察和复杂分析。但也许更重要的理由是在任何领域，每当一个已有的问题得到解决时，破解剩余问题的成本就会增大。

我们必须承认这种观点过于简化，因为在一个科学领域中，不大可能存在确定的、期待解决的"库存"问题。然而这一观点仍具有说明性价值。由于更基础的知识是在一个学科历史的初级阶段建立的，剩下要做的只有更专门化的工作。这种工作一般成本更高且更难解决，增加投入就会带来边际收益的下降。因此，当代考古学研究看上去成果不大，不是因为研究者本身低能低效，而是因为他们被迫去对付越来越复杂的问题。当考古学家主要面对事实性问题（什么、哪里、何时）的时候，得出答案的成本并不高，但如今人们通常面临的是阐释文化进程等难度较大的问题。

这大约才是研发领域成果减少的主要原因。当代科学在整体上（虽然某些领域总会有相反趋势）生产率下降，因为科学变得越来越专业、投入成本越来越高，成本低的科学问题已经大部分穷尽。万有引力原理和自然选择学说不再等待着人们去发现。它们已经被更复杂的研究热点（如太空探索和遗传工程）所取代。如麦凯恩和西格尔所说，如今靠雷雨中放飞风筝或凝视家中自制的显微镜已经不大可能推进科学的发展。

伟大的物理学家马克斯·普朗克在一项被雷歇尔称为"普朗克投入增长定律"的陈述中指出，"（科学）的每一点进步都增加了这一事业本身的难度"。解决比较容易的问题之后，科学必然向更复杂的研究领域推进，规模更大、成本更高的研究机构会逐渐增多。至少在一定程度上讲，这就是美国的国防开支（重点支持高科技研发）从 1913 年占国民总产值的 0.7% 增至 1970 年占国民总产值的 10% 的根本原因。"随着科学在其特殊分支领域内的不断发展，"雷歇尔写道，"若想进一步实现任何本质意义上的科学突破，都将面临整体资源成本的明显增加。"所以从 1966 年到 1971 年，美国国立卫生研究院平均项目"定值美元"（constant dollar）的支出增加了 13%，但在研究成果上没有出现相应明显的增长。事实上，科学研究在规模和成本方面的指数增长若能维持成果的恒定增长就算是必要投资。所以如普赖斯在1963年所说，科学的发展速度比人口增长和经济增长都要快。

这样看的话，美国医疗保障体系的增长率下降问题就得到了合理的解释。雷歇尔指出：

> 在较高层次的科技探索一旦完成之后，人们必然转向成本更高的探索层次……在自然科学界，我们卷入了一场科技领域的"军备竞赛"，每一场胜利，都给未来取得任何新的突破增加了难度。

医学界的成果减少是因为那些"廉价"的疾病总是先被征服（发现青霉素的基础研究所花的费用不超过2万美元），针对那些尚未被攻克的疾病的研究则变得难度更大、代价更高。还有，随着代价更高的疾病——克服，人类平均寿命的边际增长就越来越慢。为了征服新型疾病——如后天免疫功能缺乏综合征，人类耗费了巨大的投资，目的就是试图防止平均寿命缩短。

社会政治控制和阶层特殊化

行政控制和特殊化是复杂社会的根本。为什么社会在其复杂化方面所作的投资会出现边际收益下降？原因如下：（1）官僚阶层的规模增大；（2）官僚阶层的特殊化程度增强；（3）组织性解决方案的累积；（4）税收增加；（5）政权合法化的代价变大；（6）安内攘外的成本增加。这些原因都是交织在一起的，所以我们放在一起论述。

　　人类社会的进化一直是一个付出代价从低到高的进程。如本章开始时所述，社会复杂性层次越高，人均需求量就越大。在复杂化增长的整个进程中，代价较低的社会特性会首先添加到社会肌体当中，然后是代价较高的特性。于是，兼职的领导先于全职的领袖；普通的行政先于并让位于专门的行政。尽管在政治阶层化发展中有一个阶段是单人能够胜任多项行政工作，但人类社会组织的共同趋势是建立特定的行政机构来应对各种问题，并逐渐增加人口中参与行政职责的人数比例。在许多情况下，增强了的、高成本的复杂化不能带来利益的增长，增加的投入和得到的利益也并非总是正比关系。

　　如果社会复杂化的增强是为了应对内部动荡或外在威胁，那么大多数人将得不到切实的利益。军备竞赛就是一个经典例证。增加军事装备和增强军事投入是针对竞争者在相同领域投入的可能性而变化的，而增加的成本投入并不等同于更高的社会安全性。军事开支的增加通常只是要维持势均力敌的现状。军事装备的复杂化增强，军事管理的代价增大，但却很少或完全没有带来竞争优势。

　　而且，军备领域的技术投资也和所有研发投资一样遵循着边际回报率递减的曲线。技术革新变得越来越困难，获得的却是边际收益的下降。谢勒总结道，F-4 战斗机和 F-85 或 F-86 相比是巨大的科技跨越，而更新的 F-15 与 F-4 相比科技跨越程度就相对较小。

　　同样，若复杂化的增强是为了满足农业生产等层次化管理的需求，那结果很可能不会超过维持人口生存的基线，大概是能做到人均每天获得约 2000 卡路里的热量。而同样数量的人口在历

史上的某一时刻，可以获得同样的 2000 卡路里热量而无须付出
层次化管理的代价。无论是出于什么原因——人口增长、土壤退
化、气候变迁——人类最终会需要建立阶层化体制，以求扭转农
业产量下降的趋势。当这种活动出现时，人均生存标准可能会回
到基线，但这一结果的获得却付出了相当大的代价。复杂的农业
行政体系的边际产量已然下降。

组织性解决方案倾向于连续和积累。复杂的社会特性一经
形成便很少遭到遗弃。税率上涨的时候比下降的时候多。信息
处理的需求倾向于只朝一个方向发展。专业人士的数量一般来
说不会减少。现役部队很少会缩小规模。社会福利支出及合法
化费用不大可能下跌。曾经修建的纪念性建筑需要不断维护。
特权人士的报酬极少下降。所有这些都意味着，复杂化程度一
旦增强则会以指数的形式发展，永远是在其已然膨胀的规模上
再进行部分添加。

复杂社会，就其本质讲，很容易出现积累式的组织机构问
题。随着社会体系演化出更多的组成部分以及各组成部分之间的
关系更加复杂，出现问题、冲突、失调的可能性也就越大。曼克
尔·奥尔森曾有一个很好的例证，用以展示复杂化本身如何导致
更多的成本投入。当代社会中，在各项规章制度颁布之后，在税
收制度建立之后，说客们就开始多方寻找漏洞，立法者们则极
力去弥补漏洞。这些问题必须由专家来处理，对专家的需求量
就变得越来越大。发现漏洞和弥补漏洞的螺旋式循环无休止地
进行，复杂化和高成本也在不断增加。佩罗曾经指出，科技系
统中出现灾难性事故的概率增加，就是因为各组成部分之间的复
杂连接太多。因此，防止各类事故出现的投资费用也必然攀升。

任何复杂化阶层都必须用一部分资源解决其所辖人口中存在的问题，但也必须留出一部分资源来解决其自身存在带来的问题，以及社会复杂化本身制造的问题。在社会发展成现代福利国家之前，其不断增长的行政开支大约只能为公民整体提供某种表面的基本需求。而在通常情况下，甚至连这些基本需求都无法满足。

为维持社会复杂化的增长，特权阶层将更重的赋税强加在百姓头上。赋税增加到某一拐点时也会出现边际回报递减的情况。当过高的税率、更多的逃税现象以及税收带来的通货膨胀导致政府资金贬值的时候，回报率下降就会发生。

如第二章所述，统治者必须永无休止地强调其统治的合法性。合法性活动包括攘外安内、减少地区产量波动、了解地方开发项目以及为市民提供食品和娱乐服务（如在罗马帝国）。在许多情况下，政权合法化投资都将面临收益下降的趋势。特权阶层当初为收取民心采取的任何行动（提供国防保障、农业发展、公共设施、面包和马戏团等）通常到后来都成为惯例，要想收买人心就必须付出更高的代价，而统治阶层所能得到的收益却微乎其微，或干脆没有。

这一观点也许需要澄清。设想一个统治阶层必须投资某些与执政合法性相关的活动，对象却是一个政治影响较大，但又最不顺从的群体。当这个群体对各种形式的投资都习惯之后，上层必须沿此既有的方式继续投资，以维持已有的顺从现状。维持合法性的投资在不断增加，但民众的顺从性却少有改变或没有增加，合法化投资的边际回报于是开始下降。

平息都市暴乱的举措为如上论断提供了一个经典例证。为制服暴乱群体所采取的任何行动——"面包加马戏团综合疗法"——逐渐都会成为理所应当的最低要求。增加物质和精神上的投入（在罗马帝国为确保新统治者登基或旧统治者连任似乎非常必要），大约只能维持一种无暴力状态。犒赏罗马军界官兵（特别是新统治者即位后的大赦）也表现出相同的局面——罗马士兵将获得这种福利当作自己的权利。

另一种办法就是减少合法化活动，但增加其他方面的行为控制。不过在这种情况下，由于资源投入的收益下降，行为控制的投入就必须增加。尽管在这类控制体系中衡量成本和收益的量化数据非常稀少，我们似乎仍有理由推断，随着投资压力的增长，收益（以人口的顺从程度衡量）恐怕不会出现成比例的提高。比如，在1960年至1973年的美国，犯罪率整体上升了258%，但执法机构的开支却要增加332%。所以执法的边际投入在增加，而防止犯罪的边际回报却在下降。

以上的论述并不是暗示社会的演进根本没有带来任何收益，也不是说社会复杂化投资的边际收益永远都会下跌。任何一种投资的边际产量（见图1）只有在超过某一拐点之后才会开始下降；此拐点之前的收益增长快于投资增长。不过，社会在不断增加复杂化投资的过程中经常会面临边际回报下降的现象。此时，社会为扭转局势而作的重大投资将得到越来越少的回报，增加成本最多是维持现状，仅此而已。

整体经济产能

国民生产总值在增长，人均经济增长率在下降，所以随着社会经济的扩张，经济增长率将逐渐放缓。经济学家们（如克里斯腾森、罗斯托等）更多地将这一原理应用于科技知识的生产。有人提出高经济增长已耗尽了现存的所有知识，所以经济进一步增长必然依赖于新生知识的创造速度。因此，经济增长遵守的是一条逻辑曲线。中等收入的国家发展速度更快，是因为他们能够吸收其他国家开发的知识和技术。

这是一个非常有趣的视角，尽管它未必真能应用于早期复杂社会的非资本主义经济。我们也有理由怀疑，除了现存知识被耗尽之外，经济增长率下降的背后是否还有更多的原因。很可能是一个社会的边际产量下降的总趋势导致继续投资的基金不足。比如说有这样一种境况，一个社会必须面对下列任何因素的组合带来的边际回报递减：农业、矿藏和能源开采、科学研究、教育和信息处理、军事设施的规模和制造成本、固定资产（如纪念性建筑，或沟渠、桥梁等公共设施）的维护，等等。当这些领域都需要从社会预算中增加开支时，原来可以用作未来增长投资的资金就必然减少。这种状况大概更适用于一个已经经历了若干年经济发展的国家，而不太适用于一个刚刚进入发展期的新崛起国家。

经济产能的提升高度依赖于研发，而研发同任何科学探索一样可能面临边际收益递减。埃利斯·约翰逊和海伦·弥尔顿汇总了 1950 年～1960 年这段时间内 17 个科研实验室的成本记录，这些记录显示，若想使研发成果翻番，只有在投资增加 450% 的情况下才能实现。产能的提升需要技术革新，但在美国，研发投资每增加 1% 只能带来 0.1% 到 0.7% 的技术变化。而基础革新一旦实现，派生研究和革新改造将面临更高的成本和边际收益的下降。

阐释崩溃

本章开始时，我提出了有助于理解崩溃的四个概念。它们是：

1. 人类社会是一个解决问题的组织；
2. 社会政治体制需要资源来维持其生存；
3. 社会复杂性的增强伴随着人均投资成本的提高；
4. 作为解决问题的途径，对社会政治复杂化的投资通常会达到一个"边际回报递减"的拐点。

读者可以将前三点看作第四点的概念性铺垫，而第四点才是阐释崩溃的最关键部分。

一个复杂性不断增强的社会如同一个复杂的系统。这就是说，由于系统内部相互连接的部件被迫朝增长的方向发展，其他各部分也必须进行相应调整。比如，如果管理地方生存生产的机构复杂化增强，就会有资金投入到管理阶层、官僚机构以及农用设施（如灌溉系统）。不断扩大的特殊化阶层要求增加农业产量来满足其自身的需求，同时需要在能源开发和矿物开采业方面增加投资。这些活动创造的资产需要不断增长和强化的军事实力来保护，反过来又要求农业和其他资源领域再增加产出。当人们拥有的资源越来越多地为维持系统运转而不断消耗时，必然有不断增长的一块份额分配到政权合法化（或专制机构）的建设。复杂的社会需要专业执政者管理，这些专业执政者又消耗掉更多份额的生存资源和社会财富。为维持生产能力以满足社会人口需求，社会必须向农业等领域进一步投资。

　　这种论述再扩展，则可进一步探索增长系统内部各成分间的相互依赖关系，但观点已经明确：社会的复杂化增长如同一个系统。不错，社会发展中确实存在着某些领域靠其他领域支付代价而谋求自身增长的情况，但作为一个有机整体，社会系统对这种状况的容忍只是在某些限度之内。

　　现在，我们可以用"复杂化"这一概括性术语来谈论社会文化进程了，这一术语的意思是相互关联的若干子系统的增长构成了一个社会。这种增长伴随着相关的能源成本，而在石油经济得到开发之前，大部分能源成本都是人力成本。增长同样带来一系列收益，包括资源存储和集散管理，对农业、能源、矿产的投资，安内攘外的国政，信息的处理，以及公共设施建设。增长和收益与成本投入的关系通常遵循图 19 所示的曲线，即在社会进化的某一点上，将继续投资复杂化建设作为一种解决问题的手段就会带来边际回报的递减。让我们更加详细地考察这一论断。

　　上述几个段落讨论的那个泛指的社会是以复杂化的增强来应对危机。为了复杂化，它在农业和其他资源生产、社会阶层、信息处理、教育和专门培训、国防等领域都增加了投资。这些投资的成本收益曲线最初表现出可喜的增长，但当这些办法用尽、危机仍然存在的情况下就要求对复杂化做进一步的投资。投资成本最低的办法已经用过，现在的进程朝着成本更高的方向发展。社会阶层的规模变大、变复杂、变得特殊化；资源生产越来越集中在难以寻找或难以处理的物质上；农业劳动力被强化使用——而且最可能出现的一种状况就是加强军备建设以作为解决所有问题的途径。

　　这些调整措施带来了什么好处呢？一个社会除非能攫取新资

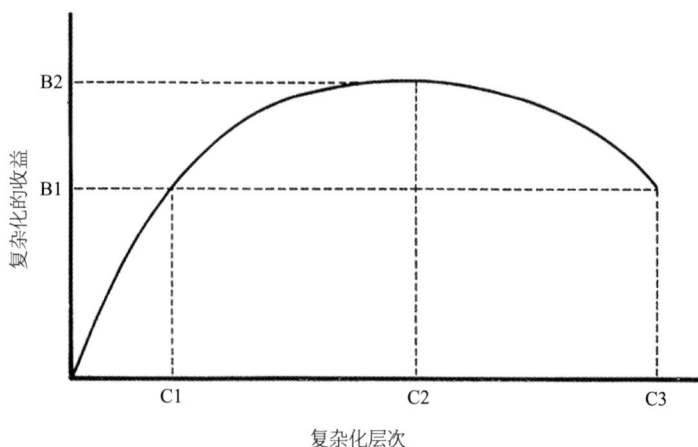

图 19　复杂化增加状态下的边际产量

源（通常以征服方式），如此类型的增加成本一般仅仅能维持现状。复杂化增强所能缓解的压力可能来自土壤退化、人口增长、外来威胁、内部骚乱以及进出口贸易可能带来的危机。复杂化增强是为了应付这些压力，而压力因素消失时，增加的投入就算取得了成果。所以，如果农业产量已不足以维持人均每天 2000 卡路里的热量，增强复杂化程度、强化农业生产可能将产量恢复到以前的水平。如果国家遭遇内忧外患，增强复杂性若能使社会恢复到以前的状态，或使边疆得到了保护，复杂化也就算取得了成功。如果某种商品供应出现危机，增强复杂性和军事冒险行动最终可能赢得更多的商品供应源，但也有失败的时候。

　　一个增长的社会文化体系最终将抵达图 19 曲线上的一个点，比如说 B1C1，此后继续进行复杂化投资也许带来回报的增长，但伴随着边际收益的下跌。当复杂社会抵达这一点时，它就进入了一个崩溃性日渐增强的阶段。

当复杂化投资开始出现边际回报递减的时候，两种普遍因素的综合作用将使一个社会面临崩溃的可能。首先，压力和动荡是任何一个复杂社会的恒定特征，绝对会爆发于国家疆土地域的某个地方。因此一个社会将开发并实施一种管理机制，专门应对地区农业产量波动、边境冲突、民间动荡等危机局势。由于这种持续不断的、地方基层的危机经常在定期内出现，因而在一定程度上可以预测并加以防范。然而天长日久，像极端气候变化和外来入侵这样的重大危机也会出现，为应对重大挑战，这个社会必须拥有某种形式的净储存。净储存的类型可以是农业、能源或矿产的剩余生产力，或之前生产的结余。没有这种储存，将无法应对危机带来的巨大冲击。

但如果一个社会在经历边际回报下降时仍在向收益递减的领域作出重大投资，那么剩余生产力在某一时刻就会枯竭，剩余存储也会被拿出来应对一时之需。于是，本来该用于应对重大变故的剩余储存将变得所剩无几或荡然无存。社会如果在缺乏当年预算的情况下应对意外，通常效益不好，而且总是对社会系统的整体造成损害。尽管危机可能得到缓解，但社会却在此过程中变得虚弱，面对下一场危机的可能性就更大。一个复杂社会一旦进入边际回报递减的状况，只需假以时日，就可能酝酿出无法避免的灾难，从而导致整个社会的崩溃。

第二，边际收益递减使复杂化不再是一个最诱人的问题解决办法。边际回报在下降，复杂化的优势终将不会（就社会整体而言）比其他低成本社会形式的优势更大。进化到高一级复杂化层次，或停留在目前层次所需的边际成本，都比选择社会解体的成本更高。

在这种状况下，解体的选择（即切断基层群体和地方机构之间的联系）对复杂社会的某些组成部分来说开始变得比较诱人。随着边际收益下降，税率就会增高，地方收入越来越少。灌溉系统无人管理，桥梁道路失修，边疆防范严重不足。与此同时，民众必须将已经紧缩的生产所得拿出更多，以支援社会阶层组织尚可完成的某些项目。复杂社会的诸多组成单位意识到另立门户的优势，并开始追求自己的目标，而不去顾及社会组织的长远利益。行为的互相依赖让位于行为的各自独立，迫使社会机构分配更多的、已经缩减的资源，用于政权合法化建设和（或）社会行政控制。

于是，当各生产部门觉得参与复杂社会体系的边际成本变得过高时，它们就会对社会上层的要求进行（被动或主动）抵抗，或干脆试图从社会整体中分离出去。无论是社会的较低阶层（农产品生产者），还是较高阶层的富裕商人和贵族（经常应邀出资填补复杂化的费用），都很容易受到另立门户的诱惑。从农民的角度来说，他们只有和其他阶层结盟时才能采取有效的政治行动。这种策略的实际运用很少，最常见的形式是不断出现的农民起义。尽管如此，当农民觉得加入复杂体系所得的边际回报过低的时候，这一阶层仍能对社会产生重要影响。他们通用的应对策略就是对社会整体利益持冷漠态度。在后罗马帝国和古拜占庭帝国，赋税沉重的农民在外来入侵的威胁下几乎没有进行有效的抵抗。

还有，经历着复杂化投资边际收益下降的各类社会，还将因无可避免的其他问题卷入一种螺旋式下降中。日趋减少的资源和日渐上涨的边际成本侵蚀着社会经济实力，公共服务必然难以为继。劳动者群体中动荡因素在增长，当局者必须从已经缩减的资源中抽取更多的部分用于合法化建设和（或）行政控制。社会生存的经济基础已经变得很脆弱，社会成员开始或主动或被动地减少对政府的支持。用于应急的资源储蓄已经消费在政体运作开支当中。最后，这个社会要么在地方实体分离后逐渐解体，要么因过于虚弱而（通常毫无抵抗地）被军事力量推翻。无论哪一种情况，社会政治组织将简化到地方资源可以维持的层次。

此时再仔细讨论图 19 就更有利了。一个复杂化不断增强的社会需要进行持续的、不断增长的系列投资，正如贯穿本章的讨论所一直强调的那样。在某一时刻，这种策略性的投资收益比将抵达 B1 和 C1 的交合点。在基本技术资源和能量资源仍可获得的条件下，边际产量在到达这一点之后便不会再增加。到达这一点之后，投资收益仍会因复杂化增长需求而在一定时间内上涨，但边际回报率却在下降。

图 19 中边际产量曲线上 B1C1 和 B2C2 之间的区域代表着复杂社会日渐遭遇的不幸和不满。社会的压力日益明显，而如果以近代史为鉴，这一时段意识形态的冲突（如发展派和非发展派的冲突）可能变得非常明显。社会系统作为一个整体在从事着一种"扫描"活动，以搜寻可以接纳的所有选择。这种扫描的结果可能是社会的某些领域开始适应新的意识形态和生活方式，也许有许多还是外来因素（如罗马帝国出现的新宗教）。这些新东西当中，有些可能被社会认为颇具敌意和破坏作用，剩下的则成为短期的时髦。与此同时，一个面临边际收益下降的工业社会可能会在研发领域增加投资（只要日趋减少的资源还允许），以寻求解决产量下降问题的途径；也可能在教育领域投资，因为人们都已准备从不稳定的整体经济中分享最大的一杯羹。税率会增加，

通货膨胀将更为明显。在抵达 B2C2 点之前，继续投资和强化生产仍能产生正数收益，但崩溃的可能性在逐渐增加。

B2C2 和 B1C3 之间的区域最为关键。在曲线的这一区间，复杂化的继续增强将带来整体收益的实际下降，因为经济体制和生存根基已经被税收等政策榨取到了产出下滑的拐点。社会的所有领域都争相摘取不断缩减的经济成果。这是一个极端危险的区域，一场强烈动荡或重大危机将严重撞击这个后备储蓄不足的社会。为提高效率，官僚机构将对社会各个层面实施严格监管，前一阶段有规律的发展也将就此终止（如在后罗马帝国）。

于是，一个社会将在 B2C2 点之后沿曲线在各点（如 B1C3 点）前后移动，但在所有这些点上，复杂化的成本在增加，投资收益在下降（与此前社会低层次的投资相比）。所以 B1C3 点上的投资收益并不比 B1C3 点上的收益更高，但人们更愿意选择后一点上的边际产量。一个处在 B1C3 点上的复杂社会面临着由解体（同样有外来威胁）而导致崩溃的严重威胁，因为社会各组成部分均意识到，它们与地方经济体联盟的策略也许带来边际产量（或无论何种概念的收益）的高度增长。由此引发的地方叛乱和农民起义进一步削弱了政体的实力。至曲线的某一点，如 B1C3，如果按伦弗鲁的"灾难论"拓扑数学法推断，社会迅速解体的可能性极高且很快就会发生。

有一个关键的问题，即在边际产量无法增长的情况下为什么没有出现平衡状态？为什么社会在已经达到成本和收益比值最佳状态的时候不能坐享其成？在相对简单的采集型经济社会，人口分布松散，经过长期发展后也许可能实现平衡，但在人口密集的复杂社会似乎很难。狩猎者和采集者在资源短缺的情况下可以分散各处，所谓危险地段的人口密度开始降低。只要能获得新的土地，农耕者通常也有类似的选择。但当人口因素、社会政治因素不允许一个人口群作出疏散选择的时候，对付危机的办法通常是更大规模的经济投资和社会政治投资。既然人类必然经历循环性的危机，复杂社会就必须不断完善专门用以缓解新危机的机构特征。缓解危机的社会功能需要更多的组织化投资，所以按本章不断陈述的理论，复杂化投资的边际回报最终将会下降。

面临崩溃的其他选择

以上大部分论述可能读上去像是来自"罗马俱乐部"的末日宣言。经济学家和其他学者也会怀疑，这一切是否就真正不可避免，或是否会有某种救世之法（如技术发明）可助现代社会避免崩溃厄运并保持经济持续增长。所有这些问题合在一起就是当代复杂社会关于未来命运的问题。我将会讨论当代社会的情况，但是要到下一章。这里需要简单涉及的是与古代社会相关的革新和增长问题。

技术革新，特别是我们今天所熟知的制度化的各类革新，是人类发展史上一个非同寻常的现象。它需要某种程度的研发投资。这种投资在人均生产几乎没有剩余的农业社会是很难实现的。技术革新通常因劳动力短缺而起，而在古代社会几乎不存在这种情况。结果，在以非化石能源经济为基础的早期社会，技术开发活动可谓微乎其微。古代社会若真有技术革新的情况，也通常（事实上）是用来压制劳动生产率。

在工业社会，技术革新受市场因素驱动，特别是受经济压力和物质需求所驱动。但技术革新并非始终是人们想象中的万能良药。卡特在他对 1947 年到 1958 年美国投入和产出所作的分析中发现，去除物价上涨的因素后"技术革新（或发展！）事实上为满足（国家）需求的同时增添了约 140 亿美元的收入"。但如前所述，技术革新受到收益递减法则的制约，技术革新在解决经济衰弱问题方面的潜力会逐渐减少（但并非停止）。谢勒援引沃尔弗利的数据，观察到若想使科技产量增长 2%，研发开支必须每年增长 4%～5%。这种趋势不可能无限期继续，除非我们全部成为科学家。因此，谢勒对生产率长期增长的前景表示悲观。柯林·伦弗鲁（在探讨爱琴海文明发展时）也指出，经济增长本身受到边际产量下降的严重制约。

对人类社会来说，保持社会经济持续增长，或减少和避免（至少有财力支持）边际产量下降的关键性最佳选择，是在边际产量下降开始明显的情况下找到新的能源补给。在现代社会，这一目标已经通过利用化石能源和原子能源而得以实现。但对那些不具备此类开发技术平台的社会，最常见的做法则是通过地域扩张来获取能源补给。这样的扩张企图曾经遍及人类社会的全部领域——从简单的农耕集群到庞大的帝国。只要维持一个社会的边际成本超出其社会总产出，那么不断地扩张对人类就具有足够的吸引力。

扩张的魅力几乎无须争辩，昔日帝国的兴盛和扩张都是不可辩驳的历史事实。扩张若能成功，就能为统治者带来资源补给的（至少是）短期优势，因为下层人口的储蓄，包括其年产量的一部分，都将被分配给统治者上层。

当一种新的投入（无论是技术更新还是能源补偿）被纳入经

济体制时，社会便通常（哪怕暂时）具有提高边际产量的潜力。然而就长远意义来说，边际回报终将再度下降，原因在本章已经讨论过。这一进程亦可见图 20 所示。在这条曲线上，B1C1 的交汇点代表着这里论述的情况——在回报率递减的压力下，社会采取一种生产技术革新，或获取了一种新的能源补偿。由于和复杂性相关的某些领域获取并利用了额外的资源，边际产量重新开始上升。（如威尔金森在探讨燃煤经济发展时所述，产量上升可能立竿见影，也可能稍有滞后。）不过它最终会抵达另一个边际回报下降点，预示着必须继续革新或扩张，否则就面临崩溃。图 20 的曲线比图 19 的曲线更真实地反映了某些社会的经济发展历史，但图 20 只强调了边际收益下降的重复出现的情况。

一个复杂社会就算扩张成功，发展到最后也会达到一个拐点，也就是继续扩张需要过高的边际成本。需要防卫的边界线、管辖地区的规模、行政机构的规模、国内安定所需的成本、首都到边疆的距离、竞争者的出现等，都会联手给经济进一步增长施加压力。于是正如塔葛皮拉所展示的（图 21），帝国的增长趋

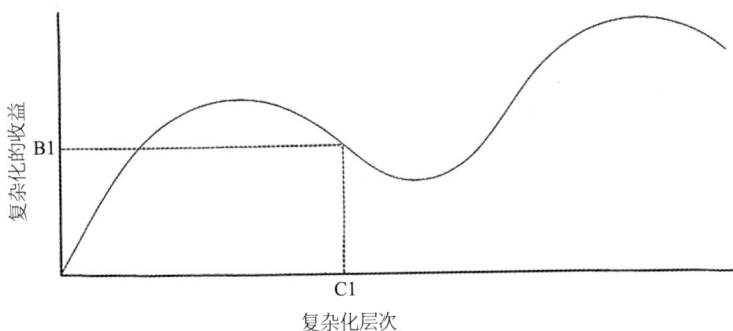

图 20　复杂化增加状态下的边际产量，伴随着科技革新或新的能源补给

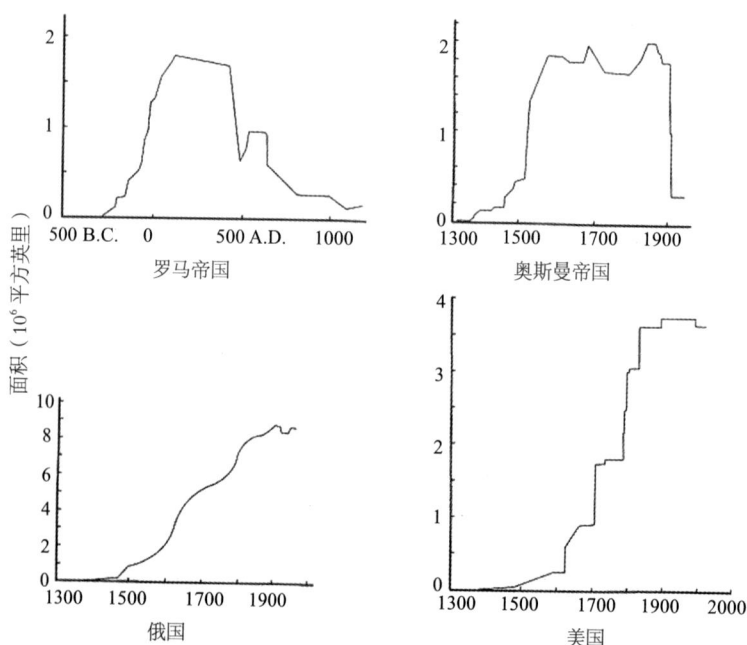

图 21　帝国经济发展增长曲线

向于遵循一条"逻辑曲线"：最初的增长比较缓慢，在额外能源（部分）投入到进一步的扩张时开始加速，到继续增长的边际成本变得过高时开始下跌。

　　一旦征服成功，国家就必须控制、管理和保护收获的土地及人口。若假以时日，被征服者一般能获得（至少一定程度的）公民身份，他们对社会所作的贡献使他们能享受某种福利待遇，也使他们较少成为剥削对象。从征服中获得的能源补充在开始时最高，因为有作为剩余积累的战利品，但随后收益将会下跌。下跌是因为行政活动和占领行为的成本增加，还因为公民逐渐享受的政治权利和福利待遇的提高。到最后，征服所带来的边际回报开始下降，社会又回到其以前的困境当中。不过到这时候，进一步进行扩张的边际成本将升至更高。

因此，仅仅像古代社会那样依赖有限的技术发展和（以上的）不断扩张，而未能开发利用化石能源，社会就只能从边际产量下降的困境中得到暂时的缓解。而对化石资源严重依赖的现代社会就特别容易出现这样一种局面，即崩溃如若发生，其波及的地区将更广，灾难的破坏程度也会更大。

第五章

整体评估：社会复杂化
和崩溃社会的边际回报

民之贪乱。[①]

———顾立雅在《西周帝国》中论周朝崩溃时的引文

前一章铺设的研究框架将重点放在社会复杂化投资的成本和收益比。以缓解危机或实现机遇为目的的复杂化投资不断增长，最初带来了可喜的边际回报，可以视作理性的、成功的策略。然而在典型环境下，持续出现的危机、突发性的挑战、政体整合的高额费用，终将导致边际收益的下降。随着复杂化投资边际收益下降，复杂化作为一种策略将面临更低的收益和更高的成本。一个复杂社会若不能通过如获取新的能源之类的办法来应对这一趋势，将很容易受到突发危机的威胁，而自身却由于过于虚弱或贫穷，既无法解除危机，也得不到民众的支持。这一趋势继续发展，崩溃便成为一种必然，因为天长日久，致命危机降临的可能性就越来越大。在这种危机到来之前，社会可能在一段时间内遭受经济停滞、政治衰退和疆土缩减的打击。

评价上述论断的理想途径莫过于将复杂社会各例证中的成本和收益各自量化，并将时间延续过程中成本和收益的所有变化点绘制出来。那些复杂化投资长时期出现边际回报下降的阶段就是

① 民之贪乱（The people desire disorder）：引诗出自《诗经·大雅·桑柔》，上下文为：维此良人，弗求弗迪。维彼忍心，是顾是复。民之贪乱，宁为荼毒。现代译文可以是：这些心地善良人，不求禄位不钻营。那些忍心为恶者，反复瞻顾求恩宠。民心思乱非本意，只因暴政害人凶。——译注

最容易导致崩溃的阶段。但是，已然崩溃的古代社会没有一个曾保存此类详细记录供我们作量化测试，事实是，许多消失的古代社会根本没有留下任何书面记录（如曼斯菲尔德所说，即使在当代社会获得此类数据也相当困难）。

本章将采取另外一种方法，即详细探索三个已经崩溃的复杂社会，目的不是对研究框架进行定量测试（因为不可能），而是确认上述理论是否有助于我们理解真实的崩溃案例。

这里选择的三个案例在社会政治复杂化领域具有广泛的代表性，这可以确保我们的阐释适用于各种不同的社会形式。在此原则限定下，所选案例可能分别代表了处在复杂化各个相应层次的文字记载最全的社会。

1. **西罗马帝国。**西罗马帝国无疑是崩溃案例中最复杂、最牢固、地域最为广阔的社会之一，也是文献资源记载最为全面的社会之一。这些文献将作为我们深入探索的主要依据。

2. **南方低地的古典玛雅。**玛雅古典文明从微小、独立的村落发展为具有城邦层次的政体组织，并形成了若干地区化的社会体系，其主要政治中心统治过几千平方公里的地域。尽管玛雅是拥有语言文字的文明，但人们仍未完全破译它的文字。我们关于玛雅崩溃的知识主要来自考古研究。

3. **美国西南部的查科社会。**以等级制度和地区联邦形式组成的查科社会代表着北美科罗拉多高原上最复杂的史前社会。它从未组成过一个真正意义上的国家，因而又是本章探讨的复杂化程度最低的社会。查科社会没有文字记录，唯一留下的就是考古学中所称的遗迹。

这些案例除了代表复杂社会的不同层次之外，还可以帮我们检测上述理论框架的可应用程度，即不仅能用于理解历史上记载的崩溃社会，还能用于理解通过考古学发现的崩溃社会。

西罗马帝国的崩溃

说来有趣，西罗马帝国既是历史上最伟大的成功案例之一，又是历史上最著名的失败案例之一。虽然看似矛盾，若从其兴衰各阶段的复杂化投资的边际回报来考察，就变得非常容易理解。

西罗马帝国的崩溃不能单纯归咎于某次蛮族的入侵，或经济停滞，或多次内战；也不能单纯归因于公民责任感降低、人们改信基督教、统治者领导无方这样的模糊概念。上述若干因素的确在其崩溃进程中发挥了作用，但若想理解这一进程，我们有必要倒拨时钟，去考察这一实体的最初形成。

无论罗马在公元前最后几个世纪进行对外扩张的具体原因是什么，扩张的经济后果却非常引人注目。其后果之一便是罗马人都倾向于移民到这些刚刚征服的行省。值得注意的是，罗马的扩张是在公元前 5 世纪到公元前 3 世纪贵族与庶民的政治拉锯战，特别是公元前 367 年"李锡尼法"规定农民可以获得土地之后。虽然这些事实引发了关于罗马扩张原因的诸多猜测——难以抵御的诱惑，或可预见的威胁，或抽象的政策，或来自意大利的人口压力，或上述因素和其他因素的综合——但这些猜测都超出了本书的研究范围。这里可以肯定的一点是此时罗马人情愿并欣然移民，显然说明本土缺乏同等的机遇。既然对外征服满足了移民需求，扩张政策就一定能带来正当的社会、政治和经济收益——至少对征服者来说是如此。

扩张政策起初取得了巨大成功。罗马不仅掠夺了占领地积累的剩余财富和流动资金，还得到了贡奉、税收和土地租金。征服活动给罗马带来了丰硕的战果。对罗马的影响是巨大的。公元前167年，罗马人夺取了马其顿国王的国库，这一壮举使他们得以免除国内的税务。公元前130年，帕加马王国被吞并之后，罗马的国家预算翻了一番，从1亿塞斯特斯（sesterce，罗马铜币）增至2亿塞斯特斯。公元前63年征服叙利亚之后，庞培王将预算进一步涨到3.4亿塞斯特斯。朱利阿斯·恺撒征服高卢后获得的黄金实在太多，以至于使此类贵重金属的价值下跌了36%。

有了这种收益，共和政体下的征服者们已经在经济上高枕无忧了。起初以蓄积资本为目的而取得的一系列胜利，已经不断为更多的扩张提供了有利的经济基础。到公元前最后两个世纪，罗马的胜利从经济上来讲可以说几乎没有成本，被征服的国家已经为罗马的继续扩张垫付了账单。

这一进程随屋大维（即后来的奥古斯都）征服埃及而达到顶点。战利品之多使奥古斯都可以将钱货分配给庶民——而且如有必要，他能以个人财富缓解国家的预算短缺。然而，共和制下罗马以几何级数增长的扩张在"元首制"统治期（从奥古斯都皇帝到284年戴克里先皇帝即位）宣告结束（见图22）。奥古斯都叫停了扩张政策——特别是在输给日耳曼人之后，他开始集中精力稳定军队建设，并重新恢复因内战受挫的经济。

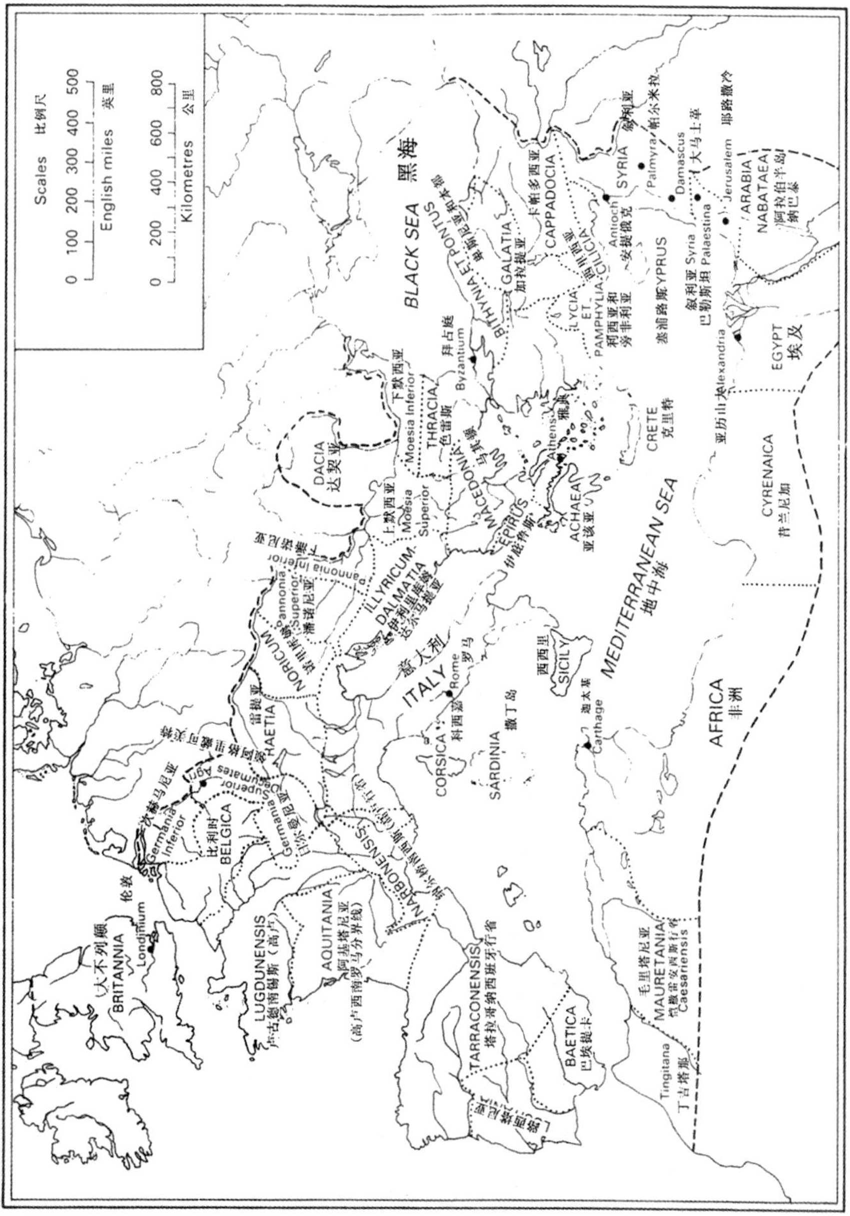

图 22　哈德良统治时期的罗马帝国

　　由于罗马建立了帝国统治，后来的历史学家们通常根据皇帝在任的年代谈论历史事件。为方便论述，表 5 列出了历代皇帝的名字及其执政时间。

　　随着地理扩张的结束，靠征服他国获得的财富也相应开始下降。从奥古斯都到戴克里先，大多数皇帝都曾面临某种程度的资金不足。奥古斯都经常抱怨财政短缺，并紧缩执政开支（尽管他建立的行政和外交政机构不算庞大）。他规定向罗马公民征收 5% 的遗赠税和遗产税，充作军人的退休基金，但此项税收政策引起民众的极大不满，因为在共和体制后期罗马人曾经一度摆脱了纳税负担。

表 5　罗马皇帝列表

皇帝	在位年代
奥古斯都（Augustus）	前 27 年～14 年
提比里乌斯（Tiberius）	14 年～37 年
盖乌斯，又名卡里古拉（Caligula）	37 年～41 年
克劳狄乌斯（Claudius）	41 年～54 年
尼禄（Nero）	54 年～68 年
加尔巴（Galba）	68 年～69 年
奥索（Otho）	69 年
维特里乌斯（Vitellius）	69 年
维斯帕西安（Vespasian）	69 年～79 年
提图斯（Titus）	79 年～81 年
多米提安（Domitian）	81 年～96 年
涅尔瓦（Nerva）	96 年～98 年
图拉真（Trajan）	98 年～117 年
哈德良（Hadrian）	117 年～138 年
安托尼乌斯·披乌斯（Antoninus Pius）	138 年～161 年

（续表）

皇帝	在位年代
马尔库斯·奥勒里乌斯（Marcus Aurelius）	161 年～180 年
路奇乌斯·维鲁斯（Lucius Verus）	161 年～169 年
科莫德斯（Commodus）	180 年～192 年
柏提那克斯（Pertinax）	193 年
狄第乌斯·犹利安（Didius Julianus）	193 年
谢普提米乌斯·塞维鲁（Septimius Severus）	193 年～211 年
克劳第乌斯·阿尔拜努斯（Clodius Albinus）	193 年～197 年
佩森尼乌斯·奈哲尔（Pescennius Niger）	193 年～194 年
卡瑞卡拉（Caracalla）	211 年～217 年
盖塔（Geta）	209 年～212 年
马克利努斯（Macrinus）	217 年～218 年
迪亚杜门尼安（Diadumenian）	218 年
依拉加巴路斯（Elagabalus）	218 年～222 年
塞维鲁·亚历山大（Severus Alexander）	222 年～235 年
马克西姆·特亚克斯（Maximinus Thrax）	235 年～238 年
戈尔狄安一世（Gordian Ⅰ）	238 年
戈尔狄安二世（Gordian Ⅱ）	238 年
巴尔比努斯（Balbinus）	238 年
普比恩努斯（Pupienus）	238 年
戈尔狄安三世（Gordian Ⅲ）	238 年～244 年
菲利浦（Philip）	244 年～249 年
德基乌斯（Decius）	249 年～251 年
加卢斯（Trebonianus Gallus）	251 年～253 年
沃鲁西安努斯（Volusianus）	251 年～253 年
埃米利安努斯（Aemilianus）	253 年
瓦莱里安（Valerian）	253 年～260 年
加里恩努斯（Gallienus）	260 年～268 年
克劳狄二世（Claudius Ⅱ）	268 年～270 年

（续表）

皇帝	在位年代
昆提卢斯（Quintillus）	270 年
奥勒利安（Aurelian）	270 年～275 年
塔西塔斯（Tacitus）	275 年～276 年
弗洛里安努斯（Florianus）	276 年
普罗布斯（Probus）	276 年～282 年
卡鲁斯（Carus）	282 年～283 年
卡里努斯（Carinus）	283 年～285 年
努梅里安（Numerian）	283 年～284 年
戴克里先（Diocletianus）	284 年～305 年
马克西米安努斯（Maximianus）	286 年～305 年
君士坦提乌斯一世（Constantius Ⅰ）	305 年～306 年
伽勒里乌斯（Galerius）	305 年～311 年
君士坦丁一世（Constantine Ⅰ）	306 年～337 年
君士坦丁二世（Constantine Ⅱ）	337 年～340 年
君士坦斯（Constans）	337 年～350 年
君士坦提乌斯二世（Constantius Ⅱ）	337 年～361 年
朱利安（Julian）	360 年～363 年
约维安（Jovian）	363 年～364 年
瓦伦提尼安一世（Valentinian Ⅰ）	364 年～375 年
瓦林斯（Valens）	364 年～378 年
格拉提安（Gratian）	367 年～383 年
瓦伦提尼安二世（Valentinian Ⅱ）	375 年～392 年
狄奥多西一世（Theodosius Ⅰ）	379 年～395 年
阿卡狄乌斯（Arcadius）（东）	395 年～408 年
霍诺里乌斯（Honorius）（西）	395 年～423 年
狄奥多西二世（Theodosius Ⅱ）（东）	408 年～450 年
瓦伦提尼安三世（Valentinian Ⅲ）（西）	423 年～455 年
马尔西安（Marcian）（东）	450 年～457 年

（续表）

皇帝	在位年代
马克西姆斯（Maximus）（西）	455 年
阿维图斯（Avitus）（西）	455 年～456 年
里奥一世（Leo Ⅰ）（东）	457 年～474 年
墨乔里安（Majorian）（西）	457 年～461 年
塞维鲁斯（Severus）（西）	461 年～465 年
安特米乌斯（Anthemius）（西）	467 年～472 年
奥利布里乌斯（Olybrius）（西）	472 年
格利塞里乌斯（Glycerius）（西）	473 年～474 年
里奥二世（Leo Ⅱ）（东）	473 年～474 年
尼波斯（Nepos）（西）	474 年～475 年
芝诺（Zeno）（东）	474 年～491 年
罗慕路斯·奥古斯都（Romulus Augustulus）（西）	475 年～476 年

1. 根据罗斯托夫采夫、博克与辛内根和吉本的著作整理。
2. 括号中的"东""西"分别代表狄奥多西一世死后的东罗马和西罗马帝国。

　　帝国在不同时期的主要费用包括部队的军饷、配给和草料，文职人员和其他国家雇员（如后来帝国军工厂的工人）的工资，公共建设工程，邮电服务，军队和文职人员的制服，教育事业以及公共救济。在任何时期，开销的大头都在军方，尽管罗马需要救济的平民数量也不小。朱利阿斯·恺撒曾经向 3.2 万人发放救济，几乎每三个公民中就有一个。他后来将这一数字降至 1.5 万，但人数很快就再度上升。从奥古斯都到克劳狄乌斯，大约有 20 万户享有免费小麦供应。运送这些粮食需要专门的船队、港口、码头以及无数的船主和面包师。在奥古斯都统治中期，罗马帝国的年收入是 50 亿塞斯特斯。靠着这些进项，奥古斯都建

古罗马铜币　　　　　　　　　　　古罗马银币

立了 25 个古罗马军团 ①。每个军团战士的年俸是 225 第纳流斯
（denarius，4 个塞斯特斯等于 1 个第纳流斯）。

　　尽管罗马停止扩张后收入骤减，并对各行省严加控制，但早
期帝国的确享受着征服带来的收益。国内外和平安定，边界不受
干扰，商业得到保护，公共建设工程一一得到落实。帝国虽然不
能完全控制前期征服中获得的临时财富，但早期仍处在相对繁荣
的阶段。

　　罗马的经济以农业为主，据估计在帝国后期，政府收入的
90% 全部来自农业。相比之下，商业和工业基本上无足轻重。主
要原因之一是陆地运输的成本太高。例如，一马车的小麦在陆地
上每走 480 公里，价格就要翻一倍；一骆驼车的小麦每走 600 公
里，价格也翻一倍。陆地运输如此高成本、低效率，因此要想通
过陆运解决内陆饥荒通常不大可能；地方的剩余也无法以低廉的
价格送往粮食紧缺地区。船运虽受季节限制，又有一定风险，但

---

① 古罗马军团（legions）：每军团约有 3000 至 6000 步兵，外加数百名骑兵。——译注。

从经济上讲更加划算。比如，从地中海一端向另一端运送粮食，全部成本比走陆路 120 公里的成本还要低。据戴克里先在公元 301 年颁布的"最高物价指令"，陆地运输比海上运输的成本要高出 28～56 倍。埃及对罗马帝国的重要性不仅在于其农业产量，而且在于它方便水上运输。

于是，长途运输后仍能获得利润的货物只剩下高档商品，即奢侈品。依赖本国农业生产的大部分人口无法负担这类奢侈品。因此大规模工业只存在于少数城镇，大多数的地方需求都靠村子里的匠人来满足。

以农业经济为基础的帝国上层建筑通常能支持国家正常开销，但应对危机就会有财政困难。帝国的税收最初是固定税率，危急时刻通常无法灵活调整。政府的运作严格以现金为基础，很少借贷；政府的预算最多只经过粗略规划。运作成本趋于上涨，尽管国家收入在一段时间内也在增长。罗马的收入从奥古斯都统治中期的 50 万塞斯特斯，增长到维斯帕西安统治时期的 120 万～150 万塞斯特斯。某些王朝的开支非常巨大，如投资重大公共设施建设并征服了不列颠的克劳狄乌斯王朝。于是，节俭皇帝积攒的储蓄被后任皇帝迅速花光。

皇帝即位时通常接手的是一个即将破产的政府，并很少能建立起应急储蓄。意外开销增长时，货币供应经常出现不足。为解决这一问题，尼禄于 64 年推行了一项后代皇帝越来越难以抵抗的政策（见表 6 和图 23）。他使第纳流斯银币贬值，贱金属则升值 10%。他还在一定程度上缩小了第纳流斯银币和奥里斯金币（aureus，最初值 25 个第纳流斯）的尺寸。

表6 从尼禄到塞维鲁统治时期罗马货币第纳流斯的贬值情况

皇帝（在位年代）	平均含银量百分比
尼禄（54～68）	91.8
加尔巴（68～69）	92.6
奥索（69）	98.2
维特里乌斯（69）	86.1
维斯帕西安（69～79）	84.9
提图斯（79～81）	80.3
多米提安（81～96）	90.8
涅尔瓦（96～98）	90.7
图拉真（98～117）	85.4
哈德良（117～138）	84.1
安托尼乌斯·披乌斯（138～161）	80.0
马尔库斯·奥勒里乌斯（161～180）	76.2
科莫德斯（180～192）	72.2
柏提那克斯（193）	76.0
狄第乌斯·犹利安（193）	81.0
谢普提米乌斯·塞维鲁（193～211）	58.3

这个办法对维斯帕西安皇帝来说不能解决问题，因为他将军团的数量增加到了30个，这使他面临着更为严重的货币紧缺。于是他不仅提高了税收，而且使货币进一步贬值。使问题更加恶化的是，多米提安将军饷增加到每人每年300第纳流斯，同时涅尔瓦还建立了一个收养孤儿的公共福利体系。

图拉真启动了一项宏大而且代价高昂的军事扩张计划。计划在战场上获得了成功，但来自被征服土地的战利品明显无法抵

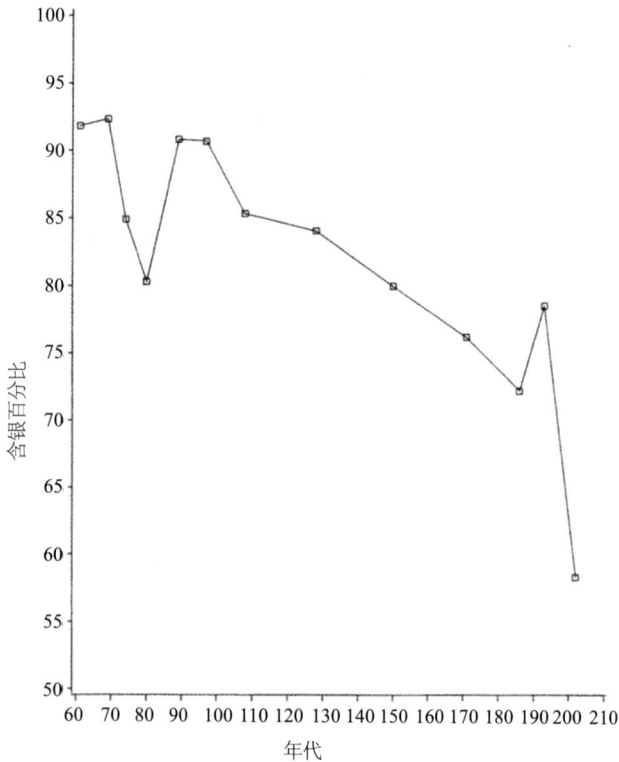

图 23　从尼禄时期到谢普提米乌斯·塞维鲁时期罗马币第纳流斯的贬值情况

偿战争成本，而且这些战利品中有三分之一都分散给了都市的穷人（人均约 650 第纳流斯）。结果，本来在多米提安和涅尔瓦王朝已恢复到尼禄时期标准的第纳流斯再度贬值 15%，纯度降至 79%～88%。

　　图拉真的继承者哈德良废除了扩张政策，并放弃了最新兼并的美索不达米亚和亚述。不过与此同时，他却在雅典建立了一个公共救济所，向每位穷人发放 1000 第纳流斯，并在旅游和建筑项目上作出重大投资。为减少军队开支，从哈德良王朝起，军团尽量由所驻地区供养。哈德良偶尔会恩准免除税收，也许他意识到在这个时候更高的税率将制造出更多的麻烦。

下一任皇帝安托尼乌斯·披乌斯试图缩小哈德良的政府规模。他想减少政府官员人数，甚至出售帝国的某些房产和地产。尽管他一再向罗马穷人施舍（人均800第纳流斯），但到他去世时国库里仍有大量存银，总数约67.5亿第纳流斯。

这些盈余很快就被用光。在马尔库斯·奥勒里乌斯统治时期出现了两次重大危机，帝国大厦开始出现裂痕。一是一场毁灭性的瘟疫于165或166年爆发，持续了15年，造成重大的人口损失（在有些地区人口死亡率高达1/4～1/3）。二是与日耳曼部落的战争使皇帝任期的大部分时间都投身疆场。曾经靠扩张掠夺而繁荣，并在扩张结束、财源减少时仍能维持基本稳定的罗马帝国，必须面对如此大规模危机带来的巨大压力。

马尔库斯·奥勒里乌斯抗蛮战争的费用超出了帝国正常收入所能支付的水平。其结果（可以预料）就是将安托尼乌斯·披乌斯当政时的盈余全部用尽。就算有这些盈余，马尔库斯·奥勒里乌斯仍觉得投入战争的钱不够用，不得不公开拍卖帝国的贵重物品。他还增加了税收，并将第纳流斯的含银量减至70%～78%。然而在这种艰难的条件下，他仍坚持在士兵和穷人身上花钱。

除了在战场上花钱之外，马尔库斯·奥勒里乌斯还面临着征兵问题。他被迫同意，战败的马科曼尼人只要愿意从军，就可以定居在帝国的边界之内。这从某种角度看并不奇怪，尽管在早期元首制下人口有所增长，但到2世纪已经出现了农业自由劳动力短缺的状况。劳动力短缺不仅给农业生产带来严重后果，而且还影响到依赖农民人口来补充兵源的军队建设。

有迹象显示，经济危机影响的已经不仅仅是外交和军事领域。帝国的各城市几乎没有财源，当选的官员通常从当地富裕阶层筹取赞助，也有责任自筹部分或全部行政基金。时间一长，行政费用增加，地方官员的支出也更多。2 世纪时地方官员的负担过重，愿意当官的人数开始下降。

马尔库斯·奥勒里乌斯之后的皇帝是科莫德斯。科莫德斯与本研究课题有关，主要是因为他使第纳流斯银币继续贬值。在他的任内，第纳流斯的含银量最低时只有 67%。

科莫德斯之死标志着安敦尼王朝的终结。在随后而起的王位争夺战中，谢普提米乌斯·塞维鲁最后胜出。为稳定其地位，他和塞维鲁王朝的继任者们开始向军方示好。由此而来的后果是耗尽了财政。谢普提米乌斯·塞维鲁把军饷升到每人每年 400 第纳流斯，卡瑞卡拉在位时又增至 600 第纳流斯，而到塞维鲁王朝结束时，这个数字已经达到 750 第纳流斯。军队的规模也扩大到 33 个军团。然而军队并非唯一的问题所在。谢普提米乌斯·塞维鲁还将食用油增添到帝国免费救济品当中。马丁利在论及这一时期时指出，"政府的支出不停地增长，与收益增长完全不成比例，帝国正在稳步地向破产的方向迈进"。

为支付这些开支，谢普提米乌斯·塞维鲁将第纳流斯的含银量降至 43%～56%。到 3 世纪初，第纳流斯贬值过甚，卡瑞卡拉干脆开始发行一种新的硬币，叫安东尼银币（Antoninianus）。它等于两个第纳流斯，但实际价值略低。卡瑞卡拉的继任者也毫不犹豫地令这种新货币继续贬值。卡瑞卡拉还降低了奥里斯金币的含金量。不过，最值得贬值的货币还是第纳流斯，因为国家要用它支付军费，而在帝国预算中军费是一项主要内容。卡瑞卡拉最知名的举措也许是他在212年颁布的法案——授予帝国的所有自由居住者以罗马公民身份。

这一政策极大地扩展了义务缴纳罗马继承税的人口基数（他也顺便将继承税翻了一倍）。

尽管早期帝国没有留下更多的有效数据，但持续不断的货币贬值明显造成通货膨胀。例如，科莫德斯执政时一个奴隶卖500第纳流斯，而到塞维鲁时期却要卖2500第纳流斯。一些旧的、更值钱的硬币大概都被藏了起来，因为人们自然愿意用新的、贬值的货币支付所有费用。

大批逃兵也给科莫德斯、谢普提米乌斯·塞维鲁和塞维鲁·亚历山大统治下的帝国造成了严重影响，社会秩序开始瓦解。但3世纪初期发生的这些动荡和235年塞维鲁王朝结束后的状况相比简直不算什么。

从235年到284年这半个世纪是罗马前所未有的危机阶段，帝国在这一时期几乎走向灭亡。这一阶段的主要特点是战乱频发、蛮族入侵、诸多行省败落、军队和官僚的规模扩大、财政危机和税收增加、货币继续贬值以及前所未有的通货膨胀。麦克马伦曾对这一时代作出恰当的概括："帝国施展权力捍卫自身的活动是如此宽泛、如此繁复，已经耗尽了理性智慧的每一份力量。"帝国躲过了这一时段的危机，但付出了巨大代价，并在4世纪开始时以全然不同的面貌出现。

这是一个相对来讲没有任何文献存在的时期，但其本身可能就是一种不祥的征兆。公元3世纪的文字学习和数学训练明显不如从前。其结果不仅是该时期没有留下令历史学家们满意的文字记载，而且也可能对当时的帝国造成深远的影响。当会读会算的人数开始减少时，危急时刻政府接收的信息数量和质量将大幅下降。公元 250 年之后，埃及的人口普查趋于停顿，而埃及不过是个行省，相对来讲未受到太大的冲击。教育所侧重的主要内容是辩术，但这和政府的需求未必有直接关系。与此同时，神秘主义和神学启示的思想有所增长。外来威胁也刺激了爱国主义、古代传统美德和罗马人比蛮族优越等思想意识的传播。

在这个政局动荡的时期，皇帝的平均任期只有几个月，而且篡位者频频出现。这 50 年间至少有 27 位公认的皇帝，至少有两倍于此数字的篡位者被杀死，且一度有 30 个人宣告称王。其中部分人物见表 7。至戴克里先时代，皇帝和试图篡位者的数字平均每年至少有一个，此状况延续达半个世纪之久。许多平民百姓根本不知道当时的皇帝是谁——只知道有一个皇帝罢了。

这个时期内皇帝的统治可谓岌岌可危，而且高度依赖军方的支持。统治者必须采取非常的手段向平民证明自己的合法性，还要设法得到军方的拥护，然而合法性活动需要费用——此时恰逢前所未见的经济危机时期。一个统治者在登基时他的半身像就被雕塑出来，虚假的功绩和头衔随之产生。货币发放给关键的部队，为宫廷生产奢侈品的人得到更多政府补偿。在生活最为艰难的时期，奥勒利安觉得必须增加罗马的救济开支，政府向贫民发放面包而非面粉，并以低价出售猪肉、食盐和葡萄酒。奥勒利安上台前的十年间，亚力山大城和其他埃及城市早已进入罗马救济范围之内。

表 7　235 年～285 年的罗马皇帝和试图篡位者

皇帝	试图篡位者	
马克西姆，235 年～238 年	夸特努斯（Quartinus），235 年	
普比恩努斯，238 年		
戈尔狄安三世，238 年～244 年		
菲利浦，244 年～249 年	伊奥塔皮亚努斯（Iotapianus），248 年～249 年	帕卡提亚努斯（Pacatianus），248 年～249 年
德基乌斯，249 年～251 年	李锡尼亚努斯（Licinianus），250 年～251 年	
加卢斯，251 年～253 年		
埃米利安努斯，253 年	乌拉诺斯（Uranus），（248 年？）253 年～254 年	
瓦莱里安，253 年～260 年	因格努乌斯（Ingenuus），258 年（259 年？）	
加里恩努斯，260 年～268 年	雷加里安努斯（Regalianus），260 年	波斯杜穆斯（Postumus），260（？）年～268 年
克劳狄二世，268 年～270 年	奥雷欧斯（Aureolus），268 年	奥登纳图斯（Odenathus），262 年～267 年
奥勒利安，270 年～275 年	多米提安努斯（Domitianus），271 年（？）	芝诺比亚（Zenobia），267 年～273 年
塔西塔斯，275 年～276 年	弗洛里安努斯（Florianus），276 年	莱利亚努斯（Laelianus），268 年
普罗布斯，276 年~282 年		马里乌斯（Marius），268 年
卡鲁斯，282 年～283 年		维克托利努斯（Victorinus），268 年 - 270 年
卡里努斯，283 年～285 年		泰特里库斯（Tetricus），270 年～273 年（274 年？）

帝国对许多行省的控制开始减弱，若干地区都成功地建立了短期独立帝国。如高卢、不列颠、西班牙在 260 年～274 年就是独立帝国。半成功的反叛者包括西北部的卡劳修斯和阿勒克图

斯，埃及的多米提安努斯和阿契里厄斯，以及东部的芝诺比亚。像高卢和帕尔米拉这样的行省发现，帝国在危机时期提供的援助如此无效，所以对王位觊觎者来说，篡权分立相对容易成功。自然，每个新兴的政权中心，无论合法与否，都需要一个宫廷和整个官僚阶层、一群仆役以及（当然）一支军队。

这是一个区域性瓦解的时代。违法行径特别是盗窃和抢劫在西西里等地多发。佃农离开了土地，土匪帮、强盗帮到处都是。埃及的农民逃亡到三角洲地带的沼泽和湿地。在高卢，反叛者组成了名为"巴高达"的起义者组织。马克西姆曾于 286 年对其实行镇压，但它在 4 世纪中期再度崛起，并一直延续到罗马统治结束之时。

即使在帝国控制之下的地区政府的开支也在增长。这些开支包括对外扩张和城邦管理，国内贫民救济，以及公路、宫殿和仓储设施建设。军队的规模和军饷也在增加，同样还有战争开支。政府的财政支出翻倍都不止，更何况这是一个危机前就已经资金短缺的政府。虽然费用增加，但公共服务减少，庙堂楼宇严重失修。

政府的唯一出路就是增加税收，并使货币进一步贬值。卡瑞卡拉增加了军费开支，代价是每年 7000 万第纳流斯。为支付这些费用，如前面提到的，他开始发行新币——安东尼银币。新币只有第纳流斯一半的重量，但价值却是第纳流斯的两倍。50 多年之后，在通货膨胀的重创下，奥勒利安尝试的是同样的计策：他打着货币改革的旗号给硬币人为定价，使价格远远高出其价值。物价开始飞涨。东部的钱商拒绝给帝国的货币兑换零钱。加里恩努斯执政时期，安东尼银币的含银量甚至不足 5%。马丁利在谈到这一时期时写道："帝国已经宣告了自身的破产，并将债务负担完全甩给了罗马公民。"到奥勒利安当权的时代，货币的继续贬值已成为根本不可能的事情。

由于罗马在危机时代的文字学习和数学训练的衰退，235年～284年间几乎没有留下任何有关通货膨胀的可用数据。戴克里先执政后，比较全面的量化数据才重新开始出现。这些数据将在以下论述中再行探讨。但无论如何，通货膨胀仍然是显而易见的，甚至在戴克里先之前也是如此。通货膨胀的受害者，像任何时候一样，是那些依靠固定收入的人。但与当代情形不同的是，当时的受害者包括政府和政府雇员。戴克里先之前的罗马政府没有什么真正的财政预算，也没有我们今天所说的经济政策。国家经济主要依赖鲜有更改的政府税率。因此危机爆发之时，税收却无法增长。到 3 世纪后半期，货币几乎一文不值，政府只能退居到强制性劳动和以物易物的经济。强制性劳动的最早例子就是奥勒利安强招工匠去修筑罗马城墙。到戴克里先时代，罗马的税收已完全不能依靠现金收取，以至于改收可以直接用于军队和政府的必需品，或只收金条以避免收回自己发行的一文不值的硬币。

248 年～268 年，蛮族的入侵非常频繁并颇具毁灭性。频频出现的篡夺王位和皇帝被害事件又意味着内战不息。许多地方人口因此而出现缩减的现象。蛮族人不善包围战，故其入侵进犯一般集中在乡间。即便如此，不少城市仍遭到洗劫和焚烧。在乡村地区，庄稼被毁，牲畜被夺，百姓被抓去为奴。罗马军队本身的破坏性与之不相上下。尽管军饷有所增加，但通货膨胀完全抵消了军队报酬的价值，部队经常被迫从当地百姓中搜刮所需的一切。为确保帝国本身不受侵犯，当局必须放弃某些边区行省，包括 2 世纪 30 年代和 60 年代莱茵河和多瑙河之间的地区，60 年代与 70 年代的达契亚（Dacia），70 年代的默西亚，80 年代的毛里塔尼亚 – 庭吉塔纳和 3 世纪末期的"低地国家"①。罗马投资修筑了许多防御工事，从边境撤回的部队都驻扎在有城墙保护的城内。在不列颠，海岸边修筑了许多堡垒，甚至在人口较少的城镇中心都修建了巨石筑成的围墙。

在外敌和友军对农村的不断蹂躏下，在物价飞涨和统治者更替的综合影响下，罗马的人口一直未能从 165（166）年～180 年瘟疫爆发后的低谷中复苏。250 年～270 年，瘟疫卷土重来，人口再受重创，而 235 年～284 年的多场灾难恰好降临到人口日趋缩减的罗马帝国。高卢衰败后，农村人口骤降，农民要么被蛮族杀死或俘虏，要么弃田而逃、落草为寇。由于瘟疫蔓延、内战部队或蛮族军队掠夺以及乡村人口减少，城镇人口也在危机前和危机中出现下降。

罗马的富裕阶层只要不卷入愚蠢的政治斗争，一般来说还过得不错。3 世纪崛起的大地主阶层在帝国各地区的数字都有增长。然而，城镇的中产阶级却承载着公民义务的各种投资代价。2 世纪以后，当皇帝塑像出现得越来越多时，地方上的碑铭凿刻却越来越少。镇上的普通人再也支付不起这些东西所需的费用。小农户失去自己的土地，投靠大地主当了佃农。由于农村和海上的危险局势，商业活动也日渐衰落。

罗马帝国处在一种生存难保的危机之中。这种局势曾在奥勒利安时代有所缓解。奥勒利安在较短的 5 年任期内击退了蛮族，

---

① 低地国家（Low Countries）：指今荷兰、比利时、卢森堡三个国家。——译注

"改革"了货币，收复了叛乱的行省。但他还是失败了，或许他没有足够的时间去采取确保帝国生存的行政措施和经济改革。他的确开始了某些行动——招募劳动力修筑罗马城墙，还命令农民必须在城市地方元老院的指导下耕种撂荒的土地。其中后一项政策的结果是使农民和所有村落组成扩大化的农业劳动力群。然而在他死后，情况又回到了从前。是戴克里先在其任期内镇压了蛮族、平定了叛乱，并同时推动政治经济的全面改革，由此改变了帝国的性质，使其又存活了更长一段时间。

我们很难确定那些改变了帝国后期命运的变故究竟是从哪一天开始的。有些事件可以追溯到戴克里先、君士坦丁或他们的继承者，其他事件大概起源于危机出现的黑暗年代，但那时又没有任何文献记载。由于这个原因，以下的探讨将暂时采取折中办法，即尽量按时间顺序以保持论述的连贯性，但也会更多地关注事发进程，而并非特别注意政策实施的具体时间。

在戴克里先和君士坦丁统治下的帝国由这样一个政府管理——它比以前规模更大、性质更复杂、组织程度更高，统帅的军队也更多、更强大。它向公民摊派的赋税更重，强征了他们的劳动力，限制了他们的职业和生活。它是一个专制性的、无所不在的、全能性的社会组织；它抑制个体利益，调动一切资源，为的是一个至高无上的目标：帝国的生存。

帝国最紧迫的需求是增加军队的兵力。据估计瑟维鲁时期的军队刚刚超过 30 万人。后来的半个世纪中人数有所增加，至戴克里先登基时约有 40 万人。戴克里先和君士坦丁进一步将军队的人数增至 50 万～60 万。也就是说，到戴克里先时代，部队的人数在 70 年间翻了一倍。君士坦丁登基后再度扩军，到 4 世纪末，军队人数停留在 65 万。据估计，这样一支军队的征兵数量估计为每年 9.6 万人。戴克里先沿各地边疆修建了战略公路网和要塞群。君士坦丁减少了边疆防卫，但大大增加了军队中骑兵的比例，建立了一支中央游击兵团。君士坦丁的部队在官兵配置上也许更强，因为其中大多数人都是职业士兵而非执行临时任务的平民。

第二个重要改革是帝国的治理方式。297 年在埃及出现的严重暴乱使戴克里先相信，若想应对多重危机在各个战线同时困扰帝国的局面，罗马需要不止一个统治者。他的解决方案是建立"四帝共治"体制——罗马世界的东半部和西半部各由一个主皇帝统治，每个主皇帝下设一个头衔为"恺撒"的副皇辅政。戴克里先还通过将现有行省划分为小省的方式增加了行省的数量（由此减少了行省总督反叛的机会）。他扩大了帝国政局的规模，如今这些人要在他横跨自己领地的时候随他搬迁。官僚阶层急剧扩大，到他让位时可能增加了一倍。此外，这一扩大的、人数众多的政体基本上是在每个帝国宫廷重复四次（两个皇帝，两个恺撒）。都城的数量也相应增加，王位争夺者自立的临时都城最后变成了永久存在。

戴克里先兴建了国家工厂，为军队制造武器，也为满足帝国朝廷的物质需求。帝国还支持着一个国家运输系统。在戴克里先和君士坦丁统治下，行政机构不仅规模扩大，而且部门越分越细、越来越专门化。的确，这一进程可以追溯到危机出现的年代。从加里恩努斯时代起，政府的军事职能和民事职能开始分立。在军事领域内，边防功能和野战功能分立；在民事领域，君士坦丁也详细划分了各金融职能。

　　尽管 3 世纪至 4 世纪期间王位觊觎者（及其引发的内战）在数字上有所下降，皇帝们仍觉得有必要继续投资公共福利，以充分展示其执政的合法性并排除竞争敌手。在四帝共治的体制下重新恢复城市建设，4 世纪时有了一些新建工程。然而大多数重建工程（以及君士坦丁堡的兴建）都是靠掠夺其他地区积累的财富。尽管如此，兴建君士坦丁堡仍是一个耗资重大的项目，另外还要养活救济名单上的 8 万公民。同时，罗马城本身也是个负担：四世纪时罗马城接受公共救济的居民是 30 万人。

　　无论君士坦丁支持基督教的个人动机如何，这一行动产生了重要的政治后果：专注于普遍宗教信仰可以使当朝皇帝具有神赐的合法性。此时起罗马硬币上更多地印制代表皇帝权威的图案（如王冠、斗篷、节杖、天体），而非突出个人魅力。从戴克里先（历史学家们称其为"最高君主"）起，这两种活动都是维持帝国权威的重要策略。

　　戴克里先和君士坦丁推行的改革提高了帝国的效率和安全，但也付出了相当的代价。在衡量这些代价时必须意识到，若以贬值的货币来算，每个新的政府机构的建设耗资其实很少。过去一个骑士阶层官员的最高工资是 30 万塞斯特斯，如今只值 400 个 2 世纪的第纳流斯。但是以货代款支付工资的情况很多。尽管此时人均报酬仍低于 2 世纪的水平，但新兴行政机构的整体费用却相当于军事上增加两三个军团。到 5 世纪，罗马的行政人员已多达 3 万人。这对陷入枯竭的罗马经济是个沉重的负担。行政部门的扩张不算最甚，军队领域的扩张代价更高。这不仅是因为军队的人员增长高于行政官员的增长，而且是因为越来越重视的骑兵建设需要高昂的资金。一匹马的饲料成本上相当于一个士兵的军饷。

3世纪政体分立之后，四帝共治必须和地方组织建立各种联系，以沟通税务方面的信息。比如说在埃及（也许还有其他地方），土地需要重新丈量，税率必然提高，此后的税收会继续增长。整体上讲，政府在帝国经济生活中的作用得到了增强。

在戴克里先统治下，帝国通货膨胀的势头并未减退，这迫使政府继续维持以货代款经济。戴克里先的重大成就之一是第一次建立了任何一年的税率都可以根据预算开支进行调整的税率机制。

戴克里先曾试图恢复货币的坚挺，但他可能没有足够的金属，因为早期硬币仍在流通。他推行了一种新币，值25个第纳流斯，不过到320年新币已缩减到原来重量的1/3。罗马在4世纪共有两种货币——金币和铜币。苏勒德斯金币由君士坦丁发行，其保值期延续了7个世纪。但铜币却严重膨胀，面值被人为地拔高了很多。膨胀的铜币被用来支付军队费用，并用于在公开市场购买金币。直至4世纪末，以货代款的支付方式才最后转换为使用黄金。

公元2世纪，1摩第（约合9升）小麦在正常年景能卖1/2第纳流斯。戴克里先于301年发布的"最高物价指令"中，1摩第小麦的价格固定在100第纳流斯（其本身价值过低）。如此看来，第纳流斯的真正价值已缩减到不足当初价值的0.5%；而小麦的价值则相反，增长了200倍。而且这还不是尽头。在埃及这个帝国的"谷仓"，335年1摩第的小麦售价超过6000第纳流斯，338年超过1万第纳流斯。324年，1个苏勒德斯金币值4250第纳流斯，而到337年却值2.5万第纳流斯。到363年，价格停留在 3000 万第纳流斯兑 1 个金币。这时的通货膨胀稍有缓解，后来的 30 年中第纳流斯和金币的比值只进一步下降了 50%。在 4 世纪的埃及，1 个苏勒德斯金币的价值从 4000 埃及德拉克马（drachmae）上升到 1.8 亿德拉克马。（4 德拉克马基本等同 1 个第纳流斯的价值，为和第纳流斯等值曾经贬值过。埃及出现恶性通货膨胀的部分原因显然是由于埃及的货币不与金银挂钩的政策）。

贬值的是日常交易中使用的硬币，因此政府用这种货币支付军事开支。在戴克里先的最高物价指令颁布前的 150 年间，黄金价格涨了 45 倍，银价涨了 86 倍。当初造一个第纳流斯所用的银子，现在能造 150 个。结果自然是恶性通货膨胀，而且必然使地方经济陷入崩溃。最高物价指令规定，1 磅猪肉的定价是 12 第纳流斯。到 412 年涨到 90 第纳流斯。埃及保存下来的文献最完整，据记载，1 世纪 1 个固定单位的小麦价格是 6 德拉克马，276 年是 200 德拉克马，314 年是 9000 德拉克马，324 年是 7.8 万德拉克马，334 年是 200 万以上德拉克马。因此毫不奇怪，3 世纪和 4 世纪埃及贷款的时段越来越短。不过到后来，越来越多的苏勒德斯金币渐渐进入流通，铜的产量开始下降。到公元 5 世纪，通胀的货币大部分被花掉了。

戴克里先试图以他著名最高物价指令来控制物价上涨，但未能获得成功。这毫不奇怪，这办法以前用过。从整体上说，法令将物价定得太低，限制太严，只对债权人——更多对政府——有利，而且几乎没有考虑运输的费用。

增加军事实力和行政规模必须依赖已经缩减的全民人口。两次瘟疫爆发以及随后的人口流失之后，促进人口增长复苏的条件在第 4 和第 5 世纪都没有出现。戴克里先卸任后的一个多世纪中，西部和亚洲相对平静，一直到 7 世纪初。然而，"最高君主"所创造的经济环境并不有利于人口复苏。这一点将在下文进一步探讨。

帝国面临的后果是农业、工业、军事以及行政机构的人员短缺。农业和工业相应减产。农田劳动力如此紧缺，以至于地主为避免自己的农民应征入伍而怂恿流浪汉们去从军。在高卢，劳动力紧缺的状况一直延续到帝国崩溃，所以获胜的蛮族人可以随意支配土地而与当地人基本不发生冲突。许多蛮族人也应征入伍，事实上蛮族侨民在帝国后期早已定居在罗马统治下人口锐减的地区。为了征兵，军队规定的身高限制放松了标准。到 4 世纪末期，西部某些地区的奴隶都被拉去充军。315 年，君士坦丁下令救助穷人和孤儿，意在扭转人口下滑的趋势。

人口下降和基本劳动力短缺充分说明了戴克里先和君士坦丁社会经济政策的实质。征募新兵的事以前做过，而且是戴克里先统治下制度化的正常活动。他曾征募民间行会为军队和王权服役。渐渐地，家庭开始固定于从事这一基本职业。313 年君士坦丁要求士兵的儿子必须从军。军人职业的世袭制从此开始出现，但问题可以预见。从 319 年到 398 年，帝国至少颁布了 22 条法律来解决士兵的后代试图逃避兵役的问题。

从 4 世纪初起，行政职员的儿子也须子承父业。对政府工厂的工人、私营企业的雇员也有同样的要求。事实上，由于帝国负责分配工作并管理生产，国家公共部门和私营企业的界限十分模糊。到戴克里先时代，经济负担过重的城邦政府机构也变成了世袭制。由于非常富裕的人士此时大多逃离城镇去乡村修建别墅，或得到政府豁免，城镇的行政负担落在了中等收入人群的头上。

罗马经济的最关键性问题也许是将农业劳动力固定在农村土地上。君士坦丁在 332 年的一项通告中首次提出这一政策，其结果是建立了一个农奴制体系，将佃农束缚于大规模地产管理者。隶农制，如人们所知，在农业劳动力短缺时对大地主是一个巨大的实惠。但农奴们却不断地试图逃脱艰苦的生活环境，而到军队、教会、政府服务部门去从事专门职业和其他职业。

伴随着人口的缩减和农业劳动力的下降，大面积的可耕地（和从前的已耕地）均遭到遗弃。在瓦林斯的统治下，一些行省有 1/3～1/2 的可耕地处于闲置状态。这个问题首先出现于 2 世纪末期（也许和瘟疫爆发有关），而且从戴克里先之前到查士丁尼时代一直是最高权力立法中的议题之一。在 3 世纪末，奥勒利安曾责成城邦议会对遗弃的农田征收税款。

在许多地区，农田的面积缩小也是一个很大的问题。公元422 年帝国在亚非利加行省的土地有 1/3 处在撂荒状态。相邻的拜查辛尼行省有 1/2 以上的土地未经耕种。在 451 年的西鲁斯行省，1/6 的土地被遗弃。到了 5 世纪，土地遗弃率一般在10%～15%，但在某些省高达 50%。为应对这种局势，君士坦丁给他的退役士兵提供如下机会：如果他们愿意务农，将得到免费的土地和 100 单位的种子，外加 2.5 万福立铜币（Follis，值 3/4第纳流斯）。如果他们从事其他职业，则只给 100 福立铜币。

对土地遗弃现象一般有三种解释：土壤枯竭，劳动力短缺和蛮族侵袭。这些解释都不尽如人意。在戴克里先之前，同样的农业生产技术已经使用了几个世纪，在他之后的若干世纪也继续使用。大面积的森林砍伐和土地侵蚀显然在后来即中世纪才出现，而且是后罗马时期忽略水土保持措施的结果。在埃及，尼罗河年年都带来肥沃的土地，但土地撂荒现象同其他地区一样严重。

劳动力短缺的原因更容易令人接受，因为当时地主一直缺少佃农，而且非常欢迎分派给他们的蛮族战俘。但有些拥有佃农与俘虏的地主却仍然弃田而逃。那么很明显，劳动力短缺并非唯一因素。

蛮族入侵毁坏了帝国的某些地区，但未必一定是那些土地撂荒比例最大的地区。蛮族入侵本身不是农田遭遗弃的原因。

当代理论将土地撂荒的原因归结为税收过度，这种观点很值得推荐。这种观点明显暗示着戴克里先时期耗资巨大的政府机构和军队规模。一位研究者还进一步指出，当时靠财富生存的人比创造财富的人多得多。另一位研究者指责税收（戴克里先之前已经很高）从 324 年到 364 年翻了一倍。在 6 世纪（时间虽在西罗马灭亡之后但能说明这一趋势），甚至最有特权的地主都要上缴两倍（与公元前 1 世纪行省地主相比）的税金，普通地主更要支付三倍之多。意大利人发现此时他们也必须交税。

除高额税率以外，另一个主要问题就是戴克里先的僵化刻板的税务体系。该体系的设计不能随土地质量或产量高低进行调整。这是一种按土地和居民人口征收的单一税。政府规定一片土地无论耕种与否都要缴土地税。如果可能的话，遗弃的土地将被出售，或重新分派给新主人（带税收回扣）；如果这些办法不行，土地将被强行分配给其他地主或当地所有地主，或最后给地方市政当局，以确保税收。人头税所依据的人口数字仍是当初的统计数字，无论事实上人口是否发生了变化。各乡村共同为其所有成员的税务负责，所以一个村子可能必须为别的村子缴税。税率一般没有"渐进"一说，所以压在穷人和多口之家身上的负担会更重。当有钱有势的人在土地拥有量评估上占了便宜时，多余的份额就在其他有钱人中平分。帝国的税收总是被拖欠累积，但税债可以一直延伸至寡妇或孩子，甚至女孩的嫁妆。

税务负担的后果是农民经营者无法留存任何积蓄，而一旦蛮族入侵，或天有干旱，或蝗虫使庄稼歉收，他们就必须举债，要么就饿死。他们手中的土地慢慢地转让给债权人，然后自己做他们的佃农。作为佃农，他们要以一半的收获做土地租金，同时还承担 1/3 的税款。不管收进的庄稼是多少，先得卖了还税，哪怕自己忍饥挨饿。在饥荒年代居然是农民最先没有吃的，他们不得不进城寻找获得食物的机会。

这就难怪农村人口难以复苏了。税款和租金一成不变，无论收成好坏，该交的钱必须要交，不管耕种者有没有剩余。交不起税款的人进了监狱，他们的后代沦为奴隶，或干脆放弃了土地和家园。此种境况几乎不可能促进大家庭的生长。

如此状况下再去开发边缘土地已经无利可图，通常是产量不够税钱，也没有盈余。于是，农田逐渐被闲置。面临重税，一个小农户可能放弃自己的土地而为邻居耕种，邻居也许乐意得到这份多余的劳动力。于是一种庇护体系逐渐形成——实力派地方土地拥有者联成一体保护农民利益而无视政府的需求。政府曾立法禁止这种削减财政收入的做法，只是成效甚微。

受害的不仅仅是农村。君士坦丁二世在执政末期取消了各城市的土地管理基金。所有的地方行政如今都必须由城市官员自己筹资（而官员的负担具有世袭性）。朱利安恢复了城市收取土地租金和税款的政策，但到瓦伦提尼安一世和瓦林斯当政的时代，这些收入被再次剥夺。几年后，一部分资金被退还给城市作公共建筑维修。在瓦林斯时期，高卢的城市规模出现萎缩，有时甚至缩小到当初其所由发展的凯尔特村落的规模。

戴克里先建立的管理体系严格限制个体活动及其生产成果。每个公民、每个行会、每个地区都必须生产维持帝国生存的必需品。帝国在一段时间内的确生存了下来，但付出的代价却是土地被渐渐遗弃，农业逐渐减产，乡村人口数量减少，城市生活趋于贫困。随着不同行业都在竞争人力，罗马的军事实力开始下降，直到最后必须依赖蛮族俘虏补充兵源。451 年阿提拉在高卢败北，击败他的是一个当地日耳曼王国的联盟，而不是罗马帝国的军队。

帝国后期的税收持续加重。尽管瓦林斯阻止了东部的税率增长，并随后稍有减税的措施，但西部共治皇帝瓦伦提尼安二世的税收仍然过重。他的继承者瓦伦提尼安三世公开承认，再向地主和商人增加额外税收将带来毁灭性后果。尽管如此，他仍于 444 年加收 1/24 的销售税，并要求所有交易必须在税官监督下进行。在 5 世纪初的西罗马帝国，民众暴乱频发，必须动用军队进行镇压。4 世纪初期到中期，拖欠税款的现象还不怎么常见，但 395 年以后这一现象非常普遍，似乎预示着一场整体性农业崩溃即将降临西罗马帝国。

有多处文献记录显示，当时的穷人和富人都希望外来蛮族能解救他们于罗马重负之下。尽管有一些平民百姓在抵抗蛮族（真心程度不同），更多的人却是在侵略者面前消极抵抗，有人甚至为蛮族人而战。比如在 378 年，一个巴尔干矿工群体竟集体投靠了西哥特人。在高卢，入侵者有时被当作摆脱帝国压迫的解放者而受到欢迎，甚至被邀占领所在地区。为确保边疆地区效忠帝国，政府偶尔被迫填平地方上的粮食赤字。

五世纪后半叶的作者佐西马斯在谈到塞萨利和马其顿地区时指出，"抽税的结果是城镇和乡村怨声载道，所有人都期待着蛮族人，都求救于蛮族人"。"到五世纪，"亚当斯总结道，"人们为了摆脱令人恐怖的税务负担已经准备抛弃文明本身。"

西罗马帝国的人力缺乏和财富下降帮助入侵者取得了军事上的成功。西罗马的军事灾难反过来又削弱了国家经济。4 世纪中期，西罗马逐渐陷落，像西班牙和非洲这样的地区或暂时、或永远地落入蛮族之手。政府对遭受入侵浩劫的地区必须实行税务减免政策。439 年，汪达尔人夺取了向罗马城输送粮食的迦太基。帝国的行政机构纷纷垮台。

455 年瓦伦提尼安三世去世，之后 20 年间，罗马军队逐渐缩减到一无所有。征兵范围缩小到意大利本身，政府几乎完全靠蛮族部队保护。最后，帝国无法支付军队开销，蛮族部队便要求以意大利的土地抵偿。这一要求遭到拒绝，军队造反，推奥多亚克为王，并于 476 年废黜了西罗马帝国最后一个皇帝罗慕路斯·奥古斯都。

这是西罗马帝国灭亡的正式日期，但此前若干年罗马事实上已经失去了它的大部分行省。此后，高卢的一小块地区仍在罗马政权控制之下，直至 486 年被法兰克人兼并。日耳曼国王们在征服的土地上最初仍维持着大致相同的行政机构，因为这是他们见过的唯一一种政体。在意大利，参议院仍在奥多亚克和狄奥多里克的主持下继续开会。但没过几年，这些罗马帝国的残余也彻底消失了。

评估罗马崩溃

无论何种因素（历代说法无疑不同）刺激了罗马的扩张，扩张对征服者来说都是一项卓有成效的举措。自公元前3世纪中期起，数量激增的黄金和白银曾源源不断地流进罗马的银库。其结果是，罗马人略付或不付任何代价就可以继续对外征服，同时保卫帝国疆土。被征服的人口抵偿了罗马继续扩张的成本。在其历史进程的这一点上，罗马人是在向一个领土扩张（伴随着管理费用的上涨）策略进行投资，收益是这一投资带来的回报。在最初的一系列成功之后，这一策略的收益和成本比曾一度直线飙升。这是一项边际收益最具优势的投资事业。

然而，如此高比例的收益不可能永远持续。三种因素的综合作用最终将降低这一策略的边际回报。首先，利润性征服的数量会下降。一个从事地域性扩张的国家终将遇到实力相当的对手，继续征服即便可能，代价也将过于高昂。罗马在东方的波斯帝国（即帕提亚，后来的萨珊）就遇上这样的对手。尽管在与许多对手的竞争中罗马体现出整体优势，但从地中海到帕提亚却要经过陆地上的长途跋涉。它的边境线很长，有它自己的外敌，自身人口中也多藏隐患。图拉真当初征服了该帝国的部分土地，最后又被哈德良放弃，原因是治理的费用过大。从其他角度讲，如果帝国权威不能令百姓臣服，那就说明这一扩张政策可能会面对无法承担征服费用的百姓群体。罗马在多条战线都看到了这样的民族群体，北部边疆的日耳曼民族是其中之一。于是，按地区扩张经济学原理（如简单的数学概率），扩张性霸权终将面临一个边界线，此边界线之外的征服和防卫将会无利可图。

第二，按交通和通讯的后勤管理学原理，首都和地方的间隔若超出一定距离，远方疆土将难以治理。对罗马帝国来说情况更是如此——从地中海航线进入内陆深处才可触及征服的土地。

征服行动的代价增高，连同首都远程管理的难度增大，这两种因素都要求征服政策在达到某一程度时必须停止。这就是罗马帝国在彼时代之初达到的状态。奥古斯都时代罗马帝国的规模已基本达到顶峰，后来的扩张相对来说无关大局，并且代价甚高。克劳狄乌斯征服不列颠，图拉真征服达契亚，可能永远都是得不偿失，因为这些行省实在是过于贫困和遥远。

第三，在被征服国土的剩余积累被逐渐耗尽的时候，征服者必然要承受治理、戍卫和保护被征服国土的所有费用。而且当剩余积蓄全部花完的时候，以上费用必须靠年度收入来支付。成本在增加，收益在下降。为了从每一个征服的行省获取一次性资金投入，罗马要承担几个世纪的行政责任和军事职责。对罗马来说，管理某些行省（如西班牙、马其顿）的费用会超过其财政收入。西塞罗在公元前 66 年就宣称罗马的所有征服行动中，只有亚洲的征服算有所收益。从整体上讲，罗马的大多数收益来自地中海周围比较富裕的国家，但却花费在不列颠、莱茵河地域和多瑙河地域等较为贫困的边疆地区。

因此地域扩张的进程，如果成功，将会在扩张初期带来很高的边际回报，但回报终将呈下降趋势。罗马在征服地中海周边富裕国土的大业完成之时，就已经进入到边际状态。一个以征服活动获得收益、因财富的涌入而得到发展的帝国，在此之后的生存必须靠本国的农业年产量维持。因此在元首制的统治下，帝国必须在农业产量波动和政局面临威胁的条件下建立长远的、广泛灵活的行政体系和军事结构。罗马帝国是第一个、也是到近代为止唯一一个单纯靠常规部队就能满足其全部需求的国家。

因此从奥古斯都时代起，帝国一直面临着规律性的国家财政紧缺。帝国的财政预算一般能满足政府的正常需求，但危机一旦爆发就必须有应急的财政措施。奥古斯都的继承者们偶尔通过变卖资产——帝国的土地和财宝——来应对金融危机，但这明显不是万全之策。更常见的策略是通过货币贬值来延迟政府面临的实际支出。这种策略在政治上具有权宜的优势，可以将眼前危机造成的损失转移到未来并不确定的某一时刻。从历史的角度观察，元首制时期帝国投资的边际回报（与后期共和国的水平相比）明显大幅下降。当危机和帝国的成长并存，收益下降将更为严重。曾经是大发横财的策略如今正变成一种负担。

罗马帝国在马尔库斯·奥勒里乌斯抵抗马科曼尼时暴露的弱点，在后来出现的危机中几乎带来致命性后果。组织结构投资中出现的边际回报递减使罗马没能存储资金应付如此紧急变故。唯一的选择就是直接增加税收，或以货币贬值和通货膨胀的方式间接增加税收。两种策略都曾被采用。然而内战和蛮族入侵导致的危机需要政府增加开支，尽管知道没有回报增长。帝国不再扩张，不再有战利品进项，农业生产也没有发展。3世纪投资成本的增加甚至换不来最低限度的维持现状。成本激增的最佳状态是维持原有收益水平。很明显，帝国投资的边际回报在下降。

戴克里先统治下建立的最高君主制更强化了这一进程。在3世纪，税务负担如此繁重，以至于耗尽了纳税人的资本来源。到4世纪和5世纪情况变得更糟。随着帝国军队规模和行政规模的成倍增长，税收必须从已然体弱多病的帝国身上继续筹集，才能支付眼前的费用。这给基础人口带来的后果，如前所述，无疑是灾难性的。

对一个非工业国来说，挽救帝国所需的费用可谓是天价。如3世纪的情况所示，帝国的投资成本没有带来收益增长。而4世纪和5世纪的情况已远远超过了单纯的边际回报递减。此时的帝国是靠消费其资本财力——农村的土地和农民——来维持自身的生存。继续向帝国投资不仅带来边际产量下降，而且会带来实际产量的下降。元首制时期的策略是通过向未来课税来支付眼前的账单；最高君主制则是通过摧毁未来的赋税能力来支付眼前的账单。帝国从3世纪的危机中幸存下来，但代价却是削弱了自身面对未来危机的能力。至少在西罗马帝国，一种恶性循环的下旋性趋势已经形成：财政缩减削弱了军事实力，而军事上的灾难反过来意味着失去更多的土地和人口。最后的崩溃不可避免——事实上一直不可避免。

在第四章我曾提到，当一个复杂社会进入边际回报持续下降状态时，崩溃会由于两种原因或其中之一而爆发：缺乏应对突发危机的充足存储和失去赋税过重的百姓基础。前者是罗马帝国自马尔库斯·奥勒里乌斯（若非更早的话）面临的一个明显问题。后者在最高君主时代（甚至在三世纪危机期间）显然也逐渐成为问题。如果历史记载还算可靠，我们知道至少有一部分不堪重税的农民欢迎蛮族人来把他们从罗马统治的重负之下解救出来，更多的人明显对日趋迫近的帝国崩溃表现出无动于衷。帝国似乎至少在一定程度上失去了它的合法性。帝国的花费日渐飙升，而面对蛮族的节节胜利，帝国本当为公民提供的安全保障却越来越失去效力。对许多人来说，在帝国那里已没有任何利益可寻，蛮族人和税收官合伙夺走了他们的土地。正如冈德森所言，"地方自治的净价值已经超过了地方作为帝国成员的价值"。复杂化和解体相比已不存在任何利润优势，更何况前者的代价更高。

崩溃的同时产生出两种结果：复杂化的费用开始降低；复杂化投资的边际收益增高。继承了西罗马统治的日耳曼诸王国规模较小，在抵抗外来侵略（如匈奴人、阿拉伯人）时比罗马帝国更有成效。此外，成效的取得仅需付出较低的行政和军事代价。在汪达尔人统治下，北非的经济发展事实上曾出现繁荣景象，只是在查士丁尼重新收复该地并恢复征税后，经济再度衰落。于是便有了这样一种崩溃悖论：复杂性的降低将导致社会投资边际回报的相应增长（见图19）。

这里仍有两个问题需要讨论：为什么西罗马帝国崩溃了而东罗马帝国得以幸存？为什么帝国不能保存必要的经济实力来避免崩溃？

东罗马帝国的继续生存与三个因素有关。其中的两个因素是东部在经济上比西部强大以及东部在策略上比西部更能经受考验。东罗马帝国的各行省包含了地中海世界比较古老、经济更发达和人口更多的地区。这些行省比西罗马帝国的行省更能承受行政开支和边防费用。据估计，在帝国后期，西部的财政预算仅仅是东部预算的三分之一，但西部却有两倍于东部的北方边界线需要防范。在4世纪和5世纪，西部已被入侵者践踏，而东部却只在多瑙河前线存在主要问题。它与东部波斯人的冲突比较罕见，长期处于相对和平的阶段。

从我们的研究框架也许可以看出，东罗马帝国的幸存是由于它有较多的财富和较少的边境问题，它的复杂化投资更容易筹措资金，其投资的边际收益也相对更高。东部的基础人口相对富裕，数量也多，因此不大容易被沉重的赋税击垮。而且东部帝国的政府即便不比西部政府在军事上更加成功，但至少不比西部败得更惨。东罗马帝国持续执政不仅是因为它的财富和地利，而且还因为这些祥和因素共同赋予了政府更大的合法性。

东罗马帝国得以在地中海东部幸存的第三个因素是它根本就不能崩溃。讨论这一点需要用到最后一章才引出的一些概念。到那时，东罗马帝国幸存的问题将被再次提起。

有关经济发展的问题更为微妙。许多研究者将注意力集中在运输费用和郊区人口的贫困化上，并以此作为工业没有得到发展、农业无法得到促进的根本原因。但其中的奥妙还有很多。正如埃尔斯特所指出的，"技术革新和工艺改进并不是一种普遍现象，而是受时空限制、在历史社会的很小群体中发生的事情"。从这一角度看，上述"为什么罗马不能在经济上发展"的问题应该换一种问法，应该是"为什么罗马不能使经济正常发展"。这样的话，罗马缺乏经济发展的问题就应该比较容易回答。

这里也许有必要考虑一种情况，也就是将罗马和欧洲西北部的工业化发展进行对比。如前一章所述，威尔金森认为英格兰工业的发展，至少在发展初期，是因危机和压力而起。中世纪末期人口激增，人们只得砍掉森林、开垦农田以生产足够的粮食。于是薪材的再生率出现了下降，迫使人们越来越依赖燃煤。依赖燃煤反过来不可避免地刺激了一系列相关的变化，许多变化都和工业革命有关。变化的成果包括蒸汽机、大功率水泵（用于地下水位以下的采矿作业）以及运河和铁路运输。

我不想将英格兰的工业革命和罗马帝国缺乏工业发展进行直接的对比，但两者间有一种区别非常耀眼，那就是罗马帝国的人口相当短缺。曾经耕种过的土地在后古典时代遭到遗弃，农业劳动力供不应求。政府试图开垦撂荒的土地，促进人口扩大，但明显未能奏效。有人争辩说如此强化使用土地的做法一般不会成功，特别是在不合时宜的时候来自上方的动力。强化发展的动力，无论在土地使用领域或其他经济领域，必须来自以罗马全体百姓为基础的人口压力或（和）经济压力。罗马人口少，空闲土地多，如此压力根本就未曾存在。其他压力的确也有，而且影响到帝国全体人口，但这些压力不是缺乏经济发展机遇。罗马的状况完全就是闲置的土地太多，无人填补的职业太多。比如说在不列颠，人们大约在罗马时代之前就知道有专门用于黏质土地的深耕犁，但人口如此稀少，人们大多可以绕过黏质土地而不必使用深耕犁。如果罗马帝国曾试图推行经济发展政策，它一定会像当代某些政府一样面临同样的困境：在没有需求的情况下不能强求发展。用通俗的话说，这叫作"推绳子"①。

古典玛雅的崩溃

背景

低地古典玛雅文明通常被看作人类历史上的一个谜团。作为少数未能在半贫瘠土地上发展的早期文明群体之一，玛雅人"最大的神秘之处"，如内廷所说，"是他们从世界历史舞台上突然退场"。

---

① 英国经济学家约翰·凯恩斯（John Keynes, 1883—1946）的一个著名比喻，原文是 pushing on a string。绳子可以拉，推则没有效力。他用这个比喻泛指货币政策效应的不对称性。这个比喻后来变成日常俗语，意思是"做无用功"。——译注

此处的探讨将集中在南方低地的玛雅——这个社会在 790 年～890 年经历了快速且戏剧性的崩溃进程，并因此而出名。这一地带大约涵盖了危地马拉北部佩滕及其周围一些地区。玛雅政权（图 24）之下的政治中心不计其数，各城镇的特点多有不同。这些城镇兴衰的记录若放在玛雅考古学年表背景下将看得最为清晰。事实上，目前有关南方低地的年表有若干版本，它们的共同点足以满足我们的要求，因此不必顾及它们之间的差异。以下是戈登·威利制作的年表：

前古典中期	公元前 1000 年～公元前 400 年
前古典晚期	公元前 400 年～公元前 50 年
原生古典期	公元前 50 年～公元 250 年
古典早期	250 年～550 年
后古典时期中断期	550 年～600 年
古典晚期	600 年～800 年
古典终结期	800 年～1000 年
后古典期	1000 年以后

像其他考古年表一样，这张表也是高度概括性的，年代取的是平均整数。许多学者不再区分前古典晚期和原生古典期、古典终结期和后古典期，以下论述在谈到这些时段时也会比较模糊。

玛雅人创造了一种象形文字，尽管解码工作取得了相当程度的进展，然而至今人们还无法完全读懂，对玛雅文明的认知主要得自于考古学。

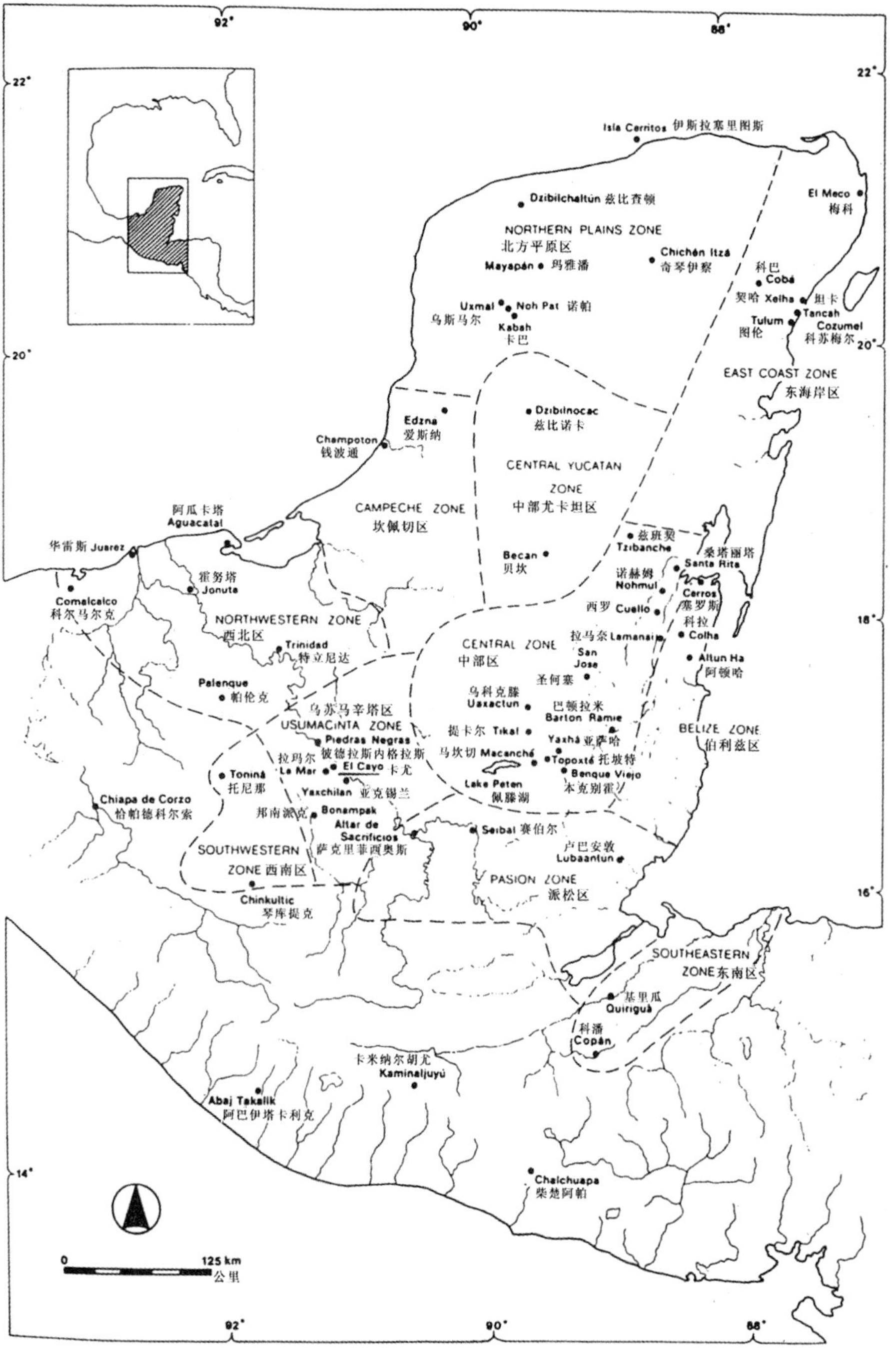

图 24 玛雅地域、主要行政分区及某些原址

南方低地的植被就是今天的热带雨林，玛雅人最初就是在这样的土地上开荒种地。佩滕中心区的地貌是平顶石灰石山脊（玛雅人聚落地），中间点缀着一些被称作蓄水池的季节性沼泽。雨季集中在 5 月到 11 月，这也是主要的农耕和收获季节。当时种植单一作物实属正常，但在紧急情况下有限的再植和双作也有可能。低地中部各区的降雨量不等，年平均量在 1000~2000 毫米。干旱时有发生，但一般并不严重。北部低地的长年平均降雨量从最高到最低的变化区间只有约 9%，相比而言，中美洲高地的变化区间是 17%~22%。我们所关心的南方低地的年平均降水量波动区间为 15%~20%，基本上不会给当时的农业生产带来负面影响。

玛雅学者间争论的一个主要问题是低地地区的生态差异程度。这一争论在玛雅社会政治演进中具有重要意义，也是我在后面将会重新提到的一个论题。从根本上讲，学者们的观点差异在于一些人强调比较地形学上的冗余性和生态学上的同质性，而另一些人则强调南方低地在各方面都存在着巨大差异。桑德斯指出佩滕地区存在 26 种土壤，每种土壤对农业生产都有不同的潜在影响，在危地马拉高地还能找出更多的土壤类型。其他人还注意到，佩滕周边的某些地区生态异质性更高。这种情况在伯利兹城尤为明显——那里河流环绕、海岸线长、玛雅山脉高耸（高达 1000 米），同时遍布低地雨林。从宽泛的层次上讲，佩滕中部（目睹了最早、最复杂的玛雅文化发展）的土质则较周围其他地区的更好。美中不足的是，该地区的土壤也非常容易遭受侵蚀。

有关差异性的争论涉及许多相关因素。尽管热带雨林环境是衡量物种差异的明确标准，但这里的重要因素也许是地形差异。由于气候和植被随海拔高度而变化，佩滕地区的地形重复便形成一种状况，即其中区域的单位水平空间的生态差异（未必是物种差异）必然小于中美洲高地。在一个地区，区域的差异性对开发不同的生产系统资源非常重要。凡区域差异性较大的地区，存在不同生产体系的可能性就更大，这些体系在支持人类生存的能力上则呈非同步波动状态。多种生产体系的存在对地区交流的复杂社会的进化十分重要。这里并不是暗示低地地区不存在多样化异质生产体系，而只是说高地地区出现多种异质体系的潜力更大。值得注意的是，玛雅山脉对低地地区的生态差异没有太大的影响，因为生活在热带山顶的物种比热带低地的更少。

观察玛雅

考古学家们只是到近来才开始真正理解玛雅文明具有的复杂性。人们以往对玛雅复杂性的忽视可能是为什么玛雅——以及其他崩溃社会——看上去比较神秘的原因之一。人们曾一度认为古典玛雅人口稀少，四散于低地地区，从事刀耕火种（临时农田、栽培地或森林休耕）的农业生产，并随耕种需求流动居住。玛雅的城镇中心被认为只具有宗教性质，永久居民很少。郊区人口在礼仪祭祀时来到城里，但并不在此居住。祭祀中心居住着一个规模不大的牧师和贵族团体，他们关心的主要事情是祭祀礼仪及其历法细节。玛雅被描述成一个爱好和平的国度，城镇对外开放，不设防御工事。社会上层的需求按常规讲不是很高，但也逐渐有农民拒绝出粮食出力、拒绝满足上层无休止需求的情况出现。在这种时候，农民起义或撤销供奉就会带来崩溃。

如此观念下重建的玛雅文明看上去实在反常。早期文明阶段出现人口不多、四处分散的临时农户就很不正常。早期文明一般表现出人口密度高、劳动力密集型生产强的特点，农业生产通常会涉及农田水利工程。考虑到许多早期文明中都市化与社会政治复杂化的关系，玛雅城镇祭祀中心空旷无人的说法同样不合常理。玛雅上层由相对无权的牧师和贵族组成，并只关心祭祀仪式和玛雅年历的说法，令人吃惊地脱离了复杂社会阶层结构的正常状态。还有玛雅是一种和平文明的说法，看上去也不大正常。

过去几十年的考古学实地考察带来了许多新的发现，这些新发现要求我们在一些重要领域对玛雅文明重新评估。宾夕法尼亚大学在提卡尔（玛雅最大遗址）的研究项目已经证明，该中心曾具有都市规模，人口过万。如此人口数量已经超过了刀耕火种农业生产的规模，暗示着玛雅的农业生产可能曾相当发达。毫不奇怪，近年来的高空和地面勘测已经找到充分的证据，证明当时已存在梯田、运河、台田等比较先进的农业模式。玛雅的上层人士好像也不仅是关心历法，因为碑铭上的记录证明他们还关心王朝继位、政治斗争、部落联盟、皇家婚嫁等重大事件。考察者在出土工艺品和防御工事的遗址还找到了战争活动的证据，证明了"……应该将'和平玛雅'进一步降低到与其他好战的人类一样的水平"。

新的发现说明玛雅并不是早期文明中一个违反常态的案例，说明我们应该从政体上对低地古典文明进行重新考察。玛雅考古学家们表示赞成这一观点。

玛雅文明的进化

玛雅文明显然发祥于前古典时期，即许多古典时期的文明特征开始生成的时候。前古典时期初期的文明村落至少在公元前 2000 年就已存在，佩滕湖区中部已经发现了可以追溯到这些年代的玉米花粉。到前古典中期，至少有很多（成员在两三百人的）聚落群就已经存在。

前古典时期的中后期，南方低地的农民无疑生活比较富裕，考古数据显示此时的人口在不断增长。韦伯斯特提出在约公元前 500 年时，贝坎地区曾出现人口过多的压力，而哈孟德则得出结论，即前古典后期如果人口密度继续增长、地域空间继续扩大，玛雅会出现激烈的竞争局面。根据这些学者对佩滕湖区中部所作的研究，迪维等人计算出前古典时期和古典时期人口约 0.17% 的恒定年增长率，也就是说，人口数量在 480 年中翻了一倍。

在前古典时期的某一时刻（可能在整个地区也有差别），人口增长的趋势曾给当时食品生产系统造成压力。由此也出现了一系列应对措施。农业政策需要改变，其结果就是若干个劳动力密集型体系的形成。亚当斯提出，在前古典后期到古典初期，佩滕中部和北部可能出现过从临时农耕向复杂农业体系的转型。人们在这方面找到了足够的证据。在前古典晚期，伯利兹遗址的塞罗斯曾修建过一个大型水利工程系统，包括水库和运河，其中的某些建筑可以追溯到公元前 200 年到公元前 50 年。弗赖德尔和斯卡伯勒认为这种发展代表着商业生产，而非生存生产。前古典后期尤卡坦北部的爱斯纳遗址也兴建类似的水利工程。

人口发展水平和生存生产的统计数字表明，前古典时期晚期佩滕中部地区的生存压力可能曾迫使人们缩短休耕周期，并进一步利用非高产土地。在这一地区，早期沿湖泊（依赖可靠的水资源和水产蛋白资源）形成的聚落模式，逐渐让位于前古典中期向缺水的内陆地区延伸的聚落模式。

这种向密集型农业生产的早期转型可能影响范围较广，因为到前古典时期晚期，中部地带的大部分森林都变成了农田。这种情况下，若想实现长周期的农田休耕已经不太可能。花粉标本表明，前古典时期的地貌景观应该是玉米田和灌木林交错出现，其间偶有小村落定居。人口密度大约是每平方公里25～60人。

贝坎遗址上的主要防御工事（护城河和城墙）大约可追溯至公元150年～300年。因此看上去大约从前（原生）古典时期开始，玛雅文明后期出现过竞争和冲突。冲突的起因大约与人口利用资源带来的危机有关。

因此，前古典时期后期玛雅曾面临人口压力、资源紧缺以及日趋激烈的竞争环境。他们至少在寻找两条出路——农业密集型生产（已述）和社会政治复杂化的增强。玛雅寻求后一种出路的证据到前古典时期中、晚期变得非常明显。前古典时期中期开始，正规的公共建筑和社会分层都开始出现，随后更有增强。台基上的宫殿群落和墓葬所显示的等级差别，均于大约公元前400年出现。

阿尔塔·萨克里菲西奥斯遗址中曾发现一份有关地方社会阶层的有趣记录。在前古典中期结束时，有一个居民建筑群重建过，它明显比其他建筑群规模要大，最大的纪念碑有4米之高。随后的增修扩建更将其转变为一个拥有13米高的金字塔土墩和一个石面楼梯的宫殿建筑群。这种建筑上的变化似乎记载了早期主要居民群落中曾诞生过一个统治者世家群体。

在前古典时期晚期，南方低地上出现了具有两到三个层次的社会行政等级。在某些低地遗址上，公共建筑成为纯纪念性建筑。到公元前100年～前150年，提卡尔已跃居一个规模相当巨大的仪式中心。

上述模式在整个古典时期均得到强化。人口、农业投资、社会政治复杂化、建筑精良化、阶层冲突等都继续得到发展。在早期古典时期，地方性政治机构发展为越来越正规并具有等级特征的组织形式。434 年之前，城镇中心在空间上平等分布，级别上似乎也大致相当。然而，提卡尔和乌瓦夏克顿可能是早期比较重要的中心，这两个地方均有年代最为久远的纪念碑建筑，其总数占 292 年～434 年修建的所有纪念碑的 50%。著名玛雅研究家戈登·威利认为，提卡尔在早期古典时期实际上获得了统帅整个南方低地的地位，很可能就是南方低地国的首都。

古典玛雅纪念建筑和艺术风格的地域影响范围于公元 6 世纪达到最大。此时涌现出来的主要城镇可能属于地方性的都会。城镇等级至少有四个层次，二级城镇中心以六边形格式环绕在地区都会周围。玛雅最早的文字可以追溯至公元 3 世纪，早期文字主要记载生、死、登基和统治者的征服活动。提卡尔遗址北端修建了防御性的土方工事和城壕设施，跨越提卡尔东西两大沼泽之间约 9.5 公里的距离。提卡尔遗址南端也有类似的防御建筑。

古典初期即将结束时出现了一个让人好奇的现象，即新建纪念碑的数目以及兴建纪念碑城镇的数目出现了急剧的下降。有迹象显示，其他建筑工程也在减少，陶器工艺和建筑风格同样发生了变化。这个时期被称作"中断期"，时间从 534 年到 593 年。这一时段最引人注目的特征之一就是政治上的地方分权，因为许多石柱（记载政治事件的石碑）首次在南方低地的外围地区矗立起来（换句话说，中心地带不再具有政治上的垄断权）。尽管没有证据表明该地区整体社会政治复杂化真正明显衰落，但"中断期"似乎在某些方面像地方分权一样，标志着（我们将要看到的）崩溃的开始。

古典晚期目睹了始于前古典期的复苏趋势和盛世的到来。652 年至 751 年间，南方低地地区碑柱建筑的刻绘风格呈现出高度的同质性。十年间整个地区普遍开始采用标准化（计算十分复杂）的农（月）历纪年法。作为地区都会的主要城镇开始互相结盟，地区内部也通过联姻方式实现了都会及其附属地之间的联盟。各重镇中心均环绕着分布均匀的二级城镇。提卡尔的地位似乎有所降低，尽管它还是最大的城邦，但也不得不在政治上与其他新兴中心竞争。该时期最初几年间，纪念碑的建设投资曾有过显著的增长。

为理解玛雅的崩溃，古典时期的一些领域尚值得详细探讨。这些领域包括人口增长，生存状态，社会政治复杂化及相关现象，以及战事冲突。

人口增长

整个南方低地都能找到古典时期人口持续增长的证据，在古典晚期，不同年代和不同地区都曾达到过人口高峰。古典晚期的人口水平（尽管有农业密集化生产）曾明显接近其发展上限，早期的指数化增长速度开始趋于平缓。考吉尔认为在 550 年后低地的人口基本没有增长。亚当斯同意考吉尔的观点，但将人口停止增长的年代向前推进到约 650 年。卡伯特集中考察个别地区的人口发展模式，认为在南方低地的某些地区，人口增长在 600 年～700 年（特佩乌一期陶器阶段）达到顶峰，其他地区则于公元 700 年～830 年（特佩乌二期）达到顶峰。古典晚期提卡尔和雅夏的人口达到顶峰，赛伯尔和阿尔塔·萨克里菲西奥斯在古典终结期人口最多。除了主要政治中心之外，伯利兹谷的郊区人口也曾在后来达到高峰。

在玛雅城镇中心的研究中，有关提卡尔的研究最为详尽。这个人口密度最大、中心地带方圆 16 平方公里的城址可能达到过一次人口高峰，到古典晚期大约有 1 万～1.1 万人。与提卡尔相接的周围地区——东西两大沼泽区和南北土方工事地区——共有人口 3.9 万人，所以提卡尔的总人口应为 4.9 万。哈维兰指出，这个数字与人们估计的古苏美尔城市的 5 万人非常接近。

卡伯特推测整个南方低地的人口密度为平均每平方公里 200 人，并指出这使南方低地成为前工业化时代人口密度最高的地区。提卡尔的人口密度大约是每平方公里 350～400 人，而当时的刀耕农业只能支持每平方公里 30～40 人。许多考察者从这些数据得出结论，认为刀耕火种的农业生产方式无法满足大部分人口的生存需求。例如，哈里森估计大约有 61%～74% 的提卡尔人一定曾依赖其他的生存方式。于是低地人口靠什么方式生存的问题便具有相当的重要性。

生存状态

过去几年的低地研究为我们展示出集约农业中普遍存在的复杂特征。集约农业生产方式相对持久，组织性强，并至少包括以下技术：（1）开凿运河和从河畔与蓄水沼泽汲水，并修建沟渠连通的凸起田；（2）修渠和蓄水；（3）在陡峭和平缓的山坡修建梯田，以疏导排灌，阻挡淤泥，培植沃土区；（4）多种辅助技术的综合。南方低地的多个地区都曾发现上述技术的应用。

在易受洪水袭击的地区（包括湖泊和潟湖、河岸湿地，特别是蓄水沼泽），凸出地面的田地和并存的运河体系可以为农民提供干燥的可耕耘土地。凸起田和运河系统的其他优势还有：田间地块之间的运河可用于鱼类繁殖，运河可保持作物根部土壤的湿润，源自运河底部的有机土质有助于肥沃耕地，运河也可用做水上农作物运输。以运河河底土作肥料，耕地可支持不间断的农作物生产——尽管我们不确定当时人是否这样做。

大多数凸起田体系在航空摄影中都可以观察得到，地面勘测也一再证实航空摄影所作的观察；随着时间的推移，越来越多的低地地区都发现了类似的农田遗址。亚当斯的研究就参考了对南方低地约一半地区进行雷达观测的结果。亚当斯根据观测结果推算，低地地区约有1250~2500平方公里的土地存在修建运河的痕迹。这个数字若和阿兹特克在墨西哥谷开发的面积达120平方公里的查那巴斯①（功能和性质类似）相比，则让人感到非常震惊。亚当斯认为，经过抽水改造并进行集约耕种的沼泽也许就是古典晚期最珍贵的耕植土地。他还注意到，蓄水沼泽和较大文明遗址间存在着一种明显的联系。特别是提卡尔，它所拥有的可以随时利用的沼泽数量超过了其他任何一个主要中心。

凸起田体系的出现可以追溯至公元前1100年，也包括前古典晚期。当古典晚期人口发展到达顶点时，凸起田的耕种也达到了同一时段的最高峰。

修渠和蓄水。修渠和蓄水涉及多种技术，有些技术未必和

---

① 阿兹特克人开发的一种人工小岛，岛上可种植作物，是一种独特的湖区农业系统。——译注

农业有关，但这些技术都具有劳动密集型的特点。低地从整体上讲缺乏地表水，特别是在干旱季节。玛雅人的应对办法是修建运河、水坝、水库和水井，并重新改造灰岩坑。有些地区的水利工程已经达到很高的水平。在里奥贝克地区，水库非常普及。尤卡坦西部的爱斯纳遗址修建过一个水源控制系统，由护城河、运河和水库组成，旨在为农业生产、人类自身使用和城邦防御收集并贮存雨水。这一工程（开始于前古典晚期）的土石方工程量相当于在特奥蒂瓦坎建筑太阳金字塔和月亮金字塔的工程量。如前所述，前古典晚期在伯利兹遗址的塞罗斯还修建过一个主要的水利工程系统。

运河系统可能用于水上运输的记载包含在里奥坎德拉里亚河的记载当中，其中收录了几百条狭窄（宽 3~10 米）且距离较短（长 1~2 公里）的运河。根据马西尼的统计，修建记载中的总长约 180 公里的运河需要 50 万个劳动力。1000 万立方米的土石开凿量是修建太阳金字塔时所需的 10 倍。

梯田。低地地区发现了大面积的梯田，这些梯田位于坎佩切的南部、金塔纳罗奥、里奥贝克地区、佩滕部分地区以及伯利兹段的玛雅山脉地区。成千上万阶梯田和石砌工程遍布 1 万多平方公里的坎佩切和金塔纳罗奥山坡地带。此外在伯利兹也发现了 1400 平方公里的梯田。已知数据似乎都将梯田系统的起始年代指向古典早期的末年和古典晚期。

辅助技术。低地地区发现的其他农业技术还有临时筑坝和围田。围田可见于佩滕大部分地区，梯田系统中也时有出现。这种农田划割方法绝对只适用于持久耕种或短期休耕的农业。

玛雅农作物。尽管我们对玛雅农业生产系统所知甚多，但对其实际种植的作物却所知甚少。人们一直认为玉米是玛雅的主要作物，大多数植物考古残体确实证明了这一点。布朗森认为玛雅种植各类块根作物，而普利斯顿则认为人们主要靠拉蒙树 [1] 的果实生存。植物考古学和孢粉学的证据表明，玛雅一定种植过玉米、葫瓜、鳄梨、可可、棉花和千年芋。古典玛雅艺术品显示，人们还种植人心果、穗状金匙树、番石榴等果树。面包果通常是玛雅的一种抗饥荒食物。

对佩滕地区的孢粉学研究表明，古典时期的农业生产运用了多种技术，每种技术均适用于某些特定场合，其应用程度和产量结果也各有不同。怀斯曼指出，就玛雅的人口密度和森林砍伐情况看，他们可能必须保存附属林场专门供应燃柴，留出生产林场专门提供覆盖房顶的棕榈叶。

社会政治复杂化

玛雅社会政治组织的某些特点上文已经谈到。这是一个交叉涉及玛雅文明其他领域的话题，但可以暂时单列出来，以对其基本特点进行概括。

玛雅是一个高度复杂化和高度阶层化的社会。其社会结构至少包括统治阶层、中层技术工匠和官僚团体以及下层农民。事实上，这里的每一个阶层本身又可以再次划分相应的层次。上层团体的领导权采取世袭制，这至少从公元前一世纪或可能从前古典中期就已开始。统治者竖起石雕建筑，标明自己和前辈祖先与征

---

[1]　即面包树（brosimum alicastrum），潮湿热带林树种，饱食木属，果实又称面包果。——译注

服活动的各种联系，以此宣称政权统治的合法性。

提卡尔的碑雕建筑为我们提供了一幅观察玛雅社会政治演进的有趣图景。378 年，提卡尔的统治者是一位叫"卷鼻子"（其名字为象形文字的今日描述）的人。"卷鼻子"形象曾出现在特奥蒂瓦坎的装饰物及衣物上，象征着他和高地地区统治权力的联系。"卷鼻子"的儿子叫"风暴天"，"风暴天"继位后又兴建了一大批重要的新建筑。此后不久（现已知为古典晚期），经过一番政治斗争之后，"君王甲"继承了王位。他的地位可能不够稳固，因为碑雕艺术中在明显突出"卷鼻子"和"风暴天"的形象。这种在危急时刻（如君王的成就不如其祖先）和崩溃时刻通过强调祖先背景来维持其合法性的做法，同样也出现在玛雅其他地区的艺术品当中。

玛雅的碑雕和陶艺形象地描述了统治阶级联邦结盟、皇家婚姻、内外冲突、阶层关系和政治阴谋的各个侧面。重要人物到远方城邦中心参加其他上层人物的葬礼、将包办婚姻作为实现政治野心的工具、重大的征服行动以及通常在复杂社会可能看到的各种政治手段——都得到了充分表现。

人口和聚落的空间分布反映了低地玛雅的政治气候。布拉德以其对佩滕的考察为基础，对玛雅社会空间结构进行研究，提出了一种被学术界广泛接受的观点。聚落的组成形式是社会组织形式的一种反映。每一种政体发展到顶峰状态便形成一个像提卡尔一样的重要中心。每一个重要中心都统治着一系列较小的二级中心（以碑雕艺术和纪念碑建筑较少为特点）。每一个二级中心本身又管理着（同时被作为政治中心）地区化的农业人口。

　　这种理想化的格局会因地区和时间不同略有变化，而从布拉德的发现起又浮现出许多具体细节。在城镇中心内部，居民区按人的地位和身份划分。在中心与中心之间的某些地区，聚落群的密度有所降低。而其他地区的聚落分布却继续发展。例如在金塔纳罗奥南部，有40～50公里的地带上建筑物之间的距离甚至不会超过100米。

　　随着人口向城镇中心聚集，聚落群的核心化程度也渐渐提高。这在古典时期晚期表现得特别突出。不过仍有相当数量的人居住在中心之间的乡村地带。某些乡村地带，如伯利兹的巴顿拉米和佩滕湖区中部，人口居住密度在整个古典时期都有持续的增长。

　　在主要城镇中心很有可能有一个统治阶层存在。戈登·威利认为，在古典早期可能存在过一个以提卡尔为首都的"泛南方低地国"。他说这个阶段提卡尔在基里瓜和科潘建立了王朝，并把王室的公主们嫁给了其他中心的统治者。到古典晚期，这个区域国分裂成若干个地方政体，每个政体都由提卡尔、卡拉克木尔、科潘、纳兰尼奥、帕伦克或亚克西兰这样的强势中心来统辖。（需要指出的是，这里所说的模式与布拉德所谓"主要中心／二级中心"的结构不同，这里主要指中心内部）。卡伯特将雕刻方面的发现理解为提卡尔已经向四周扩展达100多公里的一个证据。这个以纳兰尼奥（或提卡尔和纳兰尼奥）为首的政体集团包括六个下属中心，每个中心的庭院数目都相同。唯一的不同点是，这些中心均比较分散，暗示着它们自身都是行政中心。

　　可以预见的是，这类统治政体并非一成不变。各中心的政治命运有起有落，统治地位可以获得也可以丧失，相互臣服和竞争

玛雅城市提卡尔的中心大广场上矗立着的金字塔神庙

的关系不断变化。马库斯认为当时存在四个地区首都，每个首都的下属成员中心都会随时间不同而发生变化。

这里也应该注意到，有些学者并不同意上述有关统治政体的推想。考吉尔认为，没有任何证据可以表明南方玛雅的哪个中心曾对某大片区域拥有稳定的、长久的政治经济控制权，但却有充分证据表明短期统治、相互结盟和王室联姻的存在。桑德斯提出了一个重要观点：南方低地大片区域所从事的生产活动均相对统一，任何一个中心统治另一个中心的经济基础并不存在；而且还应该（如萨布洛夫等）说，这样做也并不带来任何优势。

复杂化（及其表现出的代价）随时间的推移不断增长，至古典晚期终于达到顶峰。在阿尔塔·萨克里菲西奥斯，礼仪建筑的大小和规模、巨型石柱的总量和精致陶器的数量于 613 年～771 年达到顶峰。在亚克西兰和邦南派克遗址，最大数量的石雕艺术曾短暂出现，随后便是纪念碑建筑时代的结束。提卡尔最大规模的楼房建筑期是在 692 年～751 年。整个南方低地作为一个整体，有 60% 的纪念碑建于 687 年～756 年。同时，古典晚期的建筑开始转向世俗化功能，相应比例的资金也更多投入到考古学家们所谓的"宫殿"建筑。卡伯特认为，这种发展情况说明当时王公贵族的重要性得到了增强。

古典晚期社会政治复杂化投资的增长如图 25 和图 26 所示，它们分别描述了历史发展过程中纪念碑的兴建情况和城镇中心的占有量情况。

战事冲突

至少从原生古典期，即贝坎主要防御工事的修建年代起，玛

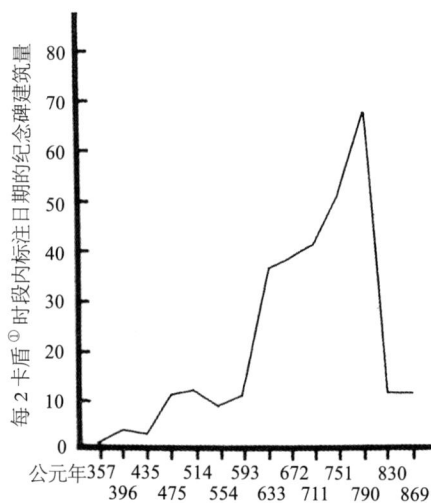

图 25　古典玛雅遗址上标注日期的纪念碑建筑量

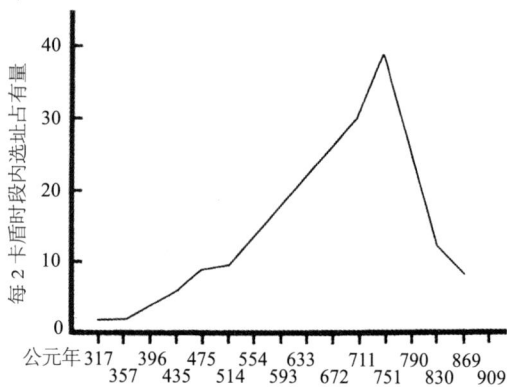

图 26　古典玛雅城镇中心的占有量

---

① 卡盾：katun，1 卡盾约等于 20 年。——译注

雅低地就存在军事竞争。贝坎护城河和城墙的规模之巨大，似乎远远超出了玛雅最初战事所能拥有的状态。提卡尔的军事防御活动很可能始于古典早期。政权领导的军国主义倾向至少在古典时期就已出现。

战事冲突和军国思想在古典晚期多有增强，这一时期的艺术作品显示出对战俘和战利品的极大关注。卡拉克穆尔和奥西佩穆尔遗址上里奥贝克地区的防御工事也可以追溯到这一时期。

许多玛雅考古学家都认为低地地区的人口增长最终刺激了地区竞争和地区冲突。考吉尔对此表示异议，认为人口增长是军国思想的衍生结果。但韦伯斯特认为，人口增长和战事发展这两种进程并非互相排斥：大概来自资源压力的竞争局势，也许会给一个鼓励人口增长的中心带来优势。城镇中心的人口聚集在战事争端时有一个好处，那就是增加了防御进攻的安全系数。

史前时期的战事活动在后勤方面多有限制，包括受农业周期影响的粮食供给和畜力短缺。长时期的围攻战略几乎没有可能。在大多数情况下，古典时期的战事一般都是规模不大的零星战斗。不过在里奥贝克，工事的遗址却显示出另外一种格局——也许这是发生在主要地区边界的一场冲突（德马雷斯特和韦伯斯特等人的观点）。在大多数情况下，战事冲突的强度因地区经济状况和社会政治状况而有所不同。

对战事活动在玛雅社会进化中的作用作出最全面阐释的人是韦伯斯特。韦伯斯特认为在前古典晚期，人口增长几乎穷尽了继续扩张的所有空间，领袖统治、阶层组织和经济分层均必须考虑防卫需求和冲突管理。

玛雅崩溃

如前所述，玛雅的崩溃紧随着许多中心出现的爆发性纪念碑修建工程。崩溃进程未曾结束之前还出现过政治上的地方分权现象。新的中心在佩滕西部、南部和东部外围地区增生扩散。尽管在各主要中心已停止了兴建工程，但许多小中心的碑柱建筑却首次拔地而起。830 年～909 年，65% 的纪念碑都建于较小的中心，而且 40% 以上的小中心都是首次修筑纪念碑。通常情况下，纪念碑是这些小型中心的唯一建筑，最终也被崩溃浪潮席卷一空。这种地方分权现象似乎是 6 世纪"中断期"事件的再次重复。

崩溃进程十分迅捷。（事实上，南方低地个别中心曾多次出现过相对孤立、形式各异的崩溃现象。）790 年，19 个中心兴建了标注日期的纪念碑。810 年，12 个中心矗立起同样的建筑。但 830 年兴建纪念碑的中心却只有 3 个。889 年是建成最后一个具有完整历法雕刻石柱的年份（尽管汤普森认为后来有些纪念碑也许能追溯到 909 年和 928 年）。邦南派克、帕伦克和皮那德拉斯·内格拉斯的崩溃发生在 800 年前后，与科潘的年代相同。基里瓜和皮那德拉斯·内格拉斯的终结年代是 810 年，其他中心于九世纪中期败落。830 年以后，提卡尔没有出现任何投资主要建筑的痕迹。

若干考古学家找到了玛雅崩溃时期西部边疆遭受外来入侵的证据。有人认为这次入侵事实上可能触发了崩溃进程——即便是间接作用。其他人认为入侵是崩溃的结果，而不是原因，外围人口入侵是在利用中心出现的权力真空。外来入侵的证据主要是在阿尔塔·萨克里菲西奥斯和赛伯尔发现的，这里 9 世纪和 10 世纪的石雕和陶艺被认为是尤卡坦、海湾区和中墨西哥艺术的历史复兴。赛伯尔艺术建筑走向高峰恰好与艺术风格的变化同时发生，使人们推理可能发生过武装政变。不过并非所有的玛雅学者都相信这一证据。格雷厄姆还提醒人们注意，艺术风格上的这些类似也许反映了地方上层愿意模仿异域风格。索尔对阿尔塔·萨克里菲西奥斯居民遗骨化石所作的研究并没有找出外族入侵的任何证据。

随着玛雅的崩溃，复杂社会的某些成分也同时消失：行政结构和居住结构、殿宇的兴建和重修、石柱建筑、奢侈品生产以及古典历法和文字系统。与这些成分相关的统治阶层同时也不复存在。

玛雅的崩溃不仅涉及社会政治复杂化的衰落，而且还伴随着人口的重大流失。据亚当斯估计，玛雅人口在 75 年时间里从 300 万降至 45 万。他指出，这意味着人口死亡率从 10% 涨到 15%。卡伯特在这一问题上比较保守，他认为低地地区在 100 年间损失了 100 万人。无论如何，两种估计都暗示着一场重大的人口灾难。许多学者提出，大批地向外移民可能是人口衰落的原因之一。

事实上，社会崩溃和人口流失之间的确切关系目前还不甚清晰。可以这样说，许多地区在玛雅崩溃之前的一段时间就出现了人口下降。人口下降的开始时间因地区不同而各具差异，大致是从古典时期最后 100 年到古典终结期或后古典期的时间段内。缩减后的人口仍居住在城镇中心或中心附近，如提卡尔、本克维霍（巴顿拉米地区）和乌瓦夏克顿等地，在政权死亡后仍延续了大约几十年。在巴顿拉米和伯利兹的其他地区，有相当部分的人口继续生活到 1000 年。巴顿拉米是一个最能说明问题的地区。这里，尽管本克维霍中心已于 830 年左右崩溃，但郊区展示出居住迹象的 65 座土墩在 700 年～950 年间只减少了 3 座。在佩滕湖区中央地带，后崩溃时代仍有许多人居住，后来还形成了一个新的中心。不过即使在这里，人居建筑在古典晚期和古典终结期仍下降了 81%。

与上层和平民生存背景相关的碳测年代 ① 的数据表明，社会崩溃和人口流失之间的单一关系并不成立。西德莱斯和伯格的汇编结果显示，上层背景下的碳测年代在八世纪中期达到顶峰，而且不出所料，随后便开始急剧下降（图 27）。但相比而言，平民背景下的碳测年代并不遵循这一模式，而且没有提供同时期农民人口急剧下降的任何证据（图 28）。对这一模式应该做些说明：与平民相关的年代取样范围较小，可能存在较大的取样误差甚至偏见（参见卡伯特）。考虑到这些因素，西德莱斯和伯格所描述的模式便具有可挑战性。

此刻我们还没有理由说社会崩溃和人口流失完全无关。但有足够的证据证明这二者之间的关系十分复杂，而且因时空变化表现各异。因此，我们自然有必要对古典终结期和后古典时期人口衰落状况做进一步的研究。

崩溃进程因环境不同对每个中心造成不同的影响。但崩溃也会在各中心间传播，因为危及某些城邦的劫难将殃及邻邦，平民

① 碳测年代（radiocarbon dates）：以放射性碳定年法测定的年代。这种方法假定空气中碳 –14 的衰变速率是个常数，然后利用校准曲线将放射性碳定年转为日历年，据说准确度达 6 万年以上。这种方法由美国化学家威拉德·弗兰克·利比（Willard Frank Libby）发明，他因此获得了 1960 年的诺贝尔奖。——译注

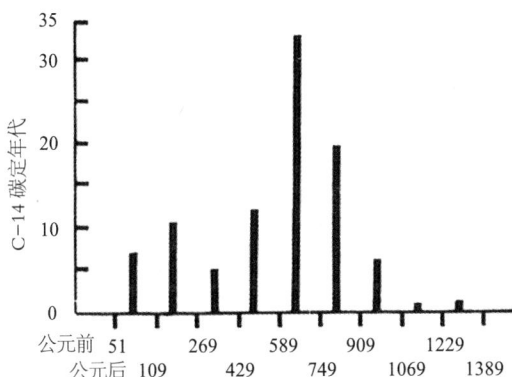

图 27　上层背景下南方低地玛雅的碳测年代

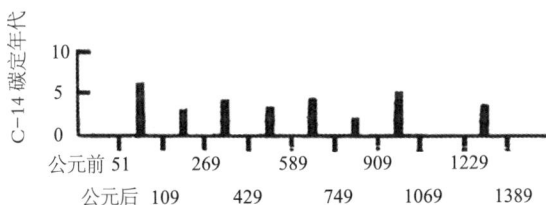

图 28　平民背景下南方低地玛雅的碳测年代

百姓也会向比较安全的地区迁移。

　　后崩溃时期的人口状况在提卡尔得到了最佳体现。这一城邦的人口大约损失掉 90% 以上，只剩下一个 1000 人～2000 人的群体。提卡尔附属地区人口也表现出相应的下降。830 年～900 年，爱兹纳居住着一群穷困潦倒的人，这些人曾试图继承古典时期的礼仪精神。爱兹纳人住在一种大拱顶建筑中，将垃圾扔在院落、楼梯旁边或是室内。这些建筑在逐渐颓废后没有重建。爱兹纳的建筑形体不大，比较原始；其陶艺也不像古典玛雅那样精湛。爱兹纳人的墓葬与古典时期贵族的墓葬同居一地，但爱兹纳人的随葬品很少。后来是古典时期的坟墓和葬品被洗劫一空。爱兹纳人模仿古典时期礼仪精神的尝试违背了业已消逝的古典时期上层人士的意愿。提卡尔大约有 40% 的石柱都经爱兹纳人修复或重置，但按古典标准来说做法并非得体（如重设地点不对，或上下颠倒）。随着这一群体的离去或衰亡，提卡尔的政治崩溃和人口崩溃宣告结束。

类似的格局同样出现在乌瓦夏克顿、圣荷塞、帕伦克和皮那德拉斯·内格拉斯。巴顿拉米的郊区人口也表现出类似情况——尽管崩溃之后仍有大量人口居住，但新兴建筑相对来说却非常之少。

整个南方低地的崩溃进程并非均衡划一。低地北部的普克在古典终结期表现出来的情况绝不是居民人口从以前的时代慢慢消失（南方崩溃进程中逃过来的难民可能起到一定作用）。伯利兹遗址的拉马奈也没有出现任何崩溃的迹象。但南方低地作为一个整体却经历了崩溃进程，如一位权威人士所述，"（玛雅）经历了史前时期中美洲前所未有的重大人口灾难和文化崩溃"。

玛雅崩溃评估

前几页的研究综述和下述有关玛雅的传统看法完全不同：玛雅是一个由刀耕火种的农民组成、于低地地区散居的和平民族，他们高高兴兴地修建了自己不常造访的仪式中心，留给一个只关心祭祀礼仪及历法细节的上层贵族集团居住。其实玛雅是一个具有高密度人口压力、从事密集型农业生产、大多居住在政治中心、不仅养活贵族阶层而且负责公共设施建设、为了短缺的资源也会不断竞争的民族。这是一种更接近现实的观点，它不仅使玛雅在早期文明中不再脱离常态，而且也使其崩溃进程不再显得那样神秘。

玛雅崩溃的原因根植于前古典期和更早的时代。前古典时期的玛雅面临人口扩大和资源短缺的压力，非常有理由卷入军事竞争。南方低地的地形冗余对理解军事竞争进程很有帮助。

当一个民族的人口发展接近其食品生产体系的承受能力时，产量波动的后果将日趋明显。在地形异质性较高（不同周期的食品生产体系亲密共存）的环境下，减轻资源生产波动的常见方法就是发展地方经济合作体系。通过建立贸易关系或互惠关系，或通过向某种阶层化管理的地方资源库不断投入，一个地方群体可以确保在歉收的年头免受危机，即把暂时的盈余转化为危机时代所需的互惠互助。从本质上讲，生产和消费单位的规模由当地群体而定，覆盖有限的区域，然后才扩展到覆盖各异质区域的地区人口当中。伊斯贝尔将这些策略形象地称为"能量均衡"系统。在许多地区，能量均衡系统自狩猎采集和生存种植时代就受到人们的重视，并在人口密集的复杂化社会演进过程中得到重要发展。本章稍后将对美国新墨西哥州圣胡安盆地的一个能量均衡系统进行详细考察。

地区性经济合作和空间上的能量均衡是应对产量波动的有效方法，并对文明的进化产生过重要影响。这种策略可以带来（个人利益指导下以经济合作为基础的）地区性社会政治的整合和统一。地区性经济合作可以获得长远效益，但只有在恰当的环境条件下才能实现。这里最根本的条件是要有非同步变化的多种生产体系，而且多种生产体系必须具有足够的同质性以使资源运输比较经济。若这样的条件无法满足，同质性生产周期的不同群体会出现同步变化，经济合作的基础将很难建立。当若干个地方群体同时遭遇荒年时，这些群体则基本上别无选择，其行为也足可预见，那就是竞争、掠夺和战争。在这方面，怀特记录了发生在加利福尼亚和亚利桑那交界处科罗拉多河流域的一个有趣现象。这一地区的环境分布呈南北纵向，所以如果从东向西观察，资源变化非常明显。但如果从北向南来看，很可能好像一直处于同一环境区。所以毫不奇怪，该地区原住民部落的经济联盟都以东西向为基础，而竞争性状态一般出现在南北向，即出现在产量同步波动的部落之间。

低地地区的产量波动虽不如干旱地区的情况严重，但对人口密度即将接近爪哇和中国（某地）的玛雅来说，产量波动仍是一个问题。产量的任何下降都会给这个民族造成不利影响。上古时期佩滕中部地区的农民频繁经历饥荒，而且这种情况发生于相对不大的人口群，还远没有接近该地区的承受极限。前古典和古典时期高密度人口群开发的集约生产体系一定在某种程度上受到过气候、病虫害和营养不良的冲击。

从地区异质性高／产量非同步波动／能够实现经济合作，到地区异质性低／产量同步波动／需进行生存竞争——这之间可以是一条程度渐进的刻度线，而低地玛雅基本落在刻度线后端的某一点。低地环境（相对短距离）的地形重复造就了一种情况，那就是任何当地环境都不太可能存在高度多样化的生产体系，而邻近地区的生产也大约遵循同样的生产周期。（如一位同事曾向我指出，清理大片雨林会使该地区的多样化程度进一步降低）。这并不是说玛雅的农业生产中不存在地区的多样化差异（因为差异明显存在），也不是说每一个地方群体都只不过是在机械地复制邻近地区。这里只不过是想争辩说，与地形多样化程度较高的地区相比，低地环境造就了玛雅资源不均的局面，很可能必须通过掠夺和竞争来解决，而无法实现空间上的能量均衡。换句话说，年景不佳的时候，玛雅无法有效均衡整个地区都同样短缺的自然资源。

当前古典时期的人口增长到足够的密度，产量的波动便成为一个严峻的问题，各地方群体解决这一问题的方法肯定显而易见：掠夺邻近群体以弥补短缺。从眼前来看，人们不这样做必然面临饥荒，玛雅发生战事就很有可能。从长远来看，解决办法包括集约化生产和建立阶层化经济管理体系。然而这些并非永久性解决办法，考古证据显示的人口发展模式表明，每建立一个更高容量的生产体系，都只会导致人口数字上升。动用武力的选择在当时一定具有永恒的魅力。

玛雅地方群体间的竞争关系对玛雅的社会进化关系重大。前古典时期中后期和前古典时期的人口压力、战事发展和社会政治复杂化均同时出现绝不是一种巧合。如韦伯斯特所说，它们之间存在着系统性的联系。战争的酝酿、实施和决策需要一个重要的管理者或领导者角色，这个角色促进了社会阶层化的出现。经济领域的多层化是战争胜利的结果，因为战争胜利后的奖赏是由领导者的取舍权和分配权决定的。

尽管玛雅建成了重要的防御工事，但当时的大部分冲突（如果确实因生存压力而起）主要是农作物成熟时的田间掠夺，以及丰收之后的农舍和粮仓的抢劫。由此带来的危机使地方百姓向比较安全的地区中心聚集。这反倒增加了地区的生存压力——人口向较小地区集中，大片土地上只剩下较少的人口，只能提供较低水平的农业出产。亚当斯指出，早期苏美尔城邦的人们在应对战事时也曾作出类似反应。

农业生产、地区冲突和社会复杂化过程中也出现了各种复杂的反馈形式。农业产量波动促使人们经常考虑武装行动，而就算是小规模的行动也会反过来影响农业生产。四散各处并随时变动的临时农田基本上没有任何防范措施（至少在成本允许情况下），很容易遭受侵犯，但对维持生存又是必需的。相对集中的集约生产体系，如凸起田和梯田，则因规模小、集中、固定而易于保护，而且从其产量讲也值得花精力去捍卫。同样的道理也适用于粮食集中存储。若说武装抢劫是农业集约化的唯一原因可能过于简单，但武装冲突的确使人们越来越倾向于集约体系（当然一旦战事出现，粮仓等固定资产也会成为进攻目标）。同样，处理战事冲突可能也不是社会政治阶层化的唯一原因，但战事冲突直接（呼唤军事领袖）和间接（调动劳动力和农田管理）地影响了社会的复杂化发展。

玛雅应对生存压力的各种策略无疑因时空不同而多有变化。某种情况下，掠夺近邻可能是人们缓解一时之需的最佳选择。但在其他情况下，比如邻近各处逐渐开始有效防范的时候，实行农业集约化生产和有效的经济管理就更具实效。战事争端很可能不是推动玛雅社会政治演进的唯一因素，它只是这一复杂的、适应性体系的重要组成部分。

如韦伯斯特所说，在其他因素相同的情况下，战事状态的确使较大人口群在进攻和防御方面获得了真正的优势。也许正是这一点使考吉尔得出了是玛雅的人口增长选择了军事竞争的结论。

如果真是如此，这里便存在着一种正向的反馈循环，即危机的促成因素（人口）在解决危机的过程中反而得到进一步增长。在缺乏正规的地区性外交协议的情况下，任何一个政体都不敢从这种竞争的螺旋式发展中擅自撤出。

竞争机制一旦形成，玛雅任何一个政体所能采取的最佳策略便是威慑他方。玛雅没有常规部队，所以需要一种信息传输系统来展示其相关实力、威吓入侵者，并有助于冲突的和平解决。这里（再次申明）并非说信息传达是纪念碑建筑艺术、绘画艺术和雕刻艺术发展的唯一原因，但这些艺术都可以作为信息传达的媒体。工程浩大、耗资耗力的公共建筑非常有效地传达出一个政治中心的相关实力。一个中心可以通过其建筑陈列，向潜在的竞争者传达政府在人口调动能力方面的信号。它还可以传送一种信息：一个能够耗费如此财力、兴建如此无关紧要的建筑设施的政体，自然有能力调用大量资源应付任何外来威胁。的确，玛雅建筑直到今天都在向我们传达着这方面的微妙信息，在建筑者们从工地上消逝了若干个世纪之后，考古学家们仍把建筑领域的投资作为衡量玛雅中心政治实力的主要标准。

雕刻艺术和绘画艺术同样属于这一信息传达体系。玛雅雕刻经常表现军事主题，经常可以看到统治者审讯俘虏，甚至站在俘虏身上的画面。在一个善于展示这类艺术品的中心，来自潜在敌对中心的普通使者和造访高官经常会看到一些雕塑和绘画，展示着东道主的军事实力，以及它对待战俘的严酷无情。造访者不得不接受艺术品（如描绘拷打和处死战俘的博南帕克壁画）中传达出来的准确信息。我不是艺术方面的专家，但我的印象是玛雅艺术比其他（如罗马）艺术更多地表现了虐待俘虏的主题。罗马战役（特别是知名战役）中的战俘通常被表现为（比如说）皇帝的战利品，但虐待战俘的描绘不像在玛雅艺术中那样突出。罗马人建设了一支强大的正规军，他们的艺术并不集中表现虐待俘虏；古典玛雅没有常规部队，他们的艺术要表现惩处敌人的恐怖。在没有真正实力的情况下，宣传和威慑便成为最佳选择。

发送威力信号不仅可以威慑邻邦，而且可以用来吸引外围地区的人口和较小的中心，将他们团结在主要中心周围，以实现最强防御能力和最大优势。尽管随时间推移人口的聚合趋势有所增强，但玛雅大多数人仍继续住在郊区村落，而且可能一直是城镇中心争取的对象。威利和希姆金指出，在古典晚期，有些地区的很多平民都被成功地招募到中心，甚至是从其他中心抓获而来。

因此，古典时期的玛雅陷入竞争机制当中，而只有那些规模更大、展示实力的投资更多、更有能力调动人力的中心才具有竞争优势。到古典时期，特别是古典晚期，军事方面的发展已经超出了当初来自生存危机的动力，而成为政治关系和地区统治权的组成部分。竞争中各政体的成败程度不尽相同，强势中心开始涌现，并统治较小的中心和大片区域。古典初期的提卡尔就赢得了这样一种地位；而古典晚期是其他的中心获得了强权。雕刻中显示的信息表明，提卡尔统治的地区可向周围各方向延伸100公里。但统治这样大的一个区域具有难度。卡伯特相信艺术品中描绘的大多数军事行动都是地区间的矛盾，因为艺术品中的战俘形象很少和已知的重要中心有任何联系。不过，提卡尔这样规模的区域也向我们提出了一种可能情况，即佩滕中部的粮食危机可能在后来一个阶段得到缓解，途径是从玛雅山脉的梯田和伯利兹地区的凸起田等资源遥远地区运进粮食。粮食的长途运输（如同在罗马帝国）成本很高。卡伯特的计算表明，粮食每运输 100 公里将耗费（运输的人畜消费）其自身价值的 33%。

尽管凭已有数据无法填充所有细节，但古典玛雅的高人口密度明显是伴随着大型水利及农业工程、社会政治复杂化、大规模公共设施建设以及地区间军事竞争而出现的。更重要的是，除了后来逐渐稳定的人口因素之外，所有上述可变因素都在增长。就在崩溃发生前不久，社会复杂化投资和建筑艺术投资还在大幅度增加。

这是一个人力成本较高的社会系统。我们没有基础百姓生存状况的文字记录（不像在罗马帝国后期），但考古学家已经发现了普通百姓留下的尸骨。无言的尸骨从多方面清楚地诉说着那些时代的生存状况。

1965 年，戈登·威利和他的同事们注意到，巴顿拉米发现的人类遗骨（随时间的推移）逐渐变得质地脆弱、缺乏强度。这可能意味着该地区高密度人口大约处在或超过其自身生存极限，当时可能出现过不断加重的食品危机，并于古典晚期达到了顶峰。

提卡尔研究项目找到的大量数据再次证明了其资料价值。公元元年前后标志着提卡尔人口的身高差别在有墓者（较高阶层）和无墓者（较低阶层）之间开始出现。到古典早期，有墓者人群的平均身高要比平民群体的平均身高多 7 厘米，说明上层群体在童年生长期具有获取多种营养资源的优势。但在古典晚期，上层人和下层人同时受到当时危机的影响，有墓者和无墓者男性的身高都有明显下降。这当中暗示的因素似乎就是营养不良。值得注意的是，相同情况下女性未受太大影响，她们的身高没有出现下降的迹象。

人们也对阿尔塔·萨克里菲西奥斯的一个大型墓葬群进行了仔细分析。这个遗址从前古典时期开始就出现过高发性、持续性营养失调和（或）寄生失调现象，也许还有儿童传染病。各种类型的贫血症发病率非常高，证据是被称作骨质增生的一种骨质蜕化状况。影响儿童成长的状况反映在牙齿珐琅层发育不全。病理上的机能障碍也有一定程度的出现。从前古典期到古典时期的各阶段，男性身高呈缩减趋势（女性再次例外），而在古典时期，人的平均寿命出现了突然下降。有证据表明，人口缺乏维生素C的现象非常严重，结果导致坏血病的出现。病理证据显示人口体质比较虚弱，并具有长期发展迹象，这可能削弱了人的正常功能和工作能力。

近期，在威廉·桑德斯指导下的科潘遗址研究进一步确认了这些发现。在科潘郊区地带，无论是传染性疾病还是营养性疾病都非常普遍，科潘城内的情况也许更为严重。市内居民比郊区居民的寿命要短得多，而到古典时期晚期，都市居民的平均死亡年龄日趋降低。下层阶级的健康状况不佳，甚至出现过青少年死亡数字异常升高的现象。在多数人口群中，青少年死亡的情况并不多见。

前古典晚期和古典时期的玛雅人明显在压力下生存，而且随着时间的推移局势更加恶化。这让我们联想到罗马帝国后期贫困交加、负税过重的农民——两者之间的唯一区别是，罗马的数据表明这种状态仅出现在西罗马帝国崩溃前的最后300多年，而玛雅的数据表明这种状态延续了近一千年。

到这里为止，导致玛雅崩溃的各种因素便可以整合到一个系统框架之中。前古典期和古典时期各阶段出现的危机和压力触动了一个动态系统的发展，其中竞争和战争、支持统治者上层、投资纪念碑建筑、水利工程和农业工程以及治理不断扩大的地方区域等因素均密切相关。支持这样一个系统的代价完全落到了以农业为基础的百姓身上。在社会复杂化方面不断进行这样的投资一定是颇有收益，因为一种实施了1200多年并随时间流逝不断强化的策略，完全没有成效是不可能的。不过事实也很明显，这种投资的边际收益随时间的推移而不断下降。在战事活动、复杂化进程、纪念碑建筑和农业集约发展上所作的每一项投资都没有给人民健康和营养状况带来相应的收益。情况正好相反，社会对基础百姓的要求不断增加，百姓所得的利益事实上就会减少。所有那些纪念碑建设工程，所有那些农业工程改进，显然很少或完全没有改善整体国民的人均营养状况。（我必须强调前句话中的"人均"一词，因为整体粮食产量的确出现过增长。）这在玛雅即将崩溃的时候就更是如此——基础人口已停止增长、压力过重、虚弱不堪，但突然增长的纪念碑建设工程却落在他们肩上。

　　女性明显没有像男性一样受到危机的影响（至少在某些遗址），这一发现使人们开始猜测，当时的统治阶层面临劳动力短缺和兵源短缺，可能推行了一项增加妇女营养以鼓励生育的政策。罗马帝国后期，如前所见，也曾鼓励人口增长，但采取的是税收奖励和保护孤儿的办法。现成的例证还有，阿兹特克和印加都提出过鼓励人口增长的政策，某些情况下还公开表彰多产女性。如同在分析罗马案例时一样，我们很想继续探索玛雅古典晚期的人口发展停滞是否在一定程度上与上层统治者过分压榨农民阶层有关。

　　于是，前古典期和古典时期各阶段的玛雅社会是沿着增加复杂化投资，并历经边际回报递减的方向发展。到八世纪后半叶，支撑玛雅文明的百姓阶层十分羸弱，社会危机一触即发。尽管冲突和竞争是玛雅社会的固有特征，但直到玛雅崩溃之时，军事征服活动都没有给上述危机带来丝毫的缓解。事到此时，获取更大面积的疆土将意味着负担更多的贫穷人口，所以发展成大国的边际收益将会很小。无论导致玛雅崩溃的最后一击是来自外敌入侵，还是环境蜕化，或农民反抗，或内乱冲突，或若干因素的综合，崩溃的事实都在意料之中。崩溃是无法摆脱困境的一种预见性的调整。

从短期效应上看，崩溃可能使农民阶层立即从重负下解脱出来，并改善了生存状态。但从长远效果来说，崩溃却意味着农民人口本身遭受浩劫。此后玛雅人口发展一直未能复苏的事实似乎表明，低地环境在强化耕种下已经恶化，集约化农业生产体系只能在阶层化管理（已不复存在）的条件下才能维持。

正如考古学家们开始意识到的，尽管玛雅崩溃是一场大规模的政治灾难和人口灾难，但玛雅文明并没有终结。玛雅北方低地没有受到南方崩溃的影响，而且在实力上得到了增强。如今看来，在南方低地和普克地区，甚至和北方的奇琴·伊察之间存在着很多的文化延续性。玛雅文明的主要转型期始自奇琴·伊察的灭亡和 13 世纪玛雅潘的崛起。

查科的崩溃

美国新墨西哥州西北部圣胡安盆地的查科社会仅在考古遗迹上有所记载。与玛雅社会所处的热带地区相反，圣胡安盆地相当干旱。这里的社会复杂化进程在一系列异样的挑战下开始，但却因类似（前述案例）的原因而走向崩溃。

圣胡安盆地是科罗拉多广袤高原的一个结构分支，其8.5万平方公里的区域由若干个广阔的平原组成，中间频繁而突兀地穿插着低洼地带的岩石台地和孤立土丘。盆地周围由高原山脉环绕（见图29）。盆地中部的地形升高跨越距离很短，每升高一级很少超过150米，而在盆地外围每900米出现一次海拔变化并非罕见现象。

圣胡安盆地中心展现出它最主要的地形特征——峡谷。查科峡谷呈东西向延伸，南北两侧是陡峭的悬崖，像是地形同质和环境重复海洋中一个起伏多变的小岛。峡谷有若干个主要的支流河域，连接着来自广阔盆地其他河流的水源。这种地貌对干旱地区的农业生产至关重要，因为当地上空的夏日雨水变幻莫测，峡谷中一些河流有水、一些河流干涸的情况非常普遍。这样看来，查科峡谷在收集变化无常的雨水（通常并不充足）方面发挥了它的最大潜能，而这在盆地环境中已经非同寻常。

不过从其他方面来看，查科峡谷并不利于农业发展。比如，该地区一些最为贫瘠的土地就在这里。亚利桑那州东北部霍皮人种植的玉米大约要115～120天才能成熟。西南地区的考古学家经常以作物成熟的天数来衡量某一地区是否适合玉米种植。圣胡安盆地的植物平均生长周期在140～160天。然而在查科峡谷的悬崖地带（海拔1866米），60%的植物生长周期不足120天，30%的植物生长周期不足100天。

峡谷中唯一的永久性水源是沙石悬崖上的十来个渗水小坑，其中最大的一个能渗出不足380升的水。查科地区有记载的平均

277

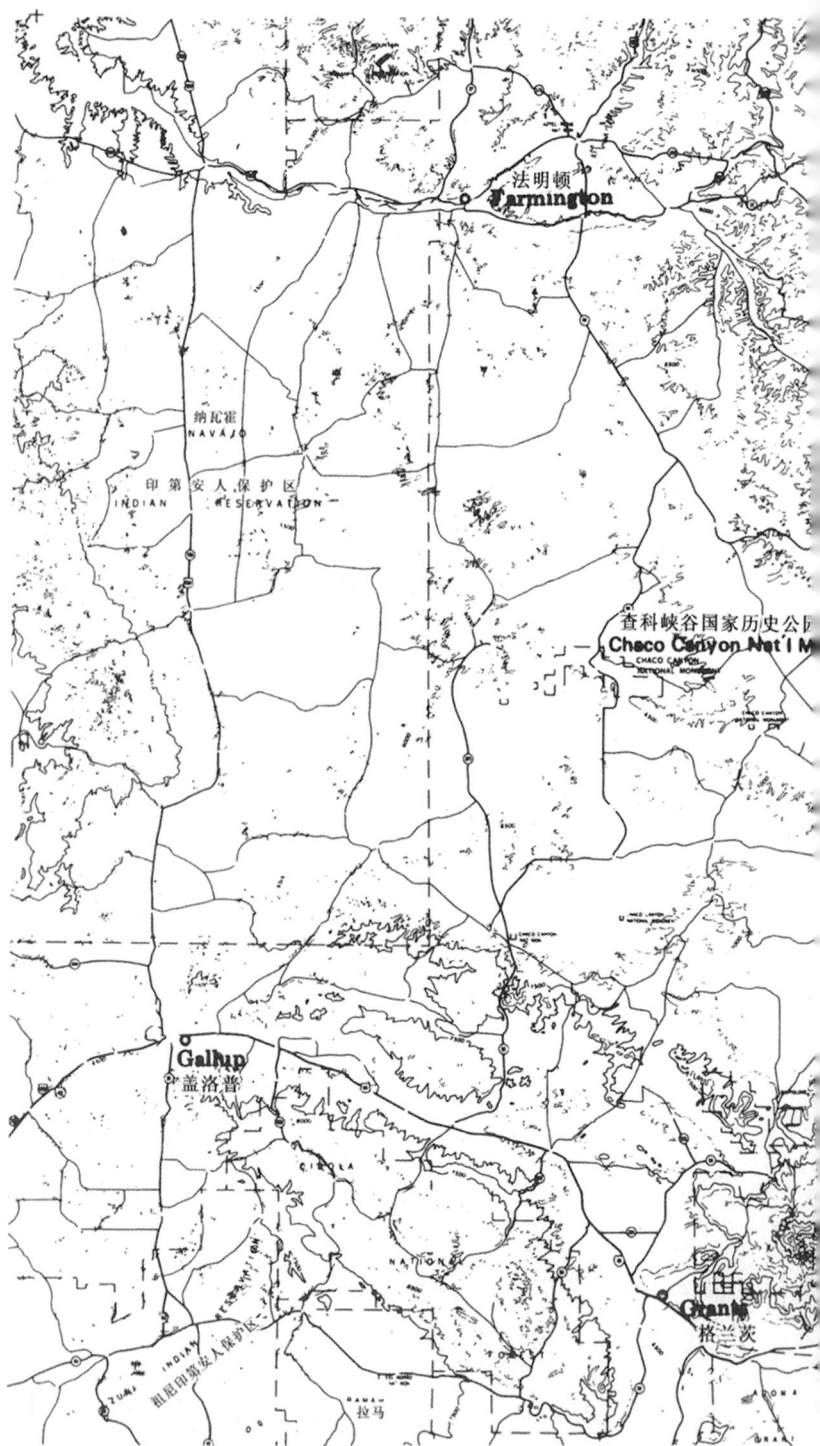

图 29　圣胡安盆地及周围地形

年降雨量是 213 毫米，但年均降雨量在 89 毫米和 457 毫米之间波动。

峡谷文明高峰期的气候状况同今天的气候状况基本相似。树木学（树木年轮）的证据表明，900 年～1300 年的年平均降雨量为 221 毫米。在这样一个干燥的地方，时间和空间上的变异都非常重要，干旱会给查科人带来许多不利影响。920 年～1040 年，45% 的年头降雨量超过了 100 年的平均值。1040 年～1120 年，这个数字升至 55%。但在 1120 年～1180 年，只有 10% 的年头降雨量超过了历年平均值。1123 年～1178 年，只有 11 个年头拥有高于平均值的降雨量。

就是在这种边缘环境下，一个具有社会复杂化、政治多层化、经济共生化的地区文明创建发展，并达到了史前西南地区北部区域前所未有的水平。尽管有些研究者发现在普韦布洛印第安人区的其他地方和其他时间也曾出现过区域文明，但查科文明体系在复杂化、阶层化和代价程度上都超越了其他任何文明体系。

查科文明体系的最大特征是其建筑艺术。考古学家们归纳出两种具有普遍特点的查科建筑。第一种叫"巨屋"，也叫"查科结构"或"城房"，在西南普韦布洛地区独具特色。它们的特点是：（1）和周围其他建筑相比规模巨大，有时一个巨屋可以有几百个房间，包括多个楼层；（2）是大型规划设计的结果，展示出大型建筑构件的使用、简洁对称的设计以及高水平的劳动力组织能力；（3）具有精致、独特的巨石建构特点，造价甚高；（4）内设宽敞的高顶房间，屋顶由木材搭建；（5）与被称作"大地穴"（Great Kiva）的宗教建筑在风格上密切相关。与此（为数不多的查科建筑）相对照的是成百上千个社区住所或独立村落，容纳着盆地地区的大部分人口。这些村落建筑规模不大、形状不一；没有经过太多的规划，石砌技术简单，房间小，屋顶低，宗教式的地穴也较小，而且不够精致。这些建筑的总体成本，如米勒所指出的，要比巨屋的造价低得多。

巨屋一般包括很多看上去是用作储藏室的房间，可能也有不少房间供人居住，但从大宅的规模来看，应该不会是全部住人。查科结构的墓葬当中经常发现来自异域的东西，包括绿宝石珠链和垂饰、贝壳饰物、陶器饰物、黑玉镶嵌饰品、石英水晶饰品等各种珍宝。有时这样的墓葬中可发现成百上千件珍品。相比之下，一般部落的墓葬没有这么多珍贵的东西。例如，1030 年到1150 年间 21% 的峡谷巨屋墓葬都有绿宝石，但村落墓葬中发现类似宝石的比例却不足 1%。

建筑巨屋过程中的劳动力调配和高能消耗，连同葬仪活动中表现出的社会经济异质化程度，证明查科是一个具有多层次组织结构的社会，其上层社会成员居住在巨屋型建筑之中。查科城镇的分布——不仅在峡谷，而且遍及圣胡安盆地——标志着这一阶层化系统的地理范畴。

巨屋的规模从只有 1 间房到近 700 间房。巨屋的最大遗址都集中在查科峡谷及其附近地区，还有少数分布在盆地北部边缘的圣胡安河河岸或附近地段。另有一些巨屋主要散见于沿查科河下游的盆地外围地区（图 30），一般被称作查科峡谷外的"独立房"或独立村落。目前发现的这种巨屋有 70 多座。

从查科峡谷向外延伸的街道系统可通向峡谷外的独立村落。这些街道很宽（9～10 米）很直。街道不完全依地形高低而建，而是平整土地后再修路面。街道两侧一般有石沿，跨越流水时铺

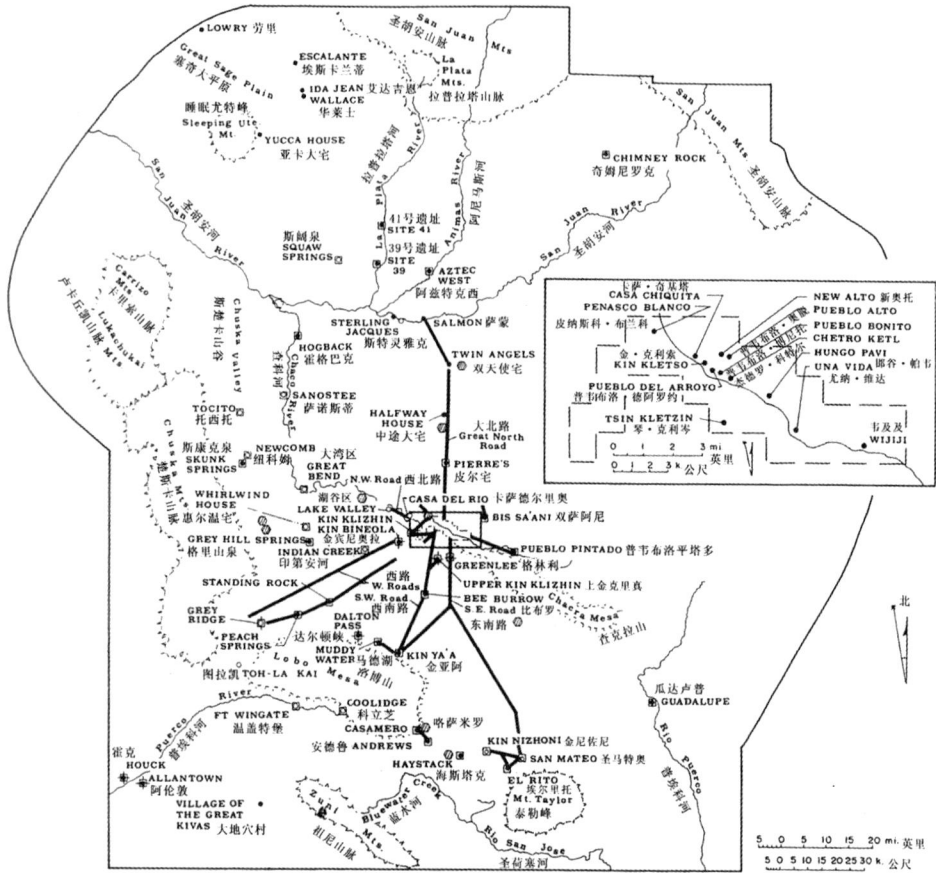

图 30　查科地区系统，1050 年～1175 年

设堤道石桥，遇到悬崖时还凿建了阶梯。近来的研究表明，这些
街道不是长年行人踩踏的结果，而是经过系统的规划、设计、施
工和维护。目前发现的这种街道建筑有 300 多公里。有一些巨屋
似乎被作为这一街道系统的停歇驿站，尽管大部分巨屋都是城镇
高层人士和农业社区高贵群体的家庭住宅。

根据谢尔伯格的观点，圣胡安盆地的考古年表如下：

巴斯克特梅克^①三期　　　400/500 年～725/750 年

普韦布洛一期　　　　　725/750 年～900 年

普韦布洛二期早期　　　900 年～1100 年

普韦布洛二期晚期　　　1000 年～1050 年

普韦布洛三期早期　　　1050 年～1150 年

普韦布洛三期晚期　　　1150 年～1225 年

　　圣胡安盆地的社会复杂化显然早在巴斯克特梅克三期和普韦布洛一期就已经出现。这一时期，该地的首座"大地穴"已经存在（"大地穴"是大型宗教仪式建筑，可能服务于若干个居住群）。从这样早的时期开始，查科人就和周围的地区建立了密切的贸易往来。查科最早的陶器中大约 20% 到 80% 都是从西南 80公里以外的锡博拉运进的。稍后在普韦布洛二期，大批的装饰性陶器从南部 50 公里的红岩山谷贩进，而多数的生活用具则来自西部 80 公里以外的楚斯卡山区。到 9 世纪，查科峡谷已有相当数量的人群居住在独立的小型印第安村落，以无规则的石刻活动和无组织的土地种植为生。

　　约 900 年的时候出现了一些重大变革。三个峡谷遗址——尤纳维达、普韦布洛·博尼托和皮纳斯科·布兰科——开始兴建一种结构独特的多层大屋的石建住宅，后来被称作巨屋。到普韦布

---

① 巴斯克特梅克（Basketmaker）：又意译为"编篮者"时期，大约在公元 500 年～700
　　年左右。由于这是后代考古学家对当时一个部落（人）的称呼，所以这里采取音
　　译。——译注

洛三期初期，峡谷中心或附近至少已经建成了 13 座巨屋。同时
人们也修建了若干个大地穴，外加一个供水系统。居住在巨屋的
上层贵族开始享用绿宝石、海贝、铜铃、鹦鹉等进口奢侈品。

500 年～900 年，圣胡安盆地的其他地区目睹了农业乡村的
建立（其中不少后来成为支援盆地外围大户的主要源泉）。900
年～975 年，社会政治组织在面临各种地方挑战、危机和机遇中
进化发展，沿盆地南部和西部边缘又兴建了 7 座巨屋。由峡谷中
心向外延伸的"大南路"和最早的外围巨屋可以追溯到同一时
期，说明查科与它的南部郊区早就曾融合在一起。975 年～1050
年，又有 9 座查科建筑开始动工。后一个世纪进入到建筑发展的
繁盛期，一共建成了 19 座巨屋。不过建房趋势在小高潮过后开
始衰落。从普韦布洛·奥托俯视查科峡谷的一座巨屋上看到的最
后建房时间是 1132 年。

查科文明体系发展的后期阶段明显出现过地区间的经济合
作。建造巨屋屋顶的 15 万到 20 万株树木都是从外地引进的。在
峡谷遗址的杰德罗·柯特尔，估计有 5122 根木材是在 1037 年
到 1039 年间采伐的。另有 4108 根于 1051 年到 1052 年采伐。在
兴建杰德罗·柯特尔所需的 2.6 万根木材当中，6000 根杉木来自
50 公里以外的高山地带；其余是松木，至少采自 25 公里以外。
据估计，从 1020 年到 1120 年，从楚斯卡山区运进一个峡谷遗址
（普韦布洛·奥托）的陶罐就至少有 4.05 万件。进口陶罐中所装
的东西可能更为重要。

研究结果告诉我们，高峰期的查科峡谷人口为 4400～10000
人。按当地环境产量估算，附近地区的所有农田和动物资源加在
一起，可能仍不能负担所有人的生存需求。在峡谷最大巨屋所

在地普韦布洛·博尼托发现的玉米穗轴比其他遗址发现的穗轴粗 25%，说明这里的贵族居民曾依赖进口玉米生活。考古学家在另外一座巨屋（普韦布洛·奥托）发现了其他村落不曾见过的植物物种，说明这家人有更多的外来资源渠道。还有人（如谢尔伯格）发现，这里的许多石器及其原材料都属于进口产品。

到 12 世纪中后期，或 13 世纪初，查科文明系统基本上已经崩溃。人口仍散见于盆地和其他地区，但巨屋建筑已经是昔日盛景。房屋建造要么出现在村落遗址上，要么是较小的、村屋式的小房附着在现存大宅旁边。石墙通常是由从巨屋搜集而来的磨盘等石料砌成。有组织地调用劳动力、用精选石料建造有规模的城镇的日子已经一去不复返了。查科再也不是经济活动的中心。1225 年～1275 年（1300 年），该地区所剩人口可能和北方弗德台地有所联系。1300 年以后，整个地区基本上被以农业为生的人们遗弃。

查科崩溃评估

到 10 世纪，圣胡安盆地的人口发展达到这样一种状况：当地人群面临着生存的压力，但已经没有向其他地域扩展的选择。作物种植被迫向越来越远的边缘地区发展。在人口密度高、人口群体受地域限制的情况下，人们必须获取较大地域面积上的出产和资源，才能有效防范干旱、冰霜和战争等地区危机。在一个湿度、土质和生长期都不利于农业发展的环境中，情况就更是如此。我们在讨论玛雅的时候提到，上述环境比较适合于地方间经济合作（空间上的能量均衡），而且在环境差异足够多样化的时候能够实现经济共生发展。圣胡安盆地比低地玛雅有更多的机会发展互助体系。所以，玛雅社会和查科社会在崩溃前的复杂化发展中采取了大致相同的策略，但背后的动因完全不同。

如上所说，圣胡安盆地是一块地貌同质性强、干燥少雨、缺乏特色的平原。盆地中心比边缘地带的多样化程度低、动植物种群少。查科峡谷被干燥、重复的地势所包围，人口生存受地域限制，对查科人来说，最具优势的合作就是和盆地边缘（水源充足、土地差异性强）的人群交往。

如肯特·莱特福特指出，在北美洲西南地区，高海拔地形和低海拔地形上的农业产量倾向于一种反比关系。在炎热干旱的年头，低海拔地区几乎没有降雨，但在高海拔地区却湿度高，植物生长期也长。寒冷湿润的年头情况则正好相反：低地的湿润环境更适合作物生长，而高地农田的作物生长期就较短。这一环境模式可能鼓励着盆地内部人群和盆地边缘人群的相互交往。所以不出所料，至少从巴斯克特梅克三期开始，查科峡谷的人们的确和外围地区的人们有着十分密切的贸易往来。

对整个盆地地区的人口来说，若想最大限度地确保生存不受农业产量影响，就应建立一个让人们能够分享所有地区（差异性越大越好）资源的经济体系。但这里存在一个问题。如果每一个地方团体都要花费资源去确定潜在的贸易伙伴、计算贸易伙伴的年产量，并相互建立互惠性经济联系，几百个地方团体所需的重复性管理费用将变得十分庞大。如果各地区的人们联合建立一个行政组织，由它来统一协调所有团体的经济需求，管理费用就会大大降低。组织化的地方经济合作管理还有以下优势：

·有利于资源的均衡分配，因此减少竞争和冲突；

·有利于管理者在经济交流失衡或滞后时采取必要措施，从尚有盈余的团体中获取剩余资源；
·汇集所有资源以服务于大面积、多样化的区域；
·支持专业人员监控整个地区的盈余和赤字（即信息处理）

查科峡谷坐落于圣胡安盆地中心，是高效、低成本管理整个盆地能量均衡体系的最佳处。查科作为最大的峡谷城镇之一，拥有昂贵的奢侈品、高规格的墓葬、多样化的进口物资，并作为整个地区道路系统的交汇点，这些说明它的确是整个盆地地区阶层化社会经济体系的行政中心。

盆地似乎存在过一个三层结构的经济体系。居住在盆地外围巨屋的显贵协调着地方农业村落在经济体系中的地位，并与居住在峡谷巨屋的社会上层直接沟通。在此结构中上下交流的资源应当包括：农作物、木柴、建筑材料、动物产品、野生物产品、石器陶器以及皮棉、食盐和绿宝石等盆地外来资源。

如果我们目前对查科文明体系的理解不错的话，圣胡安盆地的人们通过降低能源均衡系统的行政开支并提高工作效率，似乎在复杂化投资上获得了可贵的收益。然而在该体系建成之后，进一步的扩展却很难继续享有如此优势。

在普韦布洛二期初期，巨屋“显贵”主要居住在产量较高、异质性较强的盆地外围地区。这些早期巨屋[①]之间的距离相隔54公里以上。普韦布洛二期晚期，巨屋的数量仍继续在盆地外围增长，但也有少数建在其他地区。随着巨屋数量的不断增长，它们

---

① 原文如此，应为或应该指“独立房”。——译注

之间的距离降至 31 公里（中间值）；而盆地西南边缘每 5 座巨屋之间的平均距离为 10 公里。普韦布洛三期初期，外围巨屋的地理格局发生了变化。边缘地区出现了若干座新建大宅，但大多坐落在圣胡安河北部和盆地的内环地带。于是巨屋的间距中间值下降到 17 公里。有道路连接的各巨屋之间的距离只有 12 公里。

查科文明体系在 1100 年达到高峰状态，但已经处在崩溃的前夜。普韦布洛三期的晚期，人居巨屋的数量下降，房宅间距的中间值增加到 26 公里。许多从这一阶段幸存下来的人后来定居在圣胡安河以北，这说明当时经济中心的重点至少在一定程度上从查科峡谷转移到了盆地北部的某些村落。

查科文明体系后来的发展演绎出它的崩溃进程。查科的后期发展，特别在普韦布洛三期早期，包括以下趋势：

· 盆地边缘居住的人增多，每处都要兴建一座巨屋；
· 峡谷内的查科村落兴起了一股建筑热潮，劳动力需求成倍增长；
· 建筑工艺的特殊化程度增强；
· "巨屋" 间隔距离的中间值在缩短；
· 盆地内陆低产地区、低异质地区的巨屋建设增多。

这些趋势的综合作用是使查科文化系统的总体代价增加，但同时降低了生产管理效率。

巨屋之间的距离在缩短，越来越多的查科村落兴建于房宅之间，每个村落的生产周期都和它前所未有的近邻相差无几。当一个能量均衡系统的参与者在空间距离上越来越近，他们之间的产量波动就变得越来越同步化。当建在这里的巨屋或村落达到足够的数目，并最大限度地利用当地的异质环境时，每增加一处新址就都会减少该体系的整体实效。这一问题在普韦布洛三期的早期变得更为严重。

越来越多的独立村落在地区差异性很低的盆地内陆建成，致使局势进一步恶化。边际化的低产环境曾将多样化作为最佳特性。查科人最初也利用了这一特性，但逐渐淡化了它的实际效应。一个能量均衡系统只有在以下情况才具有最高效益，即每增加一个新的参与团体都意味着多样化的增加和（或）地区交流资源库产量的增加。查科在最开始的时候采取的确实是这一策略。但更多的团体渐渐地加入进来，没有改变均衡体系内部的异质性，却破坏了团体数量与异质性之间的比例关系。新生团体为整个系统的有效运作增加了负担。从盆地内部融合新团体比从其他地区融入新成员带来的后果更为严重，因为这样的融合从本质上讲没有给地区福利带来任何好处。

查科峡谷普韦布洛三期初期巨屋建筑的繁盛局面可能受到两种因素的刺激，一是均衡系统中如此多的新增团体扩大了人力资源，一是服务于新增团体的存储需求亦在增加。的确，这些后期建筑的房子大多数都用作存储空间。但这一兴建高潮来得却不合时宜——恰逢地区经济体系整体效益下滑的时候。

于是不难看出，最初为了给地区人口提供生存保障而建立的查科文明体系，逐渐开始经历那种复杂化投资边际回报不断下降的过程。更多的独立村落以同质性越来越强的趋势、在越来越不利的环境下相继建立，该系统的主要资源——异质性——便趋于枯竭，系统的整体效益逐渐衰落。其结果便是：查科后期的社会团体在某一地区出现剩余的时候不能享受其相应的优势，也不能将剩余相应的分配给经历亏损的团体。

社会体系的衰落正赶上大规模增加建筑投资的阶段。其直接结果就是圣胡安盆地的查科社会（1100 年前后）以更高的投资成本获得了（比一百多年前的祖先）更少的生存保障。面对边际收益下降的趋势，他们开始从地区经济体系中撤出，最后导致整个体系的衰弱，并最终走向崩溃。可能最先（大约在 11 世纪末）从体系中撤出的是盆地南部边缘处于密集独立村落的社会团体，这并非偶然现象。失去他们可能对整个体系生存具有的决定性作用，因为这一地区拥有盆地范围内最为高产的大片农田。峡谷的管理者缺乏足够的权力强迫一个团体参与经济体系，而随着参与者的数字不断下降，体系中所剩成员恐怕就是那些最虚弱的团体，其自身无法独立生存，更不能为地区资源库作出任何贡献。

某种程度上说，查科社会的崩溃很可能是其成功的结果。通过增加生存保障、减少人口自然控制，查科系统允许地区人口发展到了一个前所未有的水平。结果是更多的边缘土地必须用作农田，用作融入经济互惠体系。独立村落建立在不稳定地区，基本上没有剩余输出，而即便是微小的剩余可能都非常重要。查科晚期大规模投资巨屋存储仓建设的事实表明，人们在担心生存没有保障，很可能会出现暂时的食品短缺。这种高成本低收入的投资成为边际回报递减的一个经典例证。

查科文明崩溃的最后一击可能来自 1134 年至 1181 年持续不断的严重干旱。一些考古学家坚信就是这场持续不断的干旱导致了查科的崩溃。然而查科在 10 世纪中期、11 世纪初期和 11 世纪后期也都经历过干旱，却并没有崩溃，而幸存了下来。最后一场干旱似乎不能为该文明体系的灭亡提供充足的理由。

峡谷居民在面对旱情时的确还有多种选择。他们本可以采取以下策略：

- 对已经拥有的劳动力资源进行军事动员，强迫其加入盆地体系的目标团体，甚或去征服其他地域和人群，并强行收取贡奉（能源补偿策略）；
- 开凿容人进出的水井，并采用瓦瓮灌溉法①；或从盆地边缘地带进口农作物用水，以瓮罐或水密篮装载。

研究史前西南地区的专家们可能觉得这里提出的策略比较牵强。我认为这些策略确实牵强。我提出这些选择是因为我很有兴趣探讨它们为什么牵强。这些办法中没有一个是在技术上无法实现的；查科人本可以尝试上述任何一种策略。他们没有尝试是因为这样做的代价极其高昂。上述任何做法的边际回报实在都太低。不是峡谷的居民们没有其他选择，而是他们没有任何经济性的选择。从经济学角度看，查科社会政体的崩溃也许是好事。此案例当中，查科人没有做的事情恰好以史实诠释了本书的基本论题。

最后一次旱灾可能产生的作用，是将复杂化投资的边际回报

---

① 瓦瓮灌溉法（pot irrigation）：英文全称应为 buried clay pot irrigation，我国农学先驱氾胜之（生卒年不详，大约生活在公元前1世纪的西汉末期）总结的一种保水方法。它是将瓦瓮埋在四棵瓜秧中间，瓮口与地面平行，瓮中盛满水，水少了再加，保持瓮中水满，然后用瓦盖住瓮口。这种方法通过瓮的渗透作用，使作物得到均匀的水分供给，减少蒸发，提高水利用率。氾胜之影响世界的作品是《氾胜之书》，有多种英文译本。——译注

曲线从平缓递减变成了陡然下降，而且加速滑向了终点。干旱没有导致崩溃。如果考虑到查科边际产量的下滑趋势，这一复杂社会终究都会走向崩溃，有没有最后这场旱灾并不重要。

评　估

本章讨论的三个案例在社会政治结构、复杂化程度、经济体制、地域范围以及进化趋势上大不相同，在崩溃细节上也各有差异。它们分别坐落在差别迥异的背景当中，我们对它们的了解也来自不同的信息渠道。但是，每个案例的崩溃进程都可以通过一些普遍原则来理解。

我们不能单纯地从人们的环境和生存活动（及其变化）、外来民族的压力、内部冲突、人口增长、自然灾害或社会政治功能失衡等角度来理解这些社会的崩溃现象。给罗马、玛雅和查科文明带来如此不利影响的关键是以上一种或多种因素与复杂化投资的成本收益比产生了联系。当挑战和危机使这一比例出现严重恶化，或与边际回报递减同时发生时，崩溃很可能将无法避免。

罗马的崩溃

罗马人建立了一个主要靠不断征服他国所得的钱财来支撑的帝国。后续的征服靠先前征服的民族来支付，直至帝国的成长达到了那个继续扩张则代价高昂并越来越无利可图的拐点。当国家不再有征服所得的钱款进入国库的时候，帝国的行政和国防开支基本上就要靠农业年产值来支付。事实证明农业生产不仅无法维持帝国的生存，而且养不活平民百姓。一个起初带来高边际回报的发展策略，到奥古斯都时代成了一个越来越重的负担，以至于后来的大多数皇帝一直面临财政紧缺问题。但无论如何，帝国在建立后的两百年里仍能维持相对和平富足的状态。于是有人可能会争辩说，尽管这一时期投资的边际回报已经下降，但还没有下降到继续投资已不值得考虑的程度。

重大危机突然出现，其形式是蛮族的频频进犯，这从 2 世纪中期开始给帝国带来影响，并且在以后的日子里日趋严重。皇帝们没法靠年产出来支付这些危机带来的损失，只好采取一种策略，通过货币贬值的方式人为抬高年度财政收入。这就将眼前的危机转嫁到未来的纳税人身上。当事实证明这一设想已铸成大错时，帝国也危在旦夕了。

3 世纪到 5 世纪的内外压力不断升级，不断证明国家的社会安全面临着危机。应对这些危机的所有负担都落在灾难深重的百姓头上。帝国通过货币贬值、增加税收和严格限制个人的生活方式，在短时间内有幸得以生存；但为了实现这一目标，帝国付出了高昂的代价，而愿意接受边际收益（本该回馈百姓）的递减现状。这些重负彻底拖垮了帝国的农民阶层，使他们在瘟疫冲击后无法恢复元气。丰产的农田惨遭遗弃，帝国维持自身生存的能力降低。结果，4 世纪末到 5 世纪的蛮族侵略者开始节节胜利并越来越具毁灭性威胁。

不仅帝国的负担和代价在日趋增长，它能给国民带来的利益也在日趋下降。农民的收成被拿去抵税，农民的孩子被卖作奴隶，农民的土地被外强蚕食（帝国对此已无能为力）。帝国的迅速衰落甚至成为一件好事，许多农民对罗马政权解体无动于衷，有人还积极加入侵略者的行列。罗马帝国无法维持其复杂化投资的基本回报，不仅丧失了政权的合法性，而且失去了自身的生存能力。

继西罗马帝国之后出现的日耳曼小王国在抵御入侵者方面卓有成效，而这些小王国在规模、复杂化程度、正规军装备和整体代价上均处于较低水准。这标志着一个意义重大的发展进程：罗马帝国崩溃之后，西欧复杂化投资的边际回报开始大幅度增加。

玛雅的崩溃

前古典和古典时期南方低地的玛雅人是一个人口众多但占地不广的民族，受到周围海洋、北方高地和其他民族的多重限制。通俗地讲，史前的低地很像是一口密封的锅炉，没有外向出口，人口的增长成为一种压力，使社会气氛变得紧张，玛雅社群除了互相求助没有太多的办法。

到公元前最后几个世纪，低地某些地区的人口压力已经上升到必须采取措施的程度。这些措施包括开发种植边远地区土地、农业集约化生产、建立社会政治体系和公共上层建筑以及设法掠夺邻邦以解决资源危机。玛雅的文明发展包含了许多方面的因素，但玛雅文明的若干特性至少是在竞争和战事的影响下形成的。

冲突、掠夺以及由此给乡间居民带来的威胁使人们联合组成了比较安全的政治中心。这样做的结果增加了地方资源压力，并使分散的刀耕田无法防御，从而进一步促使人们开发凸起田和梯田等集约农业体系。这类体系不仅提高了单位面积产量，而且相对集中、易于防范，也值得去防范。低地的战事冲突一旦成为严重威胁，农业策略和军事策略便开始并行发展。两种发展反过来又促进了社会经济的复杂化进程。战争防御、农业生产、纪念性建筑都需要人力，这又导致社会上层进一步鼓励人口扩张。

纪念碑建筑和公共艺术发展是任何一种文明的正常特征，但在玛雅似乎还服务于一种特殊的目的。在整个地区都在酝酿战事的情况下，避免和防范他人进攻成为一个首要课题。玛雅文明通过以下方式强化外部形象、达到防范目的：（1）展示政体拥有的财富以及能够生产财富的民众基础（如玛雅艺术和建筑今日仍在传达的信息一样）；（2）以实力和安全的承诺吸引散居人口；（3）向外来使者明确展示该中心的战争成果以及它如何对待俘虏。玛雅在外部形象上的投资有助于弥补社会缺乏强大正规军的不足。只不过这样做的代价十分高昂。其他民族可能在经济上不惜血本卷入不断升级的军备竞赛，而玛雅可以说是陷入了一种"艺术竞争"。这些，连同军事竞争的其他后果，对玛雅的经济和民生造成了决定性的影响，如同罗马人对实际军事力量所作的投资一样。

玛雅的农民阶层在一千多年的时间内始终支持着一个综合应对人口危机和政治危机并处于上升螺旋当中的社会体系。百姓的责任包括纪念碑建设，农业集约生产，应对各种冲突，养活上层阶级、军队和行政专员，还要负担工匠阶层。这样的社会投资似乎并没有改善人均生存状况，因为整个人口的健康和营养指标都很低，而且在古典阶段持续恶化。古典晚期的社会组织继续向已然弱不禁风的平民百姓施加建筑工程压力。复杂化投资面临收益甚少并持续恶化的边际回报，南方古典玛雅的崩溃已在预料之中。

查科的崩溃

美国西南地区的查科社会可能像罗马一样，在一段时间内享受到太多的资源优势。查科早期建立的能量均衡系统充分利用圣胡安盆地的最佳优势——异质性——建立了以查科峡谷为中心的阶层化经济互联体系。运用这一体系，就可以应对各种变故，如降雨量从圣胡安河（盆地北部边缘）向红石山谷（盆地以西）的转移，或楚斯卡山脉附近区域的早期霜冻（西部），或某一地区遭受邻邦的抢劫，都能由盆地各部落共同承担。只要加入该平衡体系当中，各地方群体都可以确保自身不受产量波动、干旱地区气候突变的影响，由此增强了生存保障，并有利于民生发展。事实上，从占据有限地域的地方团体，到跨越大片异质疆土的地区居民，在生产和消费的单位层次上都有显著提高。任何与地区经济体系相联系的部落都可以通过在丰年贡献盈余、灾年接受救济的方式平衡各自部落的年度产量。

在建立之初的一段时间内，体系内添加新成员能够增加实效，新成员的增加扩大了地区多样化存储库的规模。查科人最初就是采取这一策略，将盆地边缘的巨屋村落融入体系当中。然而时间一长，那些越来越开始重复现有资源基础的成员、处在较贫困地区和低产地区的成员以及最终定居在低异质盆地本身的成员，都开始加入这个体系。其结果便是社区数量与异质化程度之间的比例遭到破坏，该均衡体系的有效运作受到影响。各部落群体在生产周期上逐渐没有太多差别，系统实现其主要目的（缓解产量波动冲击）的功能便逐渐衰退。盆地南部高产区密集分布的部落群体认为机遇和保障可能存在于其他地区，于是从均衡体系中撤离。

均衡体系的衰落恰逢一场主要建筑工程的再次兴起。已经生存不保、虚弱不堪的地区百姓，又要去支持无法带来更多边际回报的复杂化投资。没过几十年，查科的建筑工程停止，查科社会走向崩溃。

结　论

从本章对崩溃进程的分析中可得出以下观察结果：

· 在我们考察的每一个案例中，复杂化的代价都在随时间推移不断增加，但它给百姓带来的利益却在下降。

· 在每一个案例中，投资成本的大幅度增长都出现在文明发展晚期，即社会崩溃的前夜，而且是被强加在受以前边际回报下降模式影响的虚弱不堪的百姓身上。

· 在罗马和玛雅，社会崩溃前人口停止发展或出现下降，大多数人的生存状况非常不佳。这似乎是由于他们必须支撑和负担如此复杂的社会系统。目前我们还不知道查科社会是否也有类似情况发生，但应注意的是，查科体系崩溃前该系统中独立村落的数量严重下降。很有可能是独立村落（无法强制其行为，与罗马和玛雅的情况不同）在边际产量下滑给地区人口带来负面影响之前从均衡体系中撤出。

· 玛雅和查科崩溃后，他们曾经生活的地域便遭到遗弃，再未被一定数量的农业人口重新占据，这暗示着此发展期可能出现过环境恶化因素，也表明人口增长带来的资源危机与玛雅和查科的崩溃（相比罗马）有更大的关系。罗马的案例截然不同，后期的罗马绝对是人口稀少。

· 在每一个案例中，旧社会崩溃后崛起的都是边缘地带的其他民族（北欧蛮族、北方玛雅人和东部与西部的普韦布洛人）。

现有的一般性阐述均无法用于全面理解我们的案例。

· 罗马的没落不是蛮族入侵造成的，帝国在经济上、组织上和军事上都比进攻者强大。罗马的没落也不是由于内部衰弱，帝国在几百年间基本上完好无缺。罗马的崩溃是由于政权为了维持帝国在竞争环境中长久生存，而将过重的经济负担强加在农民头上。

· 玛雅的没落不是因为农民起义，农民支撑着玛雅文明达1000多年之久。玛雅的没落也不是因为外来入侵，我们找不到清晰的证据和明确的起因。玛雅的没落同样不是由于农业生产衰落，农业集约化生产的证据表明，玛雅完全有能力在当时环境下提高农业产量。玛雅文明的崩溃是由于日趋繁重的经济重负均由日趋衰弱的平民百姓承担。农民抱怨、外来压力、内部冲突或农业危机可能向玛雅提出不可避免的最后挑战，但挑战之所以发挥作用，只因玛雅已处在濒临崩溃的进程当中。

· 查科崩溃不是因为气候干旱和环境恶化，查科人在技术上有能力克服这些因素，而事实上以前也这样做过。圣胡安盆地的地方百姓不愿意继续参与查科能源均衡体系，也不愿奋起应对最后干旱带来的挑战，因为这样做的代价实在太高，从中得不到太大好处。任其崩溃和移居他处在经济上讲更加划算。

　　本章开始的时候指出，我们提出的理解崩溃进程的研究框架也许无法接受正规的量化检验。一个替代办法就是对三个崩溃案例进行仔细观察，由此验证第四章提出的研究框架是否有助于我们理解三个社会为什么会走向崩溃。观察的结果使我们可以对这个问题作出肯定的回答：西罗马帝国、南方低地玛雅和查科社会的崩溃，都可以理解为复杂化投资过程中边际回报持续下降的必然结果。

第六章

总结和寓意

每当历史重复自己
代价就会提高

————一句流行语

总　结

崩溃在人类历史上重复出现，遍及全球，而且波及的社会从简单的觅食群体一直到伟大帝国。崩溃是复杂社会每个成员都会关注的重要事件，似乎也是当今许多人特别关注的焦点。政治解体在经济、艺术、文学和其他文化领域都造成不同影响，但这些并非关键所在。崩溃从根本上讲是公然宣告某一既定层次的社会政治复杂化的突然消失。

一个崩溃了的复杂社会将突然变得比较渺小、比较简单、组织层次少、社会差别小；专门化功能减弱，中央调控减少；信息流通量降低，贸易和交流停滞，个体和群体间的整体协调能力下降。社会经济活动降低到最低规模，文学艺术创作数量甚微，通常是黑暗时代接踵而来。人口缩减是常见趋势，幸存下来的人只有面对萎缩不振的昔日城池。

复杂社会，比如说城邦，并不是文明进化过程中的一个孤立阶段。每一个社会都代表着从最简单到最复杂区间中的一个过渡点。人类社会组织的复杂形式出现于不太遥远的近代社会，而且属于历史发展的不规则状态。如果从我们自身的发展历史来看，复杂化和阶层化其实是一种异常现象，而且它一经出现，就必须时刻不停地加以强化。领袖们、党派们和政府们需要不断地建立和维护自身的合法性。这种努力必须具有真正的物质基础，也就是说一定要在某种程度上及时满足基础民众的需求。维持合法化或投资高压政策都需要不断调动资源。这是任何一个复杂社会都必须承担的残酷代价。

研究国家起源的两个主要派别是冲突派和整合派。前者将社会看作阶级斗争的舞台。在这种观点看来，国家政体产生于经济发展带来的多阶层状态，出于保护有产阶级的利益需求。整合派的观点则相反，认为执政团体（和复杂化组织的其他部门）是应社会整体需求而生，应集权、协调和指挥下层异类组织的需求而出现。因此，复杂化的出现只是一个适应性进程。

两种理论都有其强项和弱点，将两者综合起来似乎很有必要。整合论可以较好地解释生活必需品分配问题，冲突论则更好地阐释了剩余价值现象。政体出现和权力集中一定会给社会带来有益的综合优势，但政体一经建立就将实施其权力和影响。不过从两种观点看来，国家都是一个解决问题的组织，是应社会环境变化（冲突派说是经济成果不平衡，整合派说是处理全社会面临的危机）的需要而产生的。两派都认为政权的合法化（以及调用所需资源）是一个持续不变的政治需求。

尽管崩溃是一个很少被人们正确理解的进程，但这方面的努力并不欠缺。有关崩溃进程的各类见解花样繁多，让人应接不暇，但众多说法仍可归结为几个中心主题。这些主题分别存在若干处逻辑问题，所以必然是各有不足。神秘主义的崩溃阐释基本上不具有任何科学价值，所以是最差的。经济学阐释在逻辑推理上最强，因此超越了其他。经济学阐释首先分辨出与崩溃相关的各种社会因素，确认其中的原因机制，并指出原因机制与观察结果之间的因果链关系。然而现存经济学阐释还不能提供一种通用理论，使我们从全球意义上理解崩溃现象。这些理论，就其目前状况看，简直就是不够完整。

理解崩溃必须首先了解四个基本概念，前三个概念是第四个概念的基础。它们是：

1. 人类社会是一个解决问题的组织；
2. 社会政治体制需要能量来维持其生存；
3. 社会复杂性的增强伴随着人均投资成本的提高；
4. 作为解决问题的途径，对社会政治复杂化的投资通常会达到一个"边际回报递减"的拐点。

我已对近代史上这一进程从如下方面进行了描述：农业和资源生产、信息处理、社会政治控制和阶层特殊化以及整体经济生产率。以上的每一个领域都有迹象表明，工业社会正在经历着代价增长但边际回报下降的趋势。现将出现这一状况的原因总结如下。

在信息条件允许的情况下，理性的人类总是首先利用最容易获得、提取、处理和分配的营养资源、能量资源和原材料资源。当这些资源不再充足的时候，人类的探索便转移到必须付出较高代价才能获得、提取、处理和分配的资源，但并不能得到更高的回报。

信息处理的成本将随时间的发展而增加，因为复杂化程度更高的社会需要更多专业化人才，他们的教育培训必须付出更大的代价。由于特殊培训所得的收益永远要部分归功于此前接受的基础教育培训，更多的技术教育将自动导致边际回报的下降。研究和开发也要从基础知识应用（应用面广、成本极低）向专业课题开发（应用面窄、更难解决、必须花费巨大成本才能解决）转化。在这个问题上，现代医学为我们提供了一个明显的例证。

社会政治组织时常面临需要投资的各种问题，而结局仅仅是为了维持现状。这种投资通常表现为以下形式：官僚政体规模的扩大、官僚政体专业化程度的增加、渐进积累的组织解决方案、合法化活动成本的增加、攘内安外成本的增加。社会必须承担所有这些重负，办法是将更多的费用分摊在老百姓身上，而且通常不见任何收益的增长。组织性投资的数目和成本在增加，用于未来经济增长的社会投资预算必然下降。

于是，社会就复杂化进行的最初投资从满足现有需求来说是一个理性的决策，但心满意足的状态不可能持续过久。当成本最低、最经济易得的信息处理方案和组织性解决方案慢慢穷尽的时候，复杂化的更多需求就必须考虑代价更大的其他措施。组织性解决方案的成本不断增加，事态就发展到了那个拐点——继续进行复杂化投资不能获得同比收益，边际回报率开始下降，单位投资带来的收益开始下降。投资的比例增幅越大，收益的比例增幅越小。

一个到达这一拐点的社会若坐在现有成就上逍遥，即满足于边际回报能够维持现状，则在将来必然面临危机局势。复杂化是一个解决问题的方案。宇宙间能让任何一个社会应对的问题，在数量上无限，在种类上无边。危机一旦出现，就必然要拿出新的组织性、经济性的解决方案，而通常面临的局势就是代价的增长和边际回报的下降。复杂化投资的边际回报本身也会出现恶化，起初是渐进的，随后便会加速。这种时刻，一个复杂社会就进入了越来越容易崩溃的阶段。

两种常见因素可以使这样一个社会走向崩溃。首先，在复杂化投资已经出现边际回报下降的情况下，社会仍向某种回报甚少的策略项目作出更多的重大投资。多余的生产能力和积累的剩余资源可以用作目前的运作之需。但当重大危机突然发生（重大灾难出现），社会便少有或没有任何积蓄以应对危机。应对危机的资金必须来自目前预算之外的其他渠道。这通常被证明无法实现。而这种情况一旦发生，就说明该社会的经济状况已非常虚弱，很难应对下一次危机。

一个社会一旦进入边际回报的下降阶段，崩溃就成为一种数学上的可能性，只需假以时日，灾难出现的概率将不可避免。所以就算罗马不被日耳曼部落征服，随后也将被阿拉伯人或蒙古人或土耳其人征服。如果复杂化投资的边际回报开始增长，一个古老的、成熟的社会也许可以从注定的灾难性事件中逃生。罗马（再次成为精彩例证）就是这样，它能在汉尼拔战争（公元前3世纪末）中应对灾难性军事挑战，但却不幸于378年哈德利亚诺普勒战役中因败于弱势兵力（从罗马在相应时期的规模和财富而论）而一蹶不振。类似的情形是，5世纪第一个十年的灾难性蛮族入侵事实上比3世纪末克劳狄乌斯和普鲁布斯击败的势力要小得多。

第二，边际回报下降使得复杂化策略在整体上不再那样诱人，社会的一些组成部分觉得分离或解体的策略也许更具优势。

当复杂化投资的边际成本过于高昂时，社会不同分支就开始消极应对或积极抵抗，或企图分兵独立。罗马高卢晚期的巴高达起义就是这种情况。

一个社会若处在边际回报曲线下降部分的某一点上，它便陷入这样一种状态——某一层次的投资收益不比其较低层次的投资收益更高（见图19）。处在这一点上的社会复杂化绝对不具备任何优势，社会面临着严重危机，内部解体或外来威胁都会导致崩溃。

用三个最为著名的崩溃案例（西罗马帝国、南方低地玛雅、查科社会）衡量上述理论，我们得到了肯定的结论。罗马帝国建立之时得到过超乎寻常的投资回报，皇帝们将地中海和附近地区积累的财富通通收入囊中。然而当新的征服不再带来战利品的时候，罗马必须在几个世纪内承担政府管理和边防守卫的开支。帝国投资的边际回报开始下降，重大危机开始出现，仅凭帝国的财政预算似乎难以支撑。罗马帝国出了问题，其存在本身就足以让蛮族入侵者垂涎。应对危机需要增加税收和实行经济紧缩政策，其程度之甚超出了民众的生产能力和承受限度。民众支持的减弱使蛮族进犯频频得手，以至于复杂化巨额投资收益甚少，无法阻挡崩溃的趋势。帝国后期，复杂化投资的边际回报实在太低，使蛮族王国的竞争似乎更具优势。从经济角度上讲，罗马政权之后的日耳曼诸王国倒是能够成功应对帝国觉得无法抵挡的危机，而且耗费的是低价成本。

南方低地的玛雅是一个人口发展面临压力、地域范围多受限制的民族。管理农业集约生产、组织掠夺和防范、支援统治阶层、修建纪念碑，所有这些都使玛雅成为一个代价高昂但却不能使人均生存保障得到加强的社会体系。人口的健康水平和营养状况很低，很可能是由于维持社会复杂性（整个古典期呈下降趋势）的代价在持续升高。古典晚期社会投资成本的提高恰逢经济状况不断恶化的时期，复杂化投资的边际回报将玛雅推到了崩溃的边缘。

在美国西南地区，圣胡安盆地的人们投资社会阶层化和复杂化建设，目的是（通过集权管理）降低这一地区能源均衡系统的运作成本。这项投资在一段时间内收益甚好，但当更多的社区团体加入这一体系当中时，经济实体的异质程度和效益水平就开始下降。均衡体系的衰弱恰逢一项主要建筑工程的投资开工，复杂化投资的边际回报率开始下降，投资的成本却开始增加。

三个案例的分析都将注意力集中在复杂化投资的边际回报曲线，这为我们清晰地展示了崩溃的进程，并使我们看到这类社会为何如此脆弱。

我们仍有五个方面的问题需要讨论：（1）进一步观察崩溃现象及复杂社会产量下降的实质；（2）概念的延伸和应用；（3）对第一章所涉案例进行扩展研究的几点建议；（4）如何在边际回报递减的主题下融合其他主题；（5）对当代社会现实和工业社会未来的启示。如第一章的承诺所说，这里将完成我对崩溃概念的最后定义。

崩溃与复杂社会的产量下降

这一节将探讨本课题研究的重要启示之一。我们介绍过的大多数作者和论著似乎都对文明发展和复杂社会持肯定态度。他们将社会复杂化看成一种体现人类活动愿望的状态，甚至是值得大肆赞扬的状态。在他们看来，文明是人类社会发展的终极成果，远比形态简单、层次单纯的社会组织形式来得优越。人们对艺术、文学和科学等文明成果的欣赏明显和这种观点有关，工业社会将自身的发展看作人类历史的积淀也是基于这种观点。汤因比也许是这方面的一个极端，但他的看法绝非不够典型。斯宾格勒对文明的痛恨和对文明结局的谴责只代表少数人的看法。

如此强调文明社会的价值就必然将文明社会的崩溃视作灾难性事件。艺术和文学等文明特色的消失、一个政权所提供的服务和保障的消失，都被视作恐怖的现实，其后果绝对不亚于"失乐园"。崩溃即灾难的观念可以肆意蔓延——不仅在社会公民领域，而且在研究崩溃问题的专业学术团体。考古学显然（与其在其他领域一样）也卷入其中。作为一种专业，我们特别注意考察较大都市和行政中心，那些最具考古学意义的遗址遗迹通常都是在这些地方发现的。文明崩溃后，这些遗址遭到废弃，或规模缩小，其盛景不再，对我们的资料数据库、我们的博物馆收藏，甚至对我们争取基金赞助，都是灾难性的。（慈善家或基金会对黑暗世纪没有多少兴趣。）当然，考古学家并不是陷入这一误区的唯一学术群体。那些依赖文学记载的古典学家和历史学家同样对黑暗世纪存在偏见，因为他们寻找的这些年代的资料数据大多已经消失。

一个比较公正的方法必须是不仅研究上层统治者及其所作所为，而且掌握复杂社会生产阶层在文明崩溃之后继续生存（就算人数减少）的有关信息。自然，考古学具有提供如此信息的潜力。

这里必须再次强调，复杂社会只是人类历史发展的近期现象。所以社会崩溃并非返回到某种原始混沌状态，而是回到复杂化程度较低的正常人类生存状态。把崩溃单纯看作灾难降临的观点更是有悖于当今理论。如果从崩溃是由于复杂化投资边际回报下降的角度讲，崩溃应该是一个经济化进程。每当有必要将组织化投资的边际回报恢复到优势状态的时候，崩溃就会发生。对一个在复杂化投资中支付了代价而又没有多少回报的民族来说，失去那种复杂化则能获得经济上也许还有政治上的某种收益。这让人再次想起罗马后期的平民有时会支持入侵的蛮族的现象，也让人想到后者进而转向入侵西欧而取得胜利的现象。玛雅和查科的百姓对待其统治者的态度不得而知，但却不难想象。

当危机呼唤着某种组织变革时，崩溃就会出现。在更大的复杂化投资只带来过低边际效益的情况下，崩溃就是一个比较经济的选择。所以查科没有奋起抵抗最后一场旱灾，因为这样做成本太高，收益太少。尽管查科体系的终结同时意味着某些优势的终结（任何复杂体系的终结都一样），但终结能够带来社会组织边际回报的增长。玛雅也是类似情况，它也接近了那个关键的拐点，进化为规模更大的国家政体实在得不偿失。既然维持现状对各方都有危害，崩溃便成为最符合逻辑的社会调整。

第三章评论过一个阐释崩溃的主题——适应失败说——至此将显示其全部弱点。这一观点的提倡者争辩说（以不同方式），复杂社会崩溃是由于它们不能适应环境变化。这一命题显然在回避一点：在边际回报下降的局势下，崩溃可能是最佳应对措施。这些社会并非不能适应变化。从经济学角度看，它们事实上适应得非常不错——也许不符合那些珍视文明成果的人的意愿，但它们在特定局势下采取了恰当的对策。

　　在管理者（以及后代观察者）看来是灾难的事件，对百姓整体来说未必如此。社会中有那么一些成员，他们既没有机遇也没有能力去发掘基本的食物资源，对他们来说，政体阶层的崩溃显然是一场灾难。但对那些特殊化层次较低的人来说，建立地方群体和地区实体之间的联系通常更具吸引力。所以崩溃从本质上讲并非一场灾难。它是一个理性的、经济化的、可能给大多数人口带来实际利益的社会进程。

　　这种观点存在一个疑问，即有时伴随着崩溃出现的人口大量缩减的问题。玛雅是这方面的经典例证。如果玛雅崩溃的结果是人口的大量缩减，崩溃怎么会具有优势？事实上，如西德莱斯和伯格的论著所显示的，玛雅崩溃和人口缩减之间的关系其实并不清晰。我们不能肯定这两种现象是否同时发生（特别是玛雅所有文明中心的崩溃耗时几十年），也不确定低地的人口缩减是否与移民偏远地区有关。这些疑问不能解决，探讨因果关系的机会就尚未成熟。无论如何，上述几个段落绝不是暗示人类的行为始终都能获得（长远角度的）预期结果。即使从长远观点看玛雅的崩溃不利于大多数人口的生存，但这未必意味着（从眼前利益来说）崩溃就不是一个经济化的进程。

　　事实上曾有迹象表明，人口停止发展或实际下降通常出现在崩溃之前，甚至是崩溃前几个世纪。这些模式在罗马案例和玛雅案例中均有论及。近来的研究表明，在密西西比流域的卡霍基亚也出现过类似趋势。这一地区的人口发展明显在 1150 年前后达到高峰，直到 250 年以后最终崩溃时一直呈衰落趋势。

　　是不是每个复杂社会都必须经历这一进程呢？复杂化投资是否总是要抵达边际回报下降的拐点呢？现代经济学研究对此没有

给出明确答案。这里仅想指出的是，如果复杂化进程自行演进而缺乏监控，社会将由此面临崩溃的风险。人们总是首先选择代价较低的组织性解决方案，然后才会选择代价高昂的解决办法，从这个意义上说，增添新的组织特性按常规来讲必定会带来边际回报的下降。但对拥有这些条件——如必要的资本、技术起跳平台、经济和人口发展动力、获得新的能源补偿（创建帝国或探索新能源）或获得经济发展——的社会，则可以在一定时间段扭转边际收益曲线下降的局面，或至少为其增长提供资金。伦弗鲁在对希腊和爱琴海的复杂化进程研究中指出的正是这一点。

必须承认，这里的研究基本上去除了崩溃的神秘面纱，并将其定义为一种正常的经济进程。如芬利所说，这"既不是从戏剧化的角度也不是从浪漫主义的角度来看待……历史上的重大变故，人们没法据此拍摄电影"。

边际回报下降的更多含义

从这本书看来，似乎考古学正积极活动并准备替代"沉闷学科"经济学。当然，边际产量曲线并非新鲜事物。人们提出这一理论，用它来概括资源开采过程中成本与收益曲线的关系变化，以及制造业中输入－输出的比例变化。经济活动中收益递减的观念至少同19世纪几位古典经济学家一样古老：托马斯·马尔萨斯、大卫·李嘉图和约翰·斯图亚特·密尔。这一理论适用于（如第四章所示）生存农业、矿物和能源生产、信息处理以及社会政治组织的许多方面。威特福格尔将"行政回报"概念运用于"东方专制"制度下政府职能向经济领域的扩张。拉铁摩尔以回报的增长和下降来解释中国历史上的改朝换代。克鲁伯对艺术风格"完美实现"的观察似乎涉及类似情况：如果对一种艺术风格的革新改造变得越来越难以实现，人们就会重复或重新组合以前的作品，直到最终找到一种比较容易革新的新风格。回报现象完全不只限于人类物种。捕食的动物在选择饲草环境区的时候似乎也遵循着边际回报的原则。

人们熟悉的那种崩溃理论——农民暴动（见第三章）——值得在此略做评论。如果说农民因某种层次的不公平税收就揭竿而起好像还证据不足，因为能够找到的例证（如玛雅）中，农民忍受苛捐杂税已达几世纪之久。更符合实际的情况似乎是这种民众支持的边际回报出现了明显的下跌趋势。从这个角度观察农民的政治行为才更容易理解。当然，现代农民起义还卷入不少其他因素，比如知识阶层的参与。知识阶层的人都有一个普遍信念，即他们能唤醒农民意识到自己的边缘化处境。无论怎样，仅凭赋税程度不足以解释农民暴动行为，有关成本收益比的概念需要加入其中。

戈登·柴尔德就这一问题有过独到的观察：

> ……这些（早期）帝国的动摇暴露出一个内在矛盾；臣民反抗的持久性是衡量他们对（帝国）利益感激程度的一个标尺，也许还包括对帝国价值的衡量。推测起来，帝国创造的利益应该远远大于帝国的无能。但在现实中，像萨尔贡这样的帝国直接摧毁的财富可能要多于它间接创造的财富。

波利比乌斯对历史事件作出过许多敏锐观察，他认为罗马战胜迦太基是由于双方卷入冲突时前者的势力不断强大，后者的势力正在衰退。埃尔曼·瑟维斯沿着大致的思路，运用他的"进化潜力法则"，指出较为古老的、业已奠基的国家已变成化石标本，无法适应更新，所以在竞争中会被新生（就算很小）的边区民族击败。历史学家们很有必要研究一下这种竞争关系中组织化投资的边际回报。一个较为古老的、业已奠基的国度很可能会对常年积累的许多组织化特色进行投资，但当这些投资的边际回报开始下降时，资源存储就会越来越低，从而无力应对突发危机。所以很容易理解，这样的国家在与复杂化层次较低的弱势民族竞争时必然失利，因为后者只需在战争上小有投资，便可得到相当可观的回报。如果这样来看，波里比阿论述罗马和迦太基的观点，还可以扩展到罗马对地中海东部地区许许多多较为古老的、业已奠基的国家和地区盟邦的征服。

由此推论自然会产生下一个问题：罗马晚期历史上出现过的模式为什么后来没再重复？为什么自西罗马帝国崩溃后欧洲没再出现过社会政治体系的崩溃现象？要想全面回答这个问题，唯有长篇学术论文才能胜任，但在此简单涉及一些值得探讨的领域也许会有益处。

人类发展变革史上出现的各类社会存在着很大差别，有的是以孤立的、统治性的国家形式出现，有的则是作为相互作用的实体在发展——伦弗鲁称为"平等政体"，普赖斯所用的标签是"系列政体"。我觉得伦弗鲁的提法形象恰当。"平等政体"大体像迈锡尼的各城邦，爱琴海和基克拉泽斯群岛上后来的小城邦，或玛雅低地的政治中心，政体间在大致平等的层次上相互交往。正如伦弗鲁和普赖斯所说的，这些系列政体或平等政体的进化发展不是在邻国统治者控制之下，而通常是靠彼此的相互作用，其中可能有交流，也可能有冲突。

平等政体在竞争或潜在竞争状态下，崩溃到复杂化较低层次的唯一可能是请一个成员来统治所有其他成员。由于这种统治现状应当避免，组织性的复杂化投资就必须维持在与其他竞争者大致相当的水平，即便边际回报开始丧失优势。无论代价如何，一定程度的复杂化必须维持。这种状况似乎可以概括玛雅——它的各独立城邦在几个世纪中都以平等政体的关系发展，然后在相隔几十年之内分别崩溃。

后罗马时期的欧洲城邦经历了类似的进程，特别是在卡洛林帝国灭亡之后。过去 1500 年的欧洲历史是典型的平等政体发展的历史，各政体间互动、竞争、无休止地谋取优势，或极力以邻国的代价扩张自己，或极力防范邻国利用自己的优势。这种局势下发生崩溃已不可能，除非该系列政体的所有成员一起崩溃。排除这一可能后，任何单一政体的破产只会导致另一个政体的扩张，所以不会出现复杂化消失的状况。这样一个竞争体制中（像玛雅一样）的投资成本必须由每一个整体成员承担，不论边际回报降低到什么程度。如伦弗鲁在论述基克拉泽斯群岛时所说："由于其他的公然以类似原则运作的城邦存在，每一个具体城邦在其公民的眼中都具有合法性。"

这种局势下，农民政治行动最具逻辑性的目标是要改良，而非政局解体。由于一个政体的破产仅仅意味着农民去接受另一个同样的政权，逃脱和抵抗都没有任何意义。迫于这种局限，欧洲的农民和其他异见阶层便开始遵循一种政治进程，即增加参与机遇、扩大自己的决策实力和份额，并由此确保组织化投资的回报更具有优势。这里有一点值得马克思主义者注意，那就是只有当不太耗资的选择（即崩溃）被排除之后，阶级斗争才会导致政治进步。

这些简单论述不能对欧洲政治历史上的诸多因素作出全面阐释，但这里提出的一些观点值得进一步探讨。在平等政体相互竞争的局势下，古代社会（希腊、罗马共和国）和现代社会均有各类形式的参与性政府出现，这很可能不是一种偶然现象。

中国西周崩溃后的战国时期为我们提供了一个有趣的对照。此时的平等政体竞争（东周列国）孕育了孔子、墨子等思想家"仁政"和"惠民"思想体系的发展。贤明君主被认为是授命于天，只要他们勤政，就可以一直享有天命。停止仁政或连续出现灾难，都是王朝失去天命的迹象。这种情况下，一个新王朝立即就会出现，宣称天命降临。所以在中国古代，平等政体竞争带来的是惠民思想的发展，而不是参与性政体的出现。或许在（与希腊城邦相比）人口更多、幅员更为辽阔的古代社会，参与性政体的出现根本就没有可能。

至此，我们开始到达理解社会的缓慢解体和迅速崩溃之间差异的第一步。拜占庭帝国和奥斯曼帝国是社会缓慢解体的典型例证。两大帝国都是在竞争中逐渐失去势力和疆土。在此进程中没有出现社会崩溃——没有出现复杂化的突然丧失——两个帝国的衰弱均因其邻邦的扩张得到补偿。此间蕴藏着一个重要的崩溃法则（也是关于崩溃的最后一次定义）。崩溃会在——而且只有在——权力出现真空时才会发生。崩溃只有在没有足够强大的竞争者来填补社会解体导致的政治真空时才成为可能。只要有这样一个竞争者存在就不会出现崩溃，因为这个竞争者将进行地域扩张，进而统治群龙无首的广大民众。崩溃与政权更替是两码事。

若没有强大的外来竞争者兼并各方，在平等政体相互作用的局势下，崩溃（一旦出现）将同时影响所有的政体。

这就是为什么玛雅文明中心、迈锡尼文明中心会同时崩溃的原因。没有什么神秘的入侵者在一系列童话般的战役中征服这些文明政体。当玛雅和迈锡尼的弱小城邦分别卷入竞争旋涡的时候，他们都必须在军事实力和组织复杂化方面作出前所未有的重大投资。当这些投资的边际回报开始下降时，所有政体都无法从旋涡中逃脱，因为逃脱将会被邻邦吃掉。如此平等的系列政体的崩溃必将是同时共进，即大家在同一时刻触及了经济发展的枯竭点。两种情况下都没有附近区域内强大的外部势力（中美洲高地或地中海东部）乘虚而入，所以崩溃进程在没有外来干预的情况下延续了几个世纪。（与此相反，后来的希腊城邦有强大的近邻利用了政治真空，因而缺乏走向崩溃的选择。）

这也是东罗马帝国没有像西罗马帝国一样走向崩溃的终极原因（第五章的问题）。拜占庭的解体只会导致伙伴国——萨珊帝国——的扩张（历史上，拜占庭的衰弱总是导致对手的扩张）。在地中海东部，复杂化跌落到较低层次的现象不可能发生，不会出现5世纪西欧面临的那种权力真空。

所以，边际回报递减未必永远导致崩溃——崩溃只在权力真空存在时才会出现。在并非导致崩溃的其他情况下，边际回报递减常作为政治实力和军事实力衰减的根源，最终导致缓慢解体和（或）政权更替。路易斯对奥斯曼帝国衰落所作的观察、亚当斯对波斯帝国伊斯兰政权取代萨珊所作的论述，都精确地阐释了这一进程。汤因比对罗马－保加利亚战争（977年～1019年）在拜占庭失利于曼齐克特战役（1071年）中作用的论述（见第三章），清楚地表明拜占庭对保加利亚的征服是高成本、低回报，并由此削弱了拜占庭的实力。

关于继续运用该理论的几点建议

边际收益下降是否是社会崩溃的唯一原因？复杂社会是否因其他原因而崩溃？由于并非所有的崩溃事件都已发生，这些问题也很难做出最后回答。比如说，核战争大概足以导致社会崩溃，但它并不属于边际回报的范畴。目前条件下我们可以说，基于第三章的讨论，没有其他现存理论可以独立解释崩溃现象；基于第五章的论述，我们的理论清楚地阐明了主要的崩溃案例。至此，我们的讨论要集中在一些（与第五章案例相比）不太著名的崩溃案例——其中似乎也涉及边际回报下降的因素。这里的探讨是为进一步的研究指明方向。那些未经探讨的案例是因数据不足而有意缺省，而非别种阐释更适合于这些案例。

中国周朝。维持封建官吏效忠的成本不断增加，似乎正赶上蛮族入侵的烽烟四起。于是便出现了一种模式，即坚持统一和应对危机的成本在增加，而这种成本的收益却根本不会增大。中国王朝从奠基到灭亡似乎都要经历成本收益比值的不断下跌。

古巴比伦时期。尽管萨姆苏伊鲁纳政权时期巴比伦失去了诸多的附属国，王权仍试图维持从前建立的执政范围和水准。以统治大片疆土的行政机构管辖较小的地域和人口，边际回报自然出现下降。

乌尔/萨珊第三王朝时期。如亚当斯所述，美索不达米亚历史上曾多次出现最高政权试图通过开发边缘土地和集约灌溉以增加农业产量的时期。无论相应成本的收益如何下降，人们都会这样做，为的只是最终可能出现的一点点的产量增加。

埃及古王国。若干因素的巧合——封建割据不断增加、国王权势逐渐减弱、免税葬仪基金的不断建立、第六王朝时期纪念性建筑的增加以及可能出现过的尼罗河泛滥——大概共同促成了一个耗资逐渐增大但财富和权力逐渐减少的中央政权。输入失败的可能（伊斯顿语）将归属于边际收益下降的观念。

哈拉巴文明。我们不知道整个哈拉巴地域是否实现过政治统一。如果未曾统一，那么哈拉巴所有政体之间的竞争关系可能就是边际回报率下降的根源。目前的研究成果显示，当时确实存在过若干个独立的哈拉巴城邦。

赫梯。导致赫梯帝国建立的扩张政策在几代人奋斗之后才获得成功。这种扩张所支付的代价使赫梯难以应对卡斯卡部落和其他复杂化程度较低的民族（似乎都与帝国灭亡有关）带来的威胁。

迈锡尼文明。如前所述，迈锡尼作为系列性平等政体，可能像其他平等政体系统——希腊后期的城邦、古代和中世纪意大利城邦、后罗马时期的欧洲、战国时期的中国以及玛雅——一样卷入到同样的竞争旋涡。如同玛雅各中心一样，整个系统的投资成本在持续上升，但基层得不到任何实惠，于是便出现边际回报的下降。与中国的情况（幅员广阔人口众多可以补偿征服和统一的代价）不同，迈锡尼任何一个政体的成功竞争都很难带来真正的收益。其结果可能是国家在国防、军事和频繁战事上的投资不断增加，而任何一个单一政体都很难享受到有益的投资回报。

孔雀王朝。我们仅在第三章简单提到这个帝国，但对它未做论述。王朝为应对亚历山大的征讨而于公元前 4 世纪在印度北部建立。到公元前 272 年，帝国的疆土几乎涵盖了整个印度次大陆。然而它却只延续了不到一个世纪，公元前 180 年王朝灭亡，后来出现的若干帝国从未达到孔雀王朝的规模。王朝的分裂始于阿育王之死（公元前 232 年），一种权威的说法是由于经济危机。维持军队的开支、支付官兵的薪俸、安置新增的疆土都需要大笔的资金。帝国后期，孔雀王朝以货币贬值的方式来支付这些高额费用。这种做法使人想起罗马帝国和奥斯曼帝国——两者都是以货币贬值的方式支持着持续下降的边际回报。

阿尔班山。如第三章所述，布兰顿认为瓦哈卡谷地的广大民众见上层无力处理争端、政权不再作为抵抗特奥蒂瓦坎的必要因素，于是选择不再支持阿尔班山的阶层政府。如果真是这样，那瓦哈卡人则是在面临投资收益下降时采取了符合逻辑的行动。

霍霍坎。据亚当斯描述，弗雷德·普洛格和查尔斯·默伯斯最近发掘了 14 世纪即霍霍坎崩溃前不久的 36 座墓葬。墓葬清楚地显示出当时人口严重营养不足的情况。这的确是一个罕见的事实，但说明在霍霍坎研究中有必要探索复杂化投资给民众带来的收益下降的情况。吉尔·尼泽尔最近提出，当时的外围部落在发现参与的成本超过其收益时，便开始纷纷从霍霍坎体系撤出。

瓦里。瓦里似乎曾经对所辖疆土内的重大文化转型进行投资，实行了经济、社会和文化领域的一系列改革。它在每个山谷都建立了包括瓦里建筑群在内的主要都市中心。陶瓷制品的风格得到改观，安第斯山脉中部的物品和信息交流超过了以往任何时期的水平。据信，社会的都市化和军事化、国家控制下的食品分配、安第斯的公路系统以及盖楚瓦语的传播，都始于瓦里帝国。

瓦里可能对这些变革作出最初投资，所以后来的印加帝国只需重建格局便能收取较高的边际回报。对瓦里来说，建立帝国秩序的启动投资成本，若与收益相比，大约算是相当昂贵。

复杂化层次较低的社会。萨林斯和利奇曾争辩说，在简单社会，投资政治发展不会给下层带来有效回报，因而会导致民众不满和社会崩溃。特恩布尔对伊克崩溃的解释是，放弃一个复杂化层次，而由于变革程度太小，没有带来任何投资回报。众所周知，狩猎者和采集者在自然资源或社会危机使大规模、复杂性群体组织成为不可能的情况下，会主动崩溃为最小的生存单位（家庭）。

整体上说，边际收益递减会在下列任何情况下出现：

1. 收益不变，成本增加；
2. 收益增加，成本增加更快；
3. 收益下降，成本不变；
4. 收益下降，成本增加。

从事任何复杂社会的崩溃研究，都应该关注这些情况。

边际收益递减与其他崩溃理论

一种通用理论是给人启发还是微不足道，一定程度上取决于它是否能够澄清以往比较模糊的事实，取决于它在实际应用上是否灵活，取决于它是否能够尽量避免一般性的说明。边际回报递减的理论的确澄清了社会的崩溃进程，而且展示出应用上的高度的灵活性：三个各不相同的主要案例都可以通过这一理论而得到解释。本章的论述进一步表明，其他不同类型的崩溃现象也适用于这一理论，在现有信息基础上，我们也能使问题得到基本澄清。

作为一种非常宽泛的通用原则，这一理论在具体案例的应用中不是自动的或机械的。已然崩溃的每一个复杂社会都是在相对独特的环境下完成了崩溃进程。将一种通用原则应用于多样化的案例要求具体问题具体分析，包括对特定历史环境的敏锐观察。

边际收益递减的原则可以与第三章讨论的崩溃主题逻辑性地结合在一起。唯一的例外可能是神秘派崩溃阐释（该阐释很难融于任何科学理论）。但尽管如此，神秘派理论的个别观点仍可概括于边际收益递减的原则之下，详情见后。

资源枯竭论。 枯竭论的核心是认为，无论农业管理失控或环境波动变化或失去贸易体系，一个社会都将逐渐或迅速丧失至少是一部分必要的资源基础。这一理论的主要不足在于：人们为什么没有采取措施阻止迫近的危机以及为什么资源危机在一种情况下导致崩溃，而在另外一种情况下导致经济的强化发展。这里必须考虑经济强化发展的预期成本与可能得到的边际收益。如果经济进一步发展而边际回报太低，或（和）一个社会因边际回报太低已然出现经济衰落，这种情况下出现的崩溃就可以理解。不考虑社会的经济特点，特别是不考虑社会在边际回报曲线上所处的位置，仅说资源危机将导致崩溃就难以令人理解。一个已经受挫于边际收益递减的社会不大可能从经济强化发展（应对资源危机的常见措施）中获得任何收益。

新资源论。 这一理论的最具概括性的表述出自哈纳，他认为新资源的出现可以缓解短缺，消除差异，结束社会对阶层化和复杂化的需求。这一观点完全可以用边际收益递减原则来概括：在人们不再需要复杂化阶层体系的时候，继续支持这一体系将导致收益的持续下降，所以人们很可能就此放弃。

自然灾害论。灾难论与资源枯竭论具有同样的弱点。复杂社会系统天生具有克服灾难的本领，而且不断地与灾难斗争，为什么一个社会要屈服于灾难？如果一个社会从未屈服于单一性灾难，那么最终导致崩溃的灾难一定是规模巨大的真正灾祸。否则的话，社会难以从灾难动荡中复苏就一定和经济衰落有关——正好应和了边际收益递减理论。

面向环境变化的对策不足。"适应失败"的理论模式依赖于一种价值判断：复杂社会比简单社会更具优势，因此复杂社会的消失一定是社会的对策不足。这种理论忽略了一种可能，即由于边际收益的持续下降，崩溃也许是一种最经济、最恰当的选择。本章开始时曾经表明，该主题之下的一个主要理论——瑟维斯的"进化潜力法则"——可以包含在边际回报递减的原则之下。康拉德和德马雷斯特的研究展示出阿兹特克和印加帝国如何在扩张中达到了边际回报递减的拐点，并因此走向没落。这一主题下的其他理论并非与崩溃真正有关。

其他复杂社会说。布兰顿认为，阿尔班山的崩溃出现在某些社会职责（抵御特奥蒂瓦坎）已不再必要、其他职责（解决争端）也不再奏效的时刻。这种观点与边际回报递减原则完全合拍。换句话说，阿尔班山的崩溃出现在民众支付的代价只能带来过低回报的时候。约翰·希克斯在谈到政体间竞争时曾指出，"……扩张能力消失之时，从灾难中复苏的本领也会消失"。扩张能力消失可能是由于经济衰落，或由于扩张的代价与获得的优势相比实在过高。而当一个复杂社会进犯另一个复杂社会（如罗马和波斯）、其征服活动和行政管理的边际回报变得过低的时候，扩张能力丧失的后一种情况就会发生。

外来入侵论。部落民族摧毁庞大帝国的情况向我们展示出一个重要的阐释谜团。非复杂社会的哪些特点和（或）复杂社会的哪些弱点会导致这样的局面出现？上面提到过，瑟维斯将这一现象归结于他的（如上所述，可以包含在边际回报递减的原则之下的）"进化潜力法则"。我们在讨论波利比乌斯和瑟维斯的观点时也说过，强势大国可能无法战胜弱势小国，如果小国正处在边际回报曲线的上升阶段，而大国却处在同一曲线的下降阶段。一个在组织结构的综合特征上作出重大投资而边际回报却持续走低的复杂社会，可能极少或没有任何资源储备以应对突发性危机。这样一个国家与人口较少、名义上较弱但可以从事小投资、高回报军事冒险的小国竞争，其结果可能是毫无效率。

冲突、矛盾和管理不当说。本章开始时我曾指出，农民在固定不变的高税收负担下一般不会采取政治行动；而当高税收负担给地方基层带来的结果是收益的持续下降时，情况就会不同。在收益下降的情况下，收入差异变得十分明显。同样，阶级斗争是边际收益下降（而非增加）的结果。边际收益下降时（如第四章所述），个人和团体都想从日渐缩小的经济汤盆中分得最大的一杯羹。边际收益增加时，人们会产生一种印象，认为所有阶层同样面临改善的机遇，阶级冲突可由此得到避免。

上层统治者的非理性行为需要做点解释。非理性行为本身不能用来解释历史。瑟维斯对此作出过敏锐观察，认为上层行为的理性和非理性概念大约是一种受环境影响的观念作用。统治者在成功的时期看上去比较善良，失意时则恰好相反。

生物学家加勒特·哈定曾指出过一个系统分析领域的简单教训，读来颇具深意："我们永远将一事无成。"他的意思是，人类在改变大型复杂系统时的良好初衷与最终实现的结果基本没有任何关系。大型系统具有其内在的反馈机制，人们几乎永远无法预测任何变更性尝试的所有后果。同一原理可运用于非理性行为：高层的管理不善只应对复杂社会的演进承担一部分责任。

我并不想暗示领袖职位的非实质作用，而只想说明它不像许多人坚信的那样重要。复杂社会的进化不以任何个人的意志为转移。受环境影响的观念可能带来更多的后果：复杂化投资的边际回报不断上升时，统治者的形象很好，此时统治者的任何作为都被全社会投资的巨额回报所掩盖。反过来，当投资收益开始下降时，领袖人物通常在短期内无能为力，也无法扭转收益下滑趋势，所以当权者的任何行为都必定显得懦弱无能。

社会功能紊乱说。这种含义模糊的理论具有形式多样化的特点，但其中心论点似乎是关注社会内在的神秘进程，正是这种进程使社会既不能统一，又不能适应。人们从这种空洞的观点中无法获得对问题的真正理解。这种观点若能更多地关注开发复杂社会特性的成本和收益，我们也许能从中学到更多的东西。

神秘因素说。神秘因素说很难归纳到任何一种科学理论，但这一主题下的个别研究仍可概括于边际收益递减的原则之下。比如说，戴维·斯图亚特坚信复杂社会经历着一种周期性的、在复杂社会形式与非复杂社会形式（他称之为"强大的"和"实效的"）之间的摇摆。斯图亚特理论的神秘因素来自他不能解释这种摇摆现象，而只是将复杂社会比作昆虫聚集，并说他们将"燃烧殆尽"。为什么斯图亚特的"强大"社会要返回到"实效"社会呢？答案很可能是这样的：复杂社会面临组织化投资的收益递减，很容易出现崩溃。

神秘因素理论下的许多论述都依赖于"生长"和"衰老"的类比，或依赖于"活力"和"颓败"等价值评判概念。这些论述在一个方面与"上层管理不当"说存在相似之处：它们以适应环境或实行扩张的成功与否给社会定性，将能够实施这些计划的社会视作具有"活力"，反之则属于"颓败"。环境影响的观念成为这些判断的主要因素。一个享受着复杂化投资高额回报的社会大约有能力实行扩张或有能力应对危机，因而显得充满"活力"、"不断成长"。一个处在边际回报递减阶段的社会不太具有这方面的能力，因而显得"颓败"。"生长／衰老"和"活力／颓败"这样的概念颇具主观性。我们最好不要使用这类多具价值判断的术语（和相关概念）。不过，神秘因素论所依赖的观察结果可纳入边际回报递减的原则。"道德衰落"（无论其含义如何）很可能是由于一个社会正在经历边际收益的持续下降。而且正如波克诺所说，"活力"社会和"颓败"社会都一直存在着道德犯罪现象。

事件的连锁与巧合。事件的连锁与巧合不能解释崩溃现象，除非所有的恶劣局势综合冲击着一个经济上已然衰退的社会。

经济学阐释。经济学的阐释包括复杂化的优势不断下降、复杂化的弊端逐渐增加和（或）复杂化的代价不断提高。这些理论明显都可以概括于边际回报递减的原则之下。的确，边际回报原则使以前的经济学阐释更具有广泛适用性。

在更宽泛的层面上，边际回报原则融合了有关变革的内在因素和外在因素的理论，融合了有关社会发展的冲突论和整合论。

边际回报递减是任何一个社会的内在特质，遵循其自身的动态发展模式。这一模式倾向于首选耗资较低的组织性解决方案，然后考虑代价较高的选择。而组织性解决方案的变换和边际收益的高低，通常又取决于应对外部环境变化的具体需求。

冲突论和整合论同样可概括于其中，因为一个民族无论是社会复杂化的受益者还是受害者，我们都必须考虑组织化投资的成本－收益比。仁慈的政府也好，压迫性政权也罢，都不能长期忍受边际回报递减带来的冲击（尽管压迫性政权忍受冲击的时间可能略微长久）。

所以，边际回报递减原则的确有能力融合各种不同类型的崩溃理论（或至少是那些值得融合的理论）。它为我们提供了一个俯瞰全局的理论框架，能够融合各种各样的理论，并展示出各种异见的联系所在。我们的论述似乎表明，大范围的人类行为和大量的社会学理论，都可以通过这一原则的运用而得到澄清。

当代社会的发展状况

这一课题的研究肯定会在某一时刻探讨它对当代社会的启示，这不仅是出于一种社会责任感，而且是由于所有的研究发现都清楚地标明了这一方向。历史上的复杂社会均易于崩溃，仅仅这一点就足以使许多人感到不安。尽管社会崩溃是一种经济调整，但崩溃仍具有强大的破坏性——大多数人口将没有机会或没有能力开发基本的食品源。许多当代社会，特别是那些高度发展的工业社会，明显都属于这个范畴。这类社会的崩溃一定意味着大规模的分裂瓦解和大面积的人口死亡，更不用说幸存人口生活水准的大幅下降。

当代社会对崩溃的担忧在第一章曾经提及。广大公众对文明消失的困惑大多来自文明常识中蕴含的种种威胁。法国著名社会哲学家保罗·瓦莱里曾经写道："我们意识到文明如同人的生命一样脆弱。"的确，这种担忧有时甚至延伸到人类物种的生存本身。天体物理学家们目前在构建一种理论，认为一颗遥远的星星将朝向地球轨道而来，从而引发巨大的流星雨并阶段性地毁灭各类生命物种，下一次冲击就将影响人类。

导致当代崩溃的其他情形包括：

· 核战争及由此引发的气候变化；
· 日趋严重的大气污染导致臭氧层空洞、气候变化及类似灾难；
· 关键性工业能源的枯竭；
· 由无法支付的国内和国际债务、中断供应化石燃料、恶性通货膨胀等灾难引发的整体性经济崩溃。

面对这一系列严重问题，外加媒体对如上和其他困境的关注所带来的持续冲击，人们自然会感到忧心忡忡。西方工业社会的一些知名人士出于某种理性思考，担心上述一种或多种因素会带来社会崩溃和新的黑暗世纪，认为在我们人类和原始混沌（即霍布斯式的"所有人对所有人的战争"）之间只隔着一层结构复杂的薄膜。这种恐惧导致了较高层次的政治活动，国家战略重点和国际政策也在很大程度上受到这种普遍关注的影响。有些人囤积食品，或挖掘防核尘掩体，防止某政治进程无法挽回局势。还有人走得更远，存储武器弹药，进行准军事训练，甚至加入军事游戏演习，防止有一天霍布斯的鬼魂出现，我们全部都崩溃到伊克族的生存状态。

从这种担忧中还诞生了一个并非不合逻辑的经济市场，包括生存主义者出版的书籍和杂志，以及以提供崩溃后必需品（如武器、生存器具、冻干食品）为特色的新兴工业。许多并非十分担忧的人近期来也开始注意自己生产食品，自己制作衣服，自己修筑避难所。以有机蔬菜种植为主题的杂志纷纷刊登文章和广告，大力宣传一种生活方式，即尽量减少人们对毕竟不太可靠的工业经济的依赖。

人们很容易过度强调这种现实，因为只有一小部分人在积极备战崩溃。从另一方面讲，凡了解史上崩溃社会的知识人士都很难不为目前的状况感到担忧。我从临床的角度将这种担忧看作一种社会现象，但不希望轻视其存在的合法性。除某些极端的看法之外，人们的警觉确有一定的道理。当然人们也无可争辩，工业主义社会有朝一日必须面对资源枯竭和垃圾问题。重要的问题是那一天究竟离我们还有多远。有关崩溃和自给自足的所有担忧本身就可以作为一个明显的社会标志，即危机之下一个社会系统应该具有的搜寻本领，而寻求低成本解决方案将会取得明显优势。和我谈论目前这本书的一个同事曾经以开玩笑的口吻问我："在我们自己的文明崩溃之前不知是否能完成本书的写作？"

同历史上的所有崩溃研究一样，那些担心目前社会发展状态的人还是忽略了复杂化投资的边际回报原则。工业文明将会被核战争摧毁，还是在宇宙碰撞中灭亡，其实都是一种猜想，在此不必关注。目前需要讨论的是已知的、对所有社会都至关重要的问题：复杂化投资的成本和从中获得的收益。

从这个角度看，第四章讨论的一些数据的确让人感到不安。

至少对某些当代工业社会来说，我们可以从以下领域观察边际收益递减的趋势：

· 农业
· 矿物和能源生产
· 研发
· 保健投资
· 教育
· 政府、军事及工业管理
· 支持新经济增长的国民生产总值
· 革新化技术设计的相关领域

关于这些趋势有几点说明。这里和第四章引用的边际回报递减的例证是经过折中挑选的，目的是想说明复杂社会经常会经历边际收益递减的观点。我们引用的仅仅是例证，不是对任何一种现代经济的严格考察。对例证所作的观察也不是对任何特定社会在复杂化投资方面整体边际收益的全面监测。在某些领域，比如微处理技术领域，有时可能还会出现令人欣喜的逆向趋势。但我们不能否认第四章统计数字中蕴含的令人担忧的本质。很明显，一些工业社会目前在若干关键领域和高成本领域正处在边际收益递减的进程当中。

面对这些趋势也存在两种相反的态度。一方面，许多经济学家（尽管以悲观的学术理论著称）坚信我们面临的不是真正的资源短缺，而只是可以逃脱的经济困境。他们认为，只要有足够的经济动力，人类精神将能够克服任何艰难险阻。下面的三段引文可以概括这一观点。

> 任何一个社会都无法逃脱其自身资源的整体局限，但锐意革新的社会无须接受马尔萨斯主义的收益递减理论。
>
> ——巴奈特和莫尔斯
>
> 所有的能源观察家似乎都一致认为，各种各样的能源替代品几乎是难以穷尽。
>
> ——戈登
>
> 如果将资源的研发重新配置，我们也许能推翻马尔萨斯的假设而避免世界末日的各种结局。
>
> ——萨托和苏萨瓦

相反的观点受到许多环境主义者的支持，认为我们目前的福利是在支取未来几代人的成本。在环境保护主义者看来，如果我们真的将更多的资源投放到研发，并能够在刺激经济增长上取得成功，那就只能使能源枯竭的速度加快，催化不可避免的崩溃，而且一旦成真，后果将不堪设想。这类观点还暗含着一种对经济低发展并回归到低消费和地方性自足状态的呼唤。

持两种观点的人都是认真研究过崩溃现象的真诚人士，只是他们得出的结论不同。不过，两种理论都存在一个共同的弱点，即它们都忽略了某些关键的历史因素。这里先说乐观派的理论，稍后再谈环境主义者的观点。

经济学家将他们的信念建筑在"无限可替代"原则之上。这一原则的核心是，只要将现有资源投入到研发领域，就可以发现短缺能源和紧缺原料的替代品。所以当木材价格变得昂贵时，许多木料的使用便开始被石料、塑料和其他材料所取代。

无限可替代原则的一个问题是它不能（以任何简单方式）运用到社会组织复杂化投资领域。我们知道，社会政治组织是边际收益递减出现的主要领域，也是无法开发替代产品的领域。规模经济学和信息处理技术的优势可以帮助降低社会组织的成本，但它们最终将服从于边际收益原则。

无限可替代原则的第二个问题是它（尽管称为"无限"）很难得到"无限"运用。不少颇具才智的科学家、哲学家和经济学家都曾向我们展示，研发的边际成本（如第四章所述）已经是如此之高，人们甚至开始怀疑科技革新是否能像以前那样真正解决未来的实际问题。比如，让我们考虑如何解决食品短缺和环境污染问题。梅多斯和她的同事们注意到，若将1951年到1965年的粮食产量提高34%，拖拉机的开支就要增加63%，硝酸盐化肥的开支增加146%，杀虫剂的开支增加300%。下一个34%的粮食产量增长将需要更大的资金和资源投入。控制环境污染也表现出同样的格局。从糖厂排除所有有机废料的成本，比排除30%有机废料的成本要高出100倍。若想在美国某一城市减少空气中二氧化硫的含量9.6倍，或减少微尘含量3.1倍，监控管理的成本必须提高520倍。

这并不是说研发不具备解决工业社会问题的任何潜力。难处是在于这样做将增加国民生产总值的支出份额。无限可替代原则依赖的是能源和技术。科学研究领域会出现边际回报递减，经济增长如何能够永久持续？答案是若想维持增长，资源必须从其他经济领域转移到科研和工程领域。这样做的结果很可能带来（至少是）暂时的人民生活水准下降，因为人们手中支付食品、住房、衣物、医疗、交通和娱乐的资金会相应减少。当然，将更多资源运用于科学研究的做法并不新鲜，大约有将近两个世纪延续的历史。但不幸的是，这类投资从不是一个永久性解决办法，至多只能延缓边际回报递减的到来。

我们知道，在以往社会当中，边际回报递减会导致衰落、解体或崩溃。如果我们能逃脱核战争的灭顶之灾，如果我们能有效控制环境污染和人口增长，能够有效地解决资源枯竭问题，我们的命运是否仍受上述投资的高成本、低回报的制约？我们是否会像过去的一些社会那样，最后发现克服困难的成本与所得收益相比实在太高，放弃这些问题反而是一种经济的选择？

事实上，当今世界和古代世界在其崩溃的根本寓意上存在着重大区别。区别之一是今天的世界是"满的"。也就是说，当今世界充满了复杂社会，这些社会占据了全球除蛮荒地带以外的每个角落。这是人类发展史上的一个新的因素。作为一个整体，复杂社会是人类生活中非常近期的、非同寻常的一个侧面。当今的局势——所有社会如此奇异地组合在一起——非常独特。本章早些时候说过，古代复杂社会的崩溃发生在，而且只能发生在权力真空出现的时候，即一个复杂社会（或系列平等政体）被复杂化程度较低的邻国所包围。今天的世界不存在权力真空。每一个国家都被主要强国联系着、影响着，大多数国家都与某一个权力政体建立了密切的关系。再加上即时迅捷的环球旅行，正如保罗·瓦莱里所说，"……崩溃不会再次发生，除非整个世界联手"。

崩溃在今天既不是一种选择，也不是一种迫在眉睫的威胁。任何一个可能崩溃的国度都会面临三种选择：（1）被一个邻国或某一大国吸收；（2）接受一个强国或一个国际金融机构的经济援助；（3）本国的基础民众承担复杂化所需的所有成本，无论边际回报多么糟糕。今天的一个国家再不会单方面崩溃，如果任何一个国家政府解体，其民族和疆土就会被另外一个国家吸收。

尽管这里说的是近期的情况，但它与昔日的崩溃有相似之处，而这些相似之处又可以给当代状况带来启发。如前所述，昔日的崩溃现象发生在两种不同的国际政治格局之下，一是孤立的统治国家，一是系列化平等政体。随着环球旅行和信息时代的到来，孤立性统治国家已经过时，如今剩下的只有竞争性平等政体。就算今天全球只存在两个平等政体，同盟团体分别属于两大对立阵营，其竞争关系的动态变化也是一样。像后罗马帝国、古希腊和意大利、中国的春秋战国以及玛雅城邦这样的平等政体，其特点就在于它们的竞争关系、争夺霸权、结盟解约、地域扩张和割让以及在军事优势方面的持续投资。平等政体中的每个成员都在寻求控制其他成员，由此生发出一种上升性投资竞争的螺旋。没有任何一个成员胆敢在没有现实外交保护条件下从旋涡中脱身，因为撤出只能意味着情愿接受别人的统治。从这种意义上讲，尽管现代工业社会（特别是美国）有时在公众见解中比较接近古代罗马，但事实上它们更像是迈锡尼或玛雅。

平等政体系统倾向于同步向更为复杂化的方向发展。在竞争动力驱使下，每个成员都会模仿竞争者在组织结构、科学技术和军事建设方面的特长。这类发展当中的边际回报将呈下降趋势，因为军事领域的每一项突破都会遇到新的防范措施，从长远角度讲并没有带来优势或安全的提高。一个社会若陷入平等政体之间的竞争，就一定会越来越多地增加投入而不见回报的增长，因而从经济上讲开始变得虚弱。但退出的选择和崩溃的选择并不存在，所以对任何当代国家来说，由边际回报递减导致的崩溃不会发生在不久的未来。这并不是由于我们完成和实现了什么事业，而是由于我们允许自己卷入竞争的旋涡。

这就是为什么经济低发展、在地球上过安稳生活的提议不会奏效的原因。一个国家的经济实力和军事实力间存在着密切的联系，单方面经济减速无疑等同于单方面解除武装。我们根本就没有回归较低经济层次的选择，至少这不会是一个理性的选择。平等政体的竞争推动着复杂化的增长和资源的消费，不计任何（人类或生态的）代价。

基于这种局势，我们的探讨便不是想暗示任何一个大国会很快面临崩溃的危险。世上的一流和二流强国拥有足够的经济实力承担收益递减的费用，足可以延续到遥远的未来。正如我们在罗马和玛雅的例子中所见到的，人们如果有足够的经济刺激和（或）充足的经济存储，便可以在几个世纪的时间内承受边际回报递减带来的冲击，然后才会走向崩溃。（但这并不是我们心安理得的理由。众所周知，当代社会的发展进程在速度上远远快于古代。）

不过，有相当数量的较小国家在军事上作出与其经济基础不成比例的重大投资，或在边际收益值得怀疑的开发项目上大规模投资，这些国家可能颇具崩溃的危险。当今的世界不会允许它们崩溃，某个强势的伙伴或国际金融机构会助其险境逃生。只是这类情形将降低世界作为一个整体在复杂化投资领域的边际回报。

平等政体倾向于经历长时期的上升型竞争代价、下降型边际回报的螺旋。当人们能够控制并获取一种新的能源补偿的时候（如在罗马共和国和中国的春秋战国），或共同走向崩溃的时候（如迈锡尼和玛雅），这种进程才会最终停止。崩溃——如果发生并当它再次发生时——将会是全球性的。任何一个单一国家都不再可能走向崩溃。世界文明将会作为一个整体而崩溃。以平等政体形式发展的竞争者们的崩溃也是一样。

在古代社会，解决边际回报递减的办法是捕捉并获取新的能源补偿。在主要靠农业、牲畜和人力（最终靠太阳能）生存的经济系统中，能源补偿还伴随着地域扩张。古代罗马和中国战国时期的秦国，如无数帝国构建者一样，采取的都是这种途径。在今天靠能源储存生存的经济系统中，特别是在一个挤满了复杂社会的世界，这种途径不大现实可行，也不会获得永久成功。已有的资金和技术必须运用到某种新的和更丰富的能源开发中去。技术革新和增加产量只能在一定程度上缓解边际收益递减的冲击。新的能源补偿在某一时刻将成为必须。

我们很难说国际工业社会是否已经抵达其整体投资中边际收益递减的拐点。伟大的社会学家皮特里姆·索罗金坚信西方经济在 20 世纪初就已经进入到收益递减阶段。相反，赞诺弗·佐罗塔斯却预计度过 2000 年不久才抵达这个拐点。即使我们目前的工业社会还没有抵达收益递减的拐点，那一时刻也终将不可避免地到来。人类近代史似乎已经表明，我们至少在依赖化石燃料还有某些其他原材料方面达到了收益递减的拐点。如果我们已经看到生存标准持续下降，如果我们想避免未来的全球崩溃，就必须找到新的能源补偿。一种更为丰富的能源形式也许不能扭转复杂化投资边际回报递减的出现，但至少使资助复杂化投资成为可能。

缺乏权力真空（以及由此而来的竞争旋涡）已经使这个世界延期面对可能更早出现的整体崩溃。这里的确存在着一个悖论：

所有人都在诅咒的灾难状况迫使我们忍受着边际回报递减的出现，其历时如此之长，足以使我们找到暂时可行的解决方案。这一缓冲阶段必须理智地加以利用，即借此机会寻求和开发维持经济富足所必需的新能源。这类研发项目必须是一个国家的首要任务，即便是（预料之中的）必须挪用其他经济领域的人力物力资源。这一努力所需的资金必须列入每一个工业化国家的财政预算（其成果也由所有国家分享）。我不想闯入政治领域并建议开发资金应出自国家政体或私营集团，我只是说我们必须拥有这方面的资金。

　　然后就是目前状况下人们的乐观主义和悲观主义的问题。我们置身于一个怪异的处境当中：竞争性的互动迫使我们必须进行某种程度的投资，也必须接受可能导致崩溃（除非首先崩溃的竞争者被幸存者统治或吸纳）的边际收益递减。由此我们从崩溃的威胁中赢得了一个延缓期，尽管我们发现自己不愿意承担所有的代价。我们说崩溃不是迫在眉睫的事情，但并不是说工业化生存标准的变化同样赢得了缓冲阶段。从边际收益开始递减（一个目前正在经历的进程），直至新的能源补偿开始到位之时，工业社会一直享受的生活标准不会迅速提高，而且对某些团体和某些国家来说，生活标准可能将维持现状或出现下降。由此引发的政治冲突，外加核武器的获得变得日趋容易，将在我们的未来构成一种十分危险的世界格局。

　　以上这些见解既不新奇，也不激进。其他许多人曾就目前的局势发表过类似的看法，他们的论证细节和叙述文笔都远胜于我。我这里所能实现和完成的，是将当代社会的发展情况放在历史观察的视角之下，并将一种能够放之四海，能够联系过去、现在和将来的通用原则运用其中。无论我们认为自己在世界历史长河中的地位如何与众不同，我们的工业社会事实上仍受到昔日曾导致崩溃的同样原则的制约。如果人类文明再次出现崩溃，那将是因为我们没有充分利用眼前的缓冲时期——一个具有悖论意义的、对我们期待的未来既有伤害但又能决定其命运的缓冲时期。